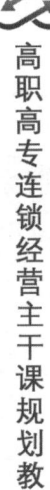
高职高专连锁经营主干课规划教材

连锁经营管理

主 编 王忆南 潘茜茜
副主编 高 霞

厦门大学出版社 国家一级出版社
XIAMEN UNIVERSITY PRESS 全国百佳图书出版单位

图书在版编目(CIP)数据

连锁经营管理/王忆南,潘茜茜主编,高霞副主编.—厦门:厦门大学出版社,
2014.1(2017.1重印)
(高职高专连锁经营主干课规划教材)
ISBN 978-7-5615-4861-5

Ⅰ.①连… Ⅱ.①王…②潘…③高… Ⅲ.①连锁经营-经营管理-高等职业教育-教材 Ⅳ.①F717.6

中国版本图书馆 CIP 数据核字(2013)第 282032 号

厦门大学出版社出版发行

(地址:厦门市软件园二期望海路 39 号 邮编:361008)
http://www.xmupress.com
xmup @ xmupress.com

厦门集大印刷厂印刷

2014 年 1 月第 1 版 2017 年 1 月第 2 次印刷
开本:720×970 1/16 印张:13
字数:228 千字 印数:3 001~5 000 册
定价:24.00 元

本书如有印装质量问题请寄承印厂调换

总 序

伴随着经济全球化和区域经济一体化的迅速发展,连锁经营已成为商品流通业中最具活力的经营方式,在零售业、餐饮业、酒店住宿业等服务行业中得到普遍应用。据中国连锁经营协会统计,2012年我国连锁百强销售规模达到1.87万亿元,同比增长10.8%;自1997年以来,我国连锁百强已经连续15年保持两位数增长。连锁业的快速增长形成了对连锁经营管理人才的巨大需求,尤其是对中基层经营管理人才的需求。可以预见,作为世界上连锁经营体系规模最为庞大、最具发展潜力的国家,中国未来连锁行业的人才需求还将持续走高,加大连锁专业人才培养将是经济和社会发展的必然要求。

为了满足连锁企业对人才的需求,全国许多高职院校相继开设了连锁经营管理及相关专业,为社会培养了大批专业人才。例如,浙江经贸职业技术学院连锁经营管理专业,作为浙江省内首家培养连锁经营管理人才的专业,经过十多年建设,成效显著,先后被确定为浙江省高职高专重点建设专业、特色专业和优势专业;累计为社会培养了一千多名高质量毕业生,为地区经济和社会的发展提供了强有力的支持。

教材是教学开展的重要载体,是人才培养的蓝本。经过多年的探索,高职教育的定位越来越清晰。教育部颁布的《国家教育事业发展第十二个五年规划》明确指出:"高等职业教育重点培养产业转型升级和企业技术创新需要的发展型、复合型和创新型的技术技能人才",强调要"充分发挥劳动力市场对人才培养的引导作用,根据产业需求优化专业结构,促进职业教育与劳动力市场的开放衔接,推动职业院校面向市场自主办学"。这就要求高等职业教育的课程设计应以提高学生职业道德和职业技能,满足产业发展需求为目标。但目前,我国职业教育课程改革和教材开发还远远不能满足新形势下社会经济发展对高职教育的要求。

厦门大学出版社为推进高职高专院校教材建设,更好地满足社会对高职教育的需求,组织经验丰富的教师和资深行业企业专家,共同编写了这套"高职高专连锁经营主干课规划教材"。本套教材编写过程中,依据中国连锁行业校企合作工作组的岗位标准和人才成长路径研究成果,并引入了国家职业标准。本套教材在理论上,既有对行业发展先进理论的阐述,又有对国内连锁经营企业特色的总结;在实务上,紧密联系连锁多业态运营现状,突出应用型人才培养的特色,并展示出连锁企业的未来发展趋势;具有实践性强、指导明确和通俗易懂的特点。

本套教材在体例安排、内容设置、教法运用等方面,进行了一些尝试和探索,意在为高职高专教材建设尽一份绵薄之力。尽管我们投入了很大精力,但由于时间和水平有限,不足之处在所难免,期待连锁经营管理相关专业广大师生和连锁行业从业人员提出宝贵建议。

浙江经贸职业技术学院院长

2013 年 12 月

前　言

连锁经营是社会化大生产的产物。在近代产业革命所带来的经济高速增长的推动下，连锁经营作为一种新型的企业组织形式和经营方式，最早起源于美国，历经100多年的发展，已经以惊人的速度普及到世界各地，渗透到一切具备条件的地区和领域，对许多国家的经济发展、社会文化和人民生活产生了深远的影响。

作为一种可以带来规模效益的商业模式，连锁经营在零售业、餐饮业、服务业以及一些制造业领域得到了成功的运用。时至今日，不论是在国外还是国内，连锁经营都已经成为企业发展最重要的扩张模式，在扩大销售、满足消费、便民利民、吸纳就业、规范经营秩序等方面发挥了重要作用。连锁经营企业作为一类极具发展前景的企业，已成为现代人日常消费的重要场所和择业就业的重要选择。

本教材根据高职高专的教育特点，以培养学生职业素养和职业技能为主线，紧密联系当前国内外连锁经营行业的发展现状，从实用的角度出发介绍连锁企业经营管理的相关知识。不仅注重吸收和借鉴国内外连锁企业经营管理的最新理论成果，还同时涉及我国连锁经营企业发展所面临的实际问题。教材的每章内容均兼顾知识点和技能点，力争做到知识性、新颖性和应用性并重，各章节之间存在内在的逻辑联系。在编写过程中，作者力求通过各种形式，引导学习者运用连锁企业经营管理的基本理论和方法分析实际工作中的问题，强化知识的应用性，注重培养学生分析问题、解决问题的能力。为此，在体例的编排上，每章均设置了引导案例、学习目标、职业指导、小资料、相关链接、本章小结、复习题、案例分析、实训项目等。

本教材由浙江经贸职业技术学院、黑龙江职业学院、湖南现代物流职业技术学院等示范性高职院校教师和杭州联华华商集团等大型连锁企业专家共同编写。全书由浙江经贸职业技术学院王忆南教授和潘茜茜老师担任主编，黑龙江职业学院高霞老师担任副主编。编者具体分工为：湖南现代物流职业技术学院张小桃老师编写第1章;浙江经贸职业技术学院潘茜茜老师和杭州联华华商集团培训中心经理助理孙曙共同编写第2、4章;黑龙江职业学院高霞老师编写第3、5章;浙江经贸职业技术学院王忆南老师和杭州联华华商集团发展部经理助理项海健共同编写第6章。全书由王忆南教授编写大纲、体例并总纂定稿。

  本教材共六章,主要介绍连锁经营相关理论知识,包括连锁经营的发展历史、基本特征、主要类型、连锁经营企业的常见业态、特许经营、连锁经营企业组织架构和职能设计、连锁经营的发展趋势等,附有大量参考案例。全书在编写过程中吸收了国内外许多专家学者的先进理念和研究成果,参考了大量的相关著作、文章、教材和网络资料,浙江经贸职业技术学院院长兼连锁经营研究所所长李曙明教授、杭州联华华商集团副总经理严梦伟先生为编者提出了许多建设性的意见。在此谨向相关作者、企业专家们表示衷心的感谢!同时感谢厦门大学出版社编辑的辛勤付出!

  本书既可用作高等职业院校连锁经营管理、商场管理、电子商务、物流管理、市场营销等商贸经管类专业的教学用书,也可用作各类连锁经营企业员工的岗位培训教材,还可作为社会人士的创业参考读物及自学考试参考用书。由于编者水平有限,书中难免存在疏漏和不足之处,恳请广大读者批评指正,以便不断完善、修正。

编者
2013年10月

目 录

第一章　连锁经营概述 ·· 1
　第一节　连锁经营的发展历程 ·· 2
　第二节　连锁经营的基本特征 ·· 11
　第三节　连锁经营成功的原因 ·· 15
　　本章小结 ·· 19
　　复习题 ·· 20
　　案例分析 ·· 20
　　实训项目 ·· 22

第二章　连锁经营的基本类型 ·· 24
　第一节　直营连锁 ·· 26
　第二节　特许连锁 ·· 31
　第三节　自由连锁 ·· 37
　第四节　连锁经营类型的比较 ·· 42
　　本章小结 ·· 44
　　复习题 ·· 44
　　案例分析 ·· 45
　　实训项目 ·· 47

第三章　连锁经营的主要业态 ·· 48
　第一节　业态的定义和内涵 ·· 50
　第二节　连锁超市业态 ·· 53
　第三节　连锁便利店业态 ·· 58
　第四节　连锁百货商店(购物中心)业态 ···································· 61
　第五节　连锁专营店业态 ·· 70
　第六节　其他连锁经营企业业态 ··· 73
　　本章小结 ·· 75

复习题 ······ 75
　　案例分析 ······ 75
第四章　特许经营 ······ 79
　第一节　特许经营的概念和类型 ······ 81
　第二节　特许经营体系设计和构建 ······ 92
　第三节　特许经营合同 ······ 107
　　本章小结 ······ 124
　　复习题 ······ 125
　　案例分析 ······ 125
　　实训项目 ······ 128
第五章　连锁经营企业的组织与主要管理系统 ······ 129
　第一节　连锁零售企业的组织架构和主要职能 ······ 131
　第二节　连锁零售企业的开发系统 ······ 136
　第三节　连锁零售企业的采购系统 ······ 143
　第四节　连锁零售企业的营运系统 ······ 153
　第五节　其他连锁企业的组织架构和主要职能 ······ 159
　　本章小结 ······ 169
　　复习题 ······ 169
　　案例分析 ······ 169
　　实训项目 ······ 170
第六章　连锁经营的发展趋势 ······ 172
　第一节　国内连锁经营目前存在的问题 ······ 175
　第二节　国内连锁经营的发展趋势 ······ 180
　第三节　连锁经营的国际发展趋势 ······ 193
　　本章小结 ······ 195
　　复习题 ······ 195
　　案例分析 ······ 196

参考文献 ······ 199

第一章　连锁经营概述

> **学习目的**
>
> 1. 能了解我国连锁经营的发展历史，熟悉我国连锁经营的发展现状。
> 2. 能掌握连锁经营的基本特征，对连锁经营有一个清楚的认识。
> 3. 能准确地分析连锁经营成功的原因。

> **引导案例**
>
> 　　提到屈臣氏，恐怕现在国内的消费者都已耳熟能详。屈臣氏集团是全球第三大保健及美容产品零售集团，隶属香港和记黄埔旗下，在内地已经拥有三项投资，分别是屈臣氏个人护理商店、百佳超市和屈臣氏蒸馏水。
> 　　屈臣氏个人护理商店是屈臣氏集团最先设立的零售部门，目前是亚洲地区最大的连锁个人护理产品零售商，业务范围覆盖中国大陆、香港、澳门、台湾、新加坡、泰国、马来西亚、印尼、韩国、菲律宾、土耳其、爱沙尼亚及斯洛文尼亚等地，经营超过 3 500 家个人护理商店及超过 900 家药房，为每周平均总数高达 200 万的顾客提供最大的购物乐趣。去过的人都能真切地享受到它舒适的购物体验，没去过的人对它"个人护理专家"的大名也是如雷贯耳。
> 　　从 1989 年 4 月在北京开设第一家店，到 2013 年，屈臣氏在中国内地 200 多个城市已经拥有超过 1 500 家店铺和 3 000 万名会员。屈臣氏不通过开展特许加盟来加快开店速度，无论是集团旗下的屈臣氏个人护理商店还是百佳超市，全部以直营方式拓展市场。考虑到加盟店的管理容易失控，所以屈臣氏不接受个人加盟，只以直营方式进入一个城市，而且对于地址的选择有很严格的要求，包括经营场所的面积、人流量等等。

职业指导

中国连锁经营真正进入规模性的发展已经有十多个年头了,在全国形成了一些较大规模的连锁型企业,如上海华联、联华、农工商超市公司,北京伍富连锁公司,福建华榕连锁公司,广东美佳超市公司,深圳万佳百货有限公司等,我国连锁业态已涉及商业零售、酒店、餐饮、教育培训等几十个领域,可以说几乎所有的行业都可以进行连锁经营。2012年连锁百强销售规模达到1.87万亿元,同比增长10.8%。连锁经营越来越呈专业化、市场细分化发展趋势,成为服务百姓生活,成就创业梦想的重要形式。

在我国连锁经营获得蓬勃发展的同时,连锁经营人才相对不足,已成为我国连锁经营进一步发展的制约因素之一。据《中国连锁业人力资源发展报告》显示:由于行业发展过速而人才培训机制不足,连锁经营行业正在面临人才荒,其中尤为稀缺的是管理型人才。按保守估计,目前全国连锁行业的管理型人才缺口至少为60万,而培养一个成熟的中高级管理人才需要的时间比较长,一般来说培养一个部门经理级中层管理人员需要好几年时间,而一个经理要培养成店长至少又需要3年左右,因为经理只是面对一个部门,而店长却要纵观全局。因此,目前国内实际培养能力还不足人才需求的1%。

第一节 连锁经营的发展历程

1.1.1 连锁经营的含义

连锁经营是一种商业组织形式和经营制度,它是指经营同类商品或服务的若干个企业,以一定的形式组成一个联合体,在整体规划下进行专业化分工,并在分工基础上实施集中化管理,把独立的经营活动组合成整体的规模经营,从而实现规模效益。对于连锁店的规模,不同国家有不同的法律规定:欧美一般认为连锁店至少要有10家店铺。连锁经营的本质是把现代化工业大生产的原理运用于现代流通业,努力实现流通活动的标准化(商品、服务、店名、店貌等)、专业化(采购、配送、销售、管理等职能分离)、统一化(商品采购、物流配送、信息汇集、广告宣传、员工培训)和简单化(使各个环节、各个岗位的商业活动尽可能简单和规范,以减少经验等因素对经营的影响),从而达到实现规模效益的目的。

1.1.2 连锁经营的发展历史

连锁经营自从 1859 年在美国出现后,经过了一个多世纪的不断发展,取得了长足的进步。目前连锁经营虽然分布于各行各业,但仍以零售业、餐饮业和服务业为主,可见连锁经营的发展是以经济发展为条件,以社会稳定为前提的。

连锁经营最早出现在美国,第一家颇具规模的连锁商店是 1859 年乔治·F.吉尔曼和乔治·亨廷顿·哈特福特在纽约创办的大美国茶叶公司。当时,美国已经基本完成了全国范围内的铁路网建设,随后又建成了全国范围的通信网络。新式快捷的通信和交通运输网络为零售商提高经营效率、增加效益提供了条件。零售商可以与更远的供货商建立紧密的业务联系,也可以用一切便利的通信和交通设施与其他地区的零售商加强联系,使其能用较低的费用将商品运送给消费者,以获得高额利润。至 1865 年年底,大美国茶叶公司的连锁店已发展到 25 个,并开始增加食品经营,同样获得了成功。1869 年公司更名为"大西洋和太平洋茶叶公司",到 1880 年时发展到 100 多家分店的规模。大西洋和太平洋茶叶公司的惊人成就引起了众多企业的仿效。

在同一时期,另一家通过连锁经营取得成功的公司是胜家缝纫机公司,它于 1865 年开始采用"特许经营"分销网络的方式进行产品销售,取得了很好的效果,迅速打开产品销路,成为该行业的领导者。

20 世纪 50 年代,麦当劳、肯德基引入连锁经营体系,公司得到迅速发展。1955 年,麦当劳的实际缔造人克罗克买到了麦当劳的特许经营权,开设了第一家特许加盟的麦当劳餐厅;1965 年,麦当劳股票正式上市;1967 年,麦当劳走出美国,在加拿大开设第一家国际餐厅;1980 年,麦当劳成立 25 周年,在香港开设第 1 000 家国际餐厅;1988 年,第 10 000 家麦当劳餐厅开业;1990 年,麦当劳进入中国内地,在深圳开设中国内地的第一家餐厅。同样在 20 世纪 50 年代,肯德基的创始人哈兰德·桑德斯到印第安纳州、俄亥俄州及肯塔基州各地的餐厅,将他研制的炸鸡配方及制作方法卖给有兴趣的餐厅。1956 年,在犹他州盐湖城,首家被授权经营的肯德基餐厅开业,短短五年内,在美国及加拿大的肯德基餐厅发展到 400 家。

随着社会经济的发展,连锁经营管理发展迅速。连锁经营的范围也突破了零售和餐饮等传统行业,几乎所有的服务类行业都可以采用连锁经营,从单

—中小企业的联合，发展到与大型百货店、超级市场、生产商相结合，形成连锁超级市场、连锁便利店、连锁百货商店、连锁专业店等。上世纪80年代，全球连锁经营飞速发展，仅在美国，每6.5分钟就有一家连锁店开业。连锁经营以其广泛的适应能力和强大的生产力发展起来，对国民经济和人民生活的影响越来越显著。最初的连锁网络多是在一个相对狭小的区域范围内经营某一类商品，从20世纪60—70年代起许多大型的连锁企业已将触角伸向海外市场，发展组合式经营，把实现集团化管理作为自己的战略目标，并且已形成了一些世界性的跨国连锁集团，如美国沃尔玛、麦当劳、肯德基等连锁公司。

知识链接

美国沃尔玛连锁公司简介

沃尔玛百货有限公司由美国零售业的传奇人物山姆·沃尔顿先生于1962年在阿肯色州成立。目前沃尔玛在全球10个国家开设了超过5 000家商场，员工总数160多万，分布在美国、墨西哥、波多黎各、加拿大、阿根廷、巴西、中国、韩国、德国和英国10个国家。每周光临沃尔玛的顾客近1.4亿人次。经过50多年的发展，沃尔玛公司已经成为世界最大的私人雇主和连锁零售商，多次荣登《财富》杂志世界500强榜首及当选最具价值品牌。

沃尔玛于1996年进入中国，在深圳开设了第一家沃尔玛购物广场和山姆会员商店。目前沃尔玛在中国经营多种业态和品牌，包括购物广场、山姆会员商店、社区店等，截至2013年2月28日，已经在中国内地21个省、自治区和4个直辖市的150多个城市开设了390多家商场，创造了近10万个就业机会。

在日本，1963年出现了第一家连锁经营性质的连锁店——"不二家"西式糕点咖啡店，开始抛弃传统的直营式连锁经营业态。70年代以后，日本的连锁经营以零售业和饮食业为中心迅速发展起来，并形成了自己的连锁经营体系。日本的连锁店的发展速度更为惊人，以7-Eleven为例，1974年5月，日本的7-Eleven第一家本土便利商店在东京都江东区开张，到2003年时，7-Eleven的本土商店达到10 000家。2005年5月，7-Eleven在广东省开设中国内地的第200家分店。

1.1.3 连锁经营在中国的发展

连锁经营进入中国大陆已有 20 多年的时间,但真正发展起来是 2000 年之后的事。随着国际大企业进入中国市场,这种经营方式猛烈地冲击着传统的流通体系。经过 20 多年的发展,连锁经营已遍布国内第三产业的几乎所有行业,特别是被广泛地应用于服务业领域。连锁经营已经迅速成为中国最具获利能力的投资方式和创业途径,中国已成为世界上最大、最富有潜力的连锁经营市场。

我国连锁经营的发展可分为三个阶段:

第一阶段:初始阶段

1987 年 11 月,美国连锁快餐公司肯德基在中国的第一家餐厅在北京前门开业。1990 年 10 月,麦当劳在深圳东门商业步行街开设了其在中国的首家餐厅。1991 年 5 月,国内首家大型本土连锁企业上海联华超市股份有限公司创立,其后,在上海、广东、北京、江苏、浙江、大连等沿海地区,陆续出现了一些连锁经营的超市。在 20 世纪 90 年代,国内零售市场中百货店占主导地位,且基本上都是单店经营。由于缺乏经验,缺少样板,连锁超市的发展步伐缓慢,其他连锁经营企业同样进展缓慢。

在初始阶段,中国连锁经营的发展是比较缓慢的,主要呈现出以下特征:

(1)企业规模小,经营优势不显著。连锁经营具有效益"后发性"的特点,即初期投入大,随规模扩大效益递增。但如果达不到相应的规模,企业很可能亏损。这一阶段连锁企业的规模小,还没有几家像样的连锁企业,更谈不上规模经济效益,经营优势不明显。

(2)连锁业态形式比较单一。这一阶段连锁经营业态不多,一般局限在超市、百货店等与群众日常生活消费密切相关的商品经营上,在便利店、专卖店以及其他服务业业态尚未形成规模,业态单一。

(3)连锁企业经营档次低,管理不规范。这一阶段许多连锁企业由于资金、规模的限制,缺乏连锁经营必要的设施配备,如商品配送中心、电子信息查询系统、电子结算系统等。所以,更多的连锁企业只是在连锁门店上做些文章,通过门店的扩张来实现连锁,而物流配送、信息、营销企划等配套条件还不完善,经营档次低,管理不规范。

(4)连锁零售企业尚未形成核心竞争力。连锁在当时来说还是一种新生事物,更多的企业不敢盲目连锁,处于观望当中,连锁经营的许多优势难以充分发挥出来。比如,连锁分店在 10 个与 100 个之间,所拥有的规模优势显然是不同的。特别是在当时,许多企业开展连锁经营是由于逼不得已,如企业改制的需要、主管部门的行政命令、争取政府的优惠政策等,在这种前提下进行连锁是会影响连锁企业的运作与发展的。

第二阶段:成长阶段

连锁经营发展的第二阶段是成长阶段,在时间上可以从1995年算起至今。这一阶段本土企业获得了较快的发展,如上海"荣华鸡"、"华联";北京"福兰德"、"家家福";浙江"慈客隆";湖南"友阿集团"、"通程集团"等。外资企业也争先恐后地入驻中国,沃尔玛、家乐福、易初莲花等国际大型连锁企业相继入驻中国,并以较快的速度发展着。这些说明连锁经营的发展进入了一个新的发展阶段。

在成长阶段连锁经营的发展速度是非常快的。这一阶段连锁经营具有以下特点:

(1)连锁零售业在连锁经营中起着主导作用。由于市场机制的作用力、买方市场格局下形成的零售领域内各行各业的激烈竞争,以及不断进入我国零售市场的国外连锁经营巨头的强大市场竞争压力等原因,使得采用传统单店经营模式的企业很难再有发展的空间,甚至很难再有生存的空间,因此超级市场、便利店、专业店、专卖店、餐饮店等零售业态采取连锁经营模式将有助于企业的发展。可以预见,在未来很长一段时期,超级市场、便利店、专业店、专卖店、餐饮店等业态的连锁化经营模式在零售业中将起着主导作用。

(2)连锁门店规模扩大并向全国拓展。连锁企业的门店规模不断扩大,门店数量不断增多,尤其是近几年连锁企业加大了扩张的步伐,截至2011年年末,我国限额以上连锁零售企业门店数已达19.58万个,比2002年增长538%。连锁企业形成了立足本地、面向全国的格局,在向全国扩张的同时也加快了在农村拓展的步伐。上世纪90年代,国内零售业在城乡网点的比例和分布不均衡,连锁网点主要集中在城市商业区,导致这些地区竞争过度,企业的发展空间有限;而农村零售网点严重不足,流通网络建设滞后。在商务部的"万村千乡"工程的影响和地方政府的推动下,连锁企业利用自身的优势,积极地在农村构建自己的销售网络,积极开拓县级、镇级市场,努力探索适合广大农村、集镇市场需要的各种连锁零售形式,获得更多的发展空间,取得了不错的效果。

(3)连锁经营业态多元化。为满足消费者需求和适应市场的多变性,连锁业态不断向多元化、细分化、差异化、融合化方向发展。90年代以来,我国百货商店超常规发展,一度在市场中拥有垄断地位。但连锁百货店由于市场定位不准、经营方式落后、经营内容雷同,不能适应激烈竞争,许多百货店逐渐陷入销售不畅、亏损增加、频频关门倒闭的窘境,使百货商店在零售业的垄断地位已成为历史,而超级市场、专业店、便民店、连锁店等新兴连锁业态发展迅猛。在2012年连锁经营100强名单上,上海联华超市以销售额179.98亿元、2 069家门店位居综合零售业第一名。专业店在市场商户中的比重也迅速增大,它适应了社会对单项商品需求量的增加和个性化需求的趋势,拥有巨大的消费群体。专业市场是一种典型的新型业态,集中大量供货商于一地,产品专业化程度高,顾客选择余地大,成为城市中一种对消费者很有利的零售形式。邮购、电话购物、网上购物等无店铺连锁经营形式也越来越多。2006年湖南卫视进军零售领域,投资亿元构筑"欢乐购物"电视购物频道,开创历史先河,创办了国内第一家全国连锁、电视直播、全新形态的现代电视购物公司。销售的产品涉及家电、数码通信、家居用品、珠宝精品、美容服饰、保险、旅游等各类商品和服务。"欢乐购物"电视购物频道的诞生,标志着电视购物的零售业态和新型零售企业的闪亮登场。这些新型零售业态的出现,大大丰富了零售业的内容,给连锁经营注入了新鲜的血液,满足了多元化的顾客消费需求。

(4)在多元化发展趋势的影响下,一些大型企业不再束缚于一种连锁经营业态上,而是根据自身发展以及社会现实环境的需要,将多种业态集中于企业一身,将大型百货商场发展成为能够将超级市场、专业店、专卖店、餐饮店、美容店、娱乐场、电影院等都包含在内的购物中心,以满足顾客的"一站式"的购物需求。当某个连锁店面积可以进一步扩大时,它把多种业态集中于一个店内,使之互相融合,互相促进,连锁大店会依仗增加综合服务来提高自身的"一站式服务"水平。同时企业对外进行资本扩张,在其他地方开设不同于自身业态的新店,从而分散经营风险。

(5)外资企业入驻促进本土连锁企业的快速发展。尤其是2004年12月11日以后,我国按照加入世贸组织(WTO)的承诺,已取消了外商投资商业企业在我国地域、股权和数量等方面的限制,外资连锁企业更是加快了在中国的扩张步伐。

外资企业的入驻推动了本土连锁企业改革、调整的步伐,促进了连锁经营的发展。主要表现在以下三个方面:

一是促进了本地连锁经营企业经营理念创新。本地连锁经营企业开始注重以人为本的经营理念,如"步步高"把"一切为了顾客满意"理念列为企业必须恪守的中心原则,认为步步高要取得持续高速的发展,所有的手段集中到一点就是要在保证顾客满意上做文章,要求为顾客提供绝对有保证的产品质量,舒适优雅的购物环境和热情大方的服务态度。同时提倡物美价廉的经营理念,如步步高在2007年上半年猪肉价格快速上涨的情况下,为了确保零利润的猪肉供应,与各生猪养殖基地和定点屠宰基地进行沟通和协商,取得他们的支持,保证为步步高提供稳定可靠的货源,坚持"新鲜价廉每一天"的超市形象,执行灵活的价格策略与促销策略,充分从消费者立场考虑,利用物美价廉的实在不断吸引消费者。

二是随着外资零售企业先进经营管理方式的引入,如条形码扫描技术、电脑实时采集系统、物流供应链管理技术等的采用,为国内连锁经营企业系统学习现代经营管理技术提供了极好的机遇,本土连锁经营企业经营管理水平不断提高。在管理手段方面,湖南友谊阿波罗集团充分发挥技术优势,开通了网上购物、供应链管理系统、客户关系管理系统、集团办公自动化、商业智能分析等应用软件系统,使友阿集团经营管理工作的整体水平产生了质的飞跃。

三是刺激了本地大中型连锁经营企业快速发展。外资企业在规模、经验、技术和经营业绩上都处于优势,连锁经营企业在竞争与压力中求发展,通过吸取外资企业先进的运营方式和现代管理技术与理念,增强自身的竞争力,逐渐形成了一批具有影响力的品牌连锁经营企业,如新一佳、王府井、苏宁等。

知识链接

2004年我国连锁业简介

据调查统计显示,2004年全国连锁百强企业总计实现销售额5 008亿元,比2003年百强企业销售额3 580亿元增长39.9%,企业同比增长33%;门店总数达到30 440个,比上年百强的20 424个增长了49%,企业同比增长28%;营业总面积达2 580万平方米,比上年的1 907万平方米增长35%;员工人数81万人,比上年的64万人增长了27%。

近几年,百强连锁企业占社会消费品零售总额的比例逐年提高,从2000年的2.9%提高到2004年的9.3%。增幅远远快于社会消费品零售总额的增幅。

从2004年全行业的发展看,连锁已经成为第三产业发展的主旋律之一,各地连锁经营企业销售占社会消费品零售总额均有不同提高。比例最高的上海市,达到了37%。连锁经营向更多业态发展也是2004年连锁经营发展的重要趋势。除了传统的超市、大卖场、便利店等业态外,越来越多的行业开始采用连锁经营,在服装、玩具、办公用品等领域,都出现了新兴的连锁企业,这也将是一个新的市场空间。

知识链接

2012年中国连锁百强

"2012中国连锁百强"及相关榜单发布。数据显示,2012年连锁百强销售规模达到1.87万亿元,同比增长10.8%,但连续第二年慢于社会消费品零售总额的增长。百强企业门店总数达到9.4万个,同比增长8.0%。百强企业销售额占社会消费品零售总额的9.3%,低于2011年11%的水平。

"2012中国连锁百强"具有以下几个特点:

1. 增速放缓,步入稳定发展期

2000年以来,百强平均年销售增长超过25%,但近两年,增速明显放缓,这是行业自身发展规模的体现,也是受到人口红利的削减、渠道分流、消费者消费习惯变化等多种因素的影响结果。预计接下来几年将是连锁企业的稳定发展期。

2. 结构性变化,不同业态、不同区域呈现不同特点

以百货为主的连锁企业和以快消品为主的连锁企业,总体销售增幅分别为10.3%和9.8%,均慢于百强总体增幅。而便利店的门店数量增幅相对较快,整体有12%的增长。20家主要外资品牌总体增幅为11.3%,略高于百强总体增幅。

从区域情况看,一二线城市放缓,三四线则快于一二线的发展。不论是平均销售增幅还是门店数量平均增幅,三四线城市均明显高于一二线城市。2012年百强新上榜企业10家,其中近半数为三四线企业。

另外,百强企业的差异化也更加明显,在市场普遍不景气的情况下,有的企业销售和利润仍然大幅提高。这些企业的共同特点是团队能力强、主业突出、有较强的区域优势。

3. 渠道分流,探索多渠道经营

近几年,网络零售对传统零售带来了较大的冲击,从最初的图书音像、家电、数码3C,到服装鞋帽、日用百货,再到家居、食品,网络零售不断挤压实体零售的市场份额。

面对压力,传统企业纷纷发力电商。传统企业利用自身在商品渠道、物流管理、营销管理等方面的优势,开展线上与线下相结合(O2O)的多渠道经营探索。2012年百强中,有62家开展网络零售业务,比2012年年初统计的59家增加了3家,但在2012年百强中,有3家企业暂停了网络零售业务,实际新增6家。62家企业中网络销售过亿元的达到9家。

4. 成本上升,利润增幅下降成为普遍现象

成本方面,主要是房租和人工成本两个方面上升幅度较快,百强企业平均在 15% 以上。十八大提出的"收入倍增计划",以及国家《促进就业规划(2011—2015)》称,"十二五期间,最低工资标准将年均增长达 13% 以上",为人工成本增长设定了下限。在房租成本方面,2002—2005 年期间(零售业全面开放初期)是企业开店最快的时期,有一部分门店的租期是 10 年,这两年集中续租,租金将会成倍增长。

2012 年百强中,近半数企业利润增幅在 0~5% 之间,利润出现负增长或亏损的企业明显高于往年。

5. 经营质量提高,行业保持健康发展

与往年比,2012 年百强总体数字上一个明显的变化是,除了"主要外资连锁企业"表外,其他各个榜单均是总体销售额增长快于总体门店数量的增长,说明门店的运营质量和效率在提高。

综合看,尽管销售增幅下降,成本明显上升,但企业通过优化商品结构、调整和改造业绩差的门店、提高运营效率等措施,在困难和压力中仍保持较为良性发展。

第三阶段:成熟阶段

据专家分析,当一个地区的人均 GDP 达到 4 000 美元时,就标志着该地区的连锁经营时代已经到来。得天独厚的地理优势、不断升级的消费需求、持续发展的物流产业、现代科技的运用和连锁人才的培养等等都是连锁经营快速进入成熟期的有力武器。

成熟阶段连锁经营的发展通常具备以下特征:

(1)连锁企业普遍跨区域拓展,甚至进入国际市场。全国性的连锁集团正在孕育中,连锁企业的地区性特征越来越淡化,一些大型连锁企业在最近几年,采用推土机式和跳跃式发展相结合的方法,实施全国发展战略。在国内市场饱和后,大型连锁企业将有可能进入国际市场。

(2)连锁经营方式,将向更多行业延伸。在连锁经营领域,家电和药店的连锁专业店已获得了长足发展;同时,也会向教育业、保健品业等行业快速扩展。甚至会出现连锁经营同直销相结合的趋势。

(3)大型连锁企业之间的控股、渗透及合并与收购将愈演愈烈。现在很多连锁企业合作,共同开发不同区域的市场,如王府井百货集团与北京华联集团投资控股有限公司合作共同开发地区市场,实行强强联手。

第二节 连锁经营的基本特征

现代连锁经营的基本特征体现在以下三个方面：

1.2.1 组织多元化

组织多元化即一个总部＋众多门店。连锁经营从其形式来看，是由一个总部和若干个连锁门店所组成的，一般来说连锁企业应由10个以上门店组成。这些门店如同一条锁链相互连接在一起，称之为连锁企业。因此，总部＋多门店组织是连锁经营的基本特征。理解这一特征应着重把握以下要点：

（1）连锁门店必须以经营同类商品或提供同类服务为基础。如超级市场的主力商品是日用百货和生鲜食品；便利商店的主力商品是便利服务；专卖店的主力商品是具有著名品牌的系列商品等。如果把经营不同商品的店铺组合在一起实行连锁经营，就很难实现标准化管理和规模效益。

（2）连锁门店与连锁总部具有不同的功能。连锁门店是直接面向用户的经营单位，其基本功能是销售服务；连锁总部是为连锁门店的经营活动提供必要条件，并指导与监督连锁门店的管理单位，其基本功能是规划设计、服务指导、监督调控。为了便于门店集中精力做好销售服务工作，必须有一个健全而坚强的总部，所以总部建设是实行连锁经营的基本条件。

（3）多门店的组织形式因产权关系和合作程度的不同而分为"直营连锁"、"特许经营"、"自由连锁"三种基本类型。直营连锁是总部直接投资或控股的组织形式；特许经营和自由连锁则是以独立产权为基础的加盟连锁形式。前者称为"授权加盟"，偏重总部与门店之间的纵向关系；后者称为"自愿加盟"，偏重门店之间的自愿合作关系。

小资料

全聚德特许店各有各的"味"

中国连锁经营协会会长郭戈平日前向著名餐饮老字号全聚德集团颁发中国特许经营行业最高奖"中国特许经营奖"，以表彰全聚德集团成立12年来为推动我国连锁经营发展所做出的杰出贡献。据介绍，中国特许经营奖为我国特许经营行业永久性奖项，企业必须连续三届获得年度中国特许品牌才有资格参评。

全聚德共有400多个品种的菜肴,与"麦当劳"和"肯德基"相比,它显得太复杂了。但是既然消费者能在不同的"麦当劳"吃到相同味道的汉堡包,就必须要在不同的全聚德里吃到同一味道的烤鸭。这既是市场的要求,也是实行特许经营的关键步骤。于是集团投巨资建成全聚德食品厂,也就是自己的"中心加工厨房",对鸭坯、饼、酱实行统一加工、统一配方、统一销售及统一配送。经过8个多月的定标工作,全聚德终于推出了除烤鸭外的22种"标志性菜品",要求所有特许店必须经营。为贯彻制作标准,集团组织了严格的培训工作,不合格者,先下灶,再下岗,以确保全聚德的菜品品质能够统一。除了"标志性菜品"外,各加盟店可以八仙过海,各显神通。比如四川全聚德可以经营川菜、广东全聚德可以经营海鲜。让消费者既有目标性、又有选择性,将全聚德的共性与各加盟店的个性有机地结合起来。

品牌名称:全聚德——不到万里长城非好汉,不吃全聚德烤鸭真遗憾

所属行业:餐饮食品→中餐,小吃,食品

服务描述:"不到万里长城非好汉,不吃全聚德烤鸭真遗憾!"在百余年里,全聚德菜品经过不断创新发展,形成了以独具特色的全聚德烤鸭为龙头,集"全鸭席"和400多道特色菜品于一体的全聚德菜系,备受各国元首、政府官员、社会各界人士及国内外游客喜爱,被誉为"中华第一吃"。敬爱的周恩来总理曾多次把全聚德"全鸭席"选为国宴。

连锁经营模式:特许

加盟店发展模式:单店特许

开店基本投资额:1 000万~2 000万元

加盟费:300 000元

保证金额:100 000元

店铺面积:2 000~3 000平方米

连锁店选址要求:目标城市应具备一定的消费规模和水平,城市总人口不低于50万,位于直辖市、省会城市、地级市及经济发达的县级市。提供的经营场所须在较繁华的市区街道,交通便利,具有一定的客流量或潜在消费对象,具备相应数量停车位。

1.2.2 经营专业化、网络化

连锁经营专业化是指连锁企业将其采购、进货、库存、配送、销售和收银等环节和工作内容,按其操作特点进行规范的专业化分工,形成由专门技能、专门操作方式和专门工作内容构成的工作岗位,使复杂的商业活动在职能分工

的基础上,相对简单化,以提高工作效率。例如,理货员、收银员、采购员、配送员和保管员等专业岗位。

连锁经营的多店铺组织形式,实质上就是网络化经营。连锁企业通过对供货商的控制建立了供货网络,通过门店扩张控制终端市场,并通过信息网络把两者有机地连接起来。连锁企业为了实现规模经营,取得最佳经济效益,必然要求其连锁门店的数量达到一定规模。门店越多,规模越大,对消费者吸引力也就越大,企业形象就越好,从而形成了广泛的销售网络;门店越多,销售量越大,对生产商的吸引力就越强,就越能得到供货商的支持,从而形成强大的供货网络;信息网络是连锁经营的"神经系统",销售网络和供货网络的经营管理活动均要通过信息网络来协调平衡,但信息网络功能的发挥与门店数量是成正比的。因此,若连锁企业门店的数量达不到基本规模,连锁经营就无任何优势可言。

知识链接

日本桔高公司是一家拥有1 000多家加盟店,经营着4 000多种糕点食品的连锁零售企业。由于公司经营的食品品种多,而每种产品批量又不大,所以花色品种的周转与变化的速度较快。

一个单独的食品店,如果要申请加入桔高公司的连锁网络,必须向连锁总部一次性缴纳加盟金1 500万日元和开店费等费用,在加盟店以后的经营中,各加盟店还要根据加盟协议缴纳共同的广告费(销售额2%)、进货手续费(进货额2%)等费用,完成销售后按销售额的1.5%~2%向总部缴纳业务指导费。而连锁总部经营所获的利润,则通过奖励、业务培训等形式,部分返还给加盟商,总部与加盟商之间是一种互利互惠的业务经营关系和利润分配关系。

1.2.3 管理标准化、现代化

管理标准化是指连锁企业在经营管理的重要环节和主要方面实行统一、规范和制度化的管理。主要体现在三个方面:

一是店名店貌的标准化。连锁企业所有门店的店名、字体、颜色、布局和装修风格等要保持一致,以给消费者留下准确的识别效果和深刻的印象,从而提高企业的知名度和信誉度。

二是采购、销售和服务的标准化。连锁企业的进货渠道、经营结构、销售方式和服务方式要按统一形式和制度运行,以保证门店经营管理的内容和质量的一致性,提高工作效率,降低经营成本。

三是业务流程、制作工艺和工作行为的标准化。业务流程、制作工艺和工作行为的标准化可以减少由于员工的能力差异和人员流动所造成的质量变动,使连锁经营的各部门、各环节处于规范、高效和稳定的运行状态,以提高连锁企业的管理水平。

由于连锁经营是社会化大生产、大流通的客观要求,因此,连锁企业必须以现代管理思想为指导,运用现代管理方法和技术来开展经营管理,实现管理现代化。特别是要运用现代信息技术实施网络化管理,企业总部、配送中心以及各连锁店都要采用相应的数据搜集和处理系统,并用远程通信网络系统将整个企业构成一个整体,实现实时动态的管理,以提高连锁经营管理水平。

知识链接

"真功夫"是知名的中式快餐品牌,主打美味、营养的原盅蒸汤、蒸饭,其前身是蔡达标与潘宇海1994年创立于广东东莞的"168"蒸品店,1997年改名为"双种子",2004年改名为"真功夫"。"真功夫"传承中华饮食五千年文化并加以创新,把中华饮食传统的30多种烹饪方法凝聚在一个技法上:蒸以岭南饮食的原盅蒸品为特色,发扬中华饮食"营养"优势,塑造"营养"为品牌核心价值。是直营店数最多、规模最大的中式快餐连锁企业。是中国快餐五强企业中唯一的中国本土快餐品牌。

2007年,本土中式快餐第一品牌"真功夫"全国第200家直营连锁餐厅落户上海。以此为标志,"真功夫"完成了在中国一线城市的布局。目前"真功夫"集团旗下的400多家店都是直营店,集团总裁蔡达标表示,"真功夫"在两三年内不会开放特许经营加盟。

知识链接

麦当劳的经营方式主要有两种:一种是由总部直接投资经营,另一种是分店由业主独立经营。在美国本土,公司总部直接经营的连锁门店只占16%,而由业主独立经营的店铺却占84%,可见由业主独立经营的模式已成为麦当劳"帝国大厦"的基础。

麦当劳所签订的加盟合同期限一般为20年,业主一旦和公司总部签订合同,必须先付一笔费用,总额为2.25万美元,其中一半现金支付,另一半以后上交。此后每年上交总部一笔权益金和房产租金,前者为年销售额的3%,后者为年销售额的8.5%。

第三节　连锁经营成功的原因

连锁经营的基本目标是追求规模效益。由于经济利益的驱动,任何企业都存在一种扩张欲望,希望通过扩大经营规模来提高本企业产品的市场占有率,从而建立规模优势,稳固市场地位,从而获得较好的经济效益和社会效益。连锁经营较好地迎合了企业扩张的需要,从而使企业摆脱了传统经营方式对其获得规模效益的束缚。

规模效益一般是指生产经营中产出总量(或总收益)增加与投入要素(或生产成本)增加之间的比例关系。其内在规律体现在三个阶段:一是规模效益递增阶段。这是指当生产经营规模较小时,扩大投入要素量(即扩大生产经营规模)能使产出总量的增加倍数大于要素投入增加的倍数。二是规模效益不变阶段。这是指当生产经营规模扩大到一定程度时,如果继续增加投入要素量,就会使产出总量增加的倍数与投入要素量增加的倍数大致相等,这时扩大生产经营规模虽然能提高企业的总收益,但并不能提高企业的经营效率,只能维持原有的收益/成本水平。三是规模效益递减阶段。这是指当企业的生产经营规模超过了一定的度,若继续增加投入要素量,就会出现产出总量增加倍数小于投入要素增加倍数的情况,这时扩大生产经营规模不仅会降低企业原有的收益/成本水平,而且还有可能降低企业经营效益的绝对水平。

传统经营方式往往是采取扩大单体规模来追求规模效益。就商业而言,规模巨大的百货大厦能在一定程度上满足消费者集中性、多方面的购物需求,也可以由于大量流动客源的存在而取得一定的规模效益。但单体规模的扩张规模,受到购买力、交通条件以及企业自身服务设施等因素的制约,是有极限的。特别是随着城市化进程的发展,城市规模不断扩大,城市会出现"多中心化"的发展趋势,这就在客观上制约了单体卖场规模的扩张。因此,当单体卖场的规模发展到一定极限后,若企业继续大量投资,不仅不能提高效益,还会由于规模效益递减规律的影响,使企业的收益减少。

为了摆脱规模经营中的传统束缚,解决规模经营与消费的分散性之间的矛盾,使企业获得不断发展的机会,一些大企业率先走上了连锁经营的道路,因为连锁经营能突破规模经营中的传统束缚,实现专业化经营与分散化设点相结合,集中采购与分散销售相结合,从而为企业规模效益的提升开拓了新的途径。大企业通过自己投资开店或以专卖权转让等方式逐渐形成连锁经营网络后,对中小企业的经营构成很大威胁,中小企业为了求发展,最终也不得不逐渐走上连锁经营的道路。

连锁经营作为一种现代经营方式,生命力强大、发展迅速,是由其以下优势体现出来的:

1.3.1 规模优势

连锁经营通过扩大市场范围建立众多门店的方法,突破了单体企业发展的成长瓶颈,使其走上了不断发展的成长之路,从而形成了四大规模效益。

一是连锁经营企业由于规模大,能较有效地控制一定范围的终端市场,连锁企业就可以凭借市场优势对相关企业起着主导作用,成为引导和整合相关企业的组织者和领导者。

二是由于连锁经营企业的大规模经营,可使其议价能力增强,加速商品周转和提高固定资产利用率,从而降低成本,提高效益,并以价格优势巩固其市场地位。

三是连锁经营企业采用统一的企业形象以及大规模经营,有条件进行巨额的广告投资,使其比其他企业具有更高的知名度,能在公众中树立更好的形象,其产品和服务更容易为市场或消费者接受。

四是连锁经营企业可不断地用科学的方法总结成功的经验,并使其制度化、标准化,通过培训在整个系统中推广应用,使成功经验的效用不断扩大。

知识链接

肯德基在中国的发展

1987年11月12日,中国第一家肯德基餐厅在北京前门开业,从而开始了它在这个拥有世界最多人口的国家的发展史。以此为起点,肯德基开始摸索,适应中国社会和市场,逐步打造具有中国特色的管理模式。

1989年在上海延安路开设一家分店。

1992年在中国内地达到10家分店的规模。

百胜餐饮集团(百胜餐饮集团是全球餐厅网络最大的餐饮集团,在全球110多个国家和地区拥有超过35 000家连锁餐厅和100多万名员工。其旗下包括肯德基、必胜客、塔可钟、A&W及Long John Silver's(LJS)五个世界著名餐饮品牌,分别在烹鸡、比萨、墨西哥风味食品及海鲜连锁餐饮领域名列全球第一。2011年5月,百胜宣布拟以每股6.50港元的价格收购小肥羊公司股权。11月7日,商务部批准了百胜集团的收购计划。)中国事业部是百胜全球餐饮集团中国总部,于1993年在上海成立。它为中国大陆直营、合资和特许经营的肯德基、必胜客、必胜宅急送和东方既白餐厅提供营运、开发、企划、财务、人事、法律及公共事务等方面的服务。

1996年6月,肯德基在北京安贞桥开出其在中国内地的第100家餐厅。

2000年11月第400家店开业。

2001年10月第500家店开业。

2002年2月第600家店开业。

2002年9月第700家店开业。

2003年1月第800家店开业。

2004年1 000家。

2007年2 000家。

2009年2月4日,肯德基在中国餐厅数量达到2 500多家。

截至2010年7月初,中国百胜已成功地在中国大陆开设了超过3 000家肯德基餐厅。

我们不得不说,肯德基在中国已取得了巨大的成功,并在中国餐饮业遥遥领先。不仅如此,中国肯德基还一直保持着良好的经营业绩。肯德基的中国总部中国百胜餐饮集团连续多年居全中国餐饮百强之首。

1.3.2 效益优势

连锁经营的最大成功是其良好的经济效益,这是与连锁经营的实质、特征和运作形式密切相关的。连锁经营之所以能取得良好的经济效益,最本质的原因是把现代化工业大生产的原理应用于流通业,实现了商业活动的标准化、专业化和统一化,奠定了规模效益的基础。一方面,先进的营销技术可以在众多的店铺大规模推广而获得技术共享效益;另一方面,投资的成本和风险又可以在众多的门店得以分摊,从而降低商品成本,取得效益优势。主要体现在以下五个方面:

(1)经营技术开发的专业化,有利于提升门店的经营水平。连锁经营企业一般有总部和门店两个层次。连锁经营总部的重要职责之一就是研发店容店貌的设计、销售技巧、配送技术等经营技术,直接用于指导门店经营,这就使门店摆脱了传统商业活动靠经验操作的影响,转而向科学技术要效益。并且,由于连锁是同行业、多门店的经营,总部统一研发的经营技术可广泛应用于各个门店,获得技术共享效益,同时分摊了技术开发成本,这不仅可以降低经营技术的开发成本,而且可以加大研究技术的深度与广度。

（2）经营管理的标准化,有利于扩大销售、提高服务水平。连锁企业在经营管理中,对门店的选址开发、卖场设计、设备标准、商品陈列、商品结构、技术管理和操作程序等均由总部实行统一管理。总部负责连锁门店的选址和开办等工作,提供全套的商业服务方案并连续不断地对各连锁门店进行监督指导以及交流、培训等工作,从而保证了各连锁门店在产品、服务、店名店貌等各方面的标准化和统一性,以满足消费者对标准化的产品和服务质量的要求,达到吸引顾客、扩大销售的目的。

（3）物流配送的统一性,提高了企业的利润。连锁企业的利润很大程度上取决于商品所经过的流通环节的多少,流通环节越少,商业流通费用越低,企业所能获得的销售利润也就越多。大型连锁企业一般都设有配送中心,专门为门店进行大规模采购和配送。由于连锁经营规模较大,配送中心的大部分商品可以直接从生产商进货,减少了流通环节。此外,配送中心还可根据市场需求从供应商取得原材料或半成品等,进行加工、包装、分类等装配作业,增加了商品的附加值,提高了企业利润。

（4）经营管理的集中化,有利于降低经营成本。首先连锁经营的同业性,使各个门店的一些共同性活动,如采购、储运、广告宣传、会计核算等,可以集中起来由总部统一操作。这样,众多的门店共享一套经营设施,共享一套管理机构,各门店无需设置繁琐的管理机构,无需配备相应的管理人员,从总体上降低了企业的管理成本。其次,总部可以实施大批量采购和集中加工,不仅能从生产商处以较低的价格进货,还可以提高加工效率,降低加工费用。最后,由于总部采购和配送,各个门店用于库存的面积及库存量都很小,可以扩大销售面积,减少资金占用。因此,经营管理的集中化,可以节约经营管理成本,提高企业的经济效益。

（5）门店的分散化,有利于减少商业投资风险。连锁经营是由总部和众多门店所组成的,是按集中管理、分散投资的原则来开展经营活动的,各门店分布在不同的区域和市场范围。若门店众多,某一区域的市场变动对整个企业的经营影响不大,个别门店经营上的失败也不会影响整体的经济效益。即使某一决策失误,其所造成的损失也可以由许多门店共同分摊。这样大大降低了商业投资的风险,并且刺激连锁企业依靠雄厚的实力去进行新产品、新市场的开发。

1.3.3 发展优势

连锁经营作为一种现代经营方式,通过标准化、简单化、专业化原则解决了大批量销售与消费者分散需求之间的矛盾,提高了经营效率,实现了规模效益,具有强大的生命力和发展优势。主要体现在:

(1)能快速聚集资本,扩大企业规模。连锁经营,特别是采取加盟连锁方式,能把众多单个资本迅速集中起来,形成整体力量,在同样的竞争条件下,可以及时抓住市场机会,给企业带来良好的收益和发展机遇。同时规模大、效益好的连锁企业比一般企业更容易获得优惠的银行贷款。这就为企业发展提供了良好的资金基础。

(2)组织化程度高,具有较强的市场扩张能力。连锁经营是一种组织化程度较高的组织形式,组织环节少,调节灵敏,反应迅速。能通过连锁体系广泛的销售网络与消费者相联系,快速准确地了解和掌握市场信息,迅速将产品推向市场,不断实现市场扩张,提高市场占有率,增强自身的市场竞争能力,为企业发展提供了组织基础。

(3)经营成本低,产品销售能力强。连锁经营采用统一采购、统一配送、统一广告和分散销售的模式。统一采购,进货量庞大,能直接从生产商进货,获得较高程度的价格折扣和其他优惠条件,可降低进货成本。统一配送,由于采取配送中心统一存货管理和配送,较之单店存货可以节省仓储费用。统一广告,由于广告宣传由连锁经营总部统筹负责,这既体现了整体的宣传效果,又节省了广告费用。

由于连锁经营费用较低,连锁门店的商品或服务更具价格优势。分散的连锁门店构成一个有序的服务网络,市场覆盖面宽广,运输方便,配送快捷,能较好地适应消费者的需求,为企业的发展提供较大的销售和服务优势。

本章小结

1.连锁经营是一种商业组织形式或商业模式,它是指经营同类商品或服务的若干个店铺,通过一定的联结纽带,按照一定的规则,组合成一个联合体。

2.近代连锁经营起源于美国,目前公认的世界上最早出现的正规连锁公司是成立于1859年的美国大西洋和太平洋茶叶公司(A&P)。其后连锁经营经历了三次大的发展。

3.连锁经营的基本特征包括:组织多元化;经营专业化、网络化;管理标准化、专业化。

4.连锁经营的基本目标是追求规模效益。作为一种现代经营方式,连锁经营的优势主要体现在:规模优势、效益优势、发展优势。

复习题

1.连锁经营的起源是什么?
2.连锁经营的主要特征是什么?
3.为什么说连锁经营的基本目标是追求规模效益?
4.连锁经营的优势体现在哪些方面?

案例分析

案例一　苏宁电器的发展

苏宁电器于1990年创立于中国南京,是中国3C(家电、电脑、通信)家电连锁零售企业的领先者,是国家商务部重点培育的"全国15家大型商业企业集团"之一,是中国最大的商业零售企业。

本着稳健快速、标准化复制的开发方针,苏宁电器采取"租、建、购、并"立体开发模式,始终保持稳健、快速发展,建立了覆盖直辖市—省会城市—副省级城市—地级城市—县(县级市)—发达乡镇六级市场的连锁网络,坚持实体网络与虚拟网络同步拓展。目前,苏宁电器连锁网络覆盖海内外600多个城市,中国香港和日本东京、大阪地区,拥有1 600多家店面,海内外销售规模2 300亿元,员工总数18万人,先后入选《福布斯》亚洲企业50强、全球2 000大企业榜中国零售业第一名、中国民营企业前三强,品牌价值956.86亿元。

苏宁电器着力于为消费者提供质优价廉的家电商品,涵盖彩电、空调、冰洗、音像、小家电、通信、电脑、数码等,近千个品牌,20多万个规格型号。苏宁电器以消费者需求为核心,为中国亿万家庭提供方便、快捷、周到的家电生活服务。

思考:请结合本章所学内容分析,苏宁电器为什么能够取得这么大的成功。

案例二　A&P 公司的发展历程

连锁业的开山鼻祖,创办于 1859 年的 A&P 公司真是高寿。从 1936 年至 1972 年,该公司一直是美国连锁超市的前卫,领导超市连锁 36 载。目前,它仍然是美国五大超市连锁商之一,排名全美零售商前 15 名,经过了近一个半世纪,如今仍充满活力。下面我们就来看一看该公司的发展历程。

1. 早期发展:不断创新,领导潮流

多少年来,A&P 一直被视为美国零售业的创新者。早在 19 世纪 60 年代,A&P 成为第一家使用商店商标的零售商,其咖啡商品一律以"早晨 8 点咖啡"的牌子售出,其茶叶也是以商店商标出售的。在促销方面 A&P 于 19 世纪 70 年代首创消费者优待基金以鼓励忠诚的顾客重复购买。该公司于 1920 年推出包装肉品,这使其成为美国最早的销售包装肉品的公司,1924 年该公司成为第一个赞助无线电节目的食品零售商。在上世纪 30 年代超市刚出现时,A&P 公司的分店竞争力不强,营业额直线下降,之后 A&P 公司迅速改变店铺形态,到 1936 年就拥有 5 000 多家超市。从此开始称霸美国超市行业。直到上世纪 60 年代,A&P 才开始走上了下坡路。

2. 百岁高龄:老牛拉车,踌躇不前

A&P 公司在其百岁之后也曾经历了一段举步维艰的日子。20 世纪 60 年代,该公司在美国超市领域的食品销售市场占有率从 10% 降至 6%,利润从 5 700 万美元降至 5 000 万美元。1975 年公司亏损达 1.57 亿美元。在整个六七十年代,A&P 公司的主要竞争对手均快速成长,只有该公司徘徊不前。

50 年代,A&P 投巨款建立了自己的大型食品加工厂,该厂面积 13.9 万平方米,蔚为壮观,可以说是当时美国最大的食品加工厂。公司的目的是实施高度一体化的经营,自己生产的食品贴上自己的商标,在自己的超级市场销售。60 年代该厂落成。建成之日,正是 A&P 公司衰落之时,工厂成为 A&P 公司的负担,耗费了公司大量的资金与精力。

1978—1981 年,公司连续亏损 4 年。1979 年在 A&P 公司陷入困境之时,德国最大的零售商腾格曼公司购买了其 50% 的股权,实施了对 A&P 公司的改组,以谋求 A&P 的复兴。

3. 近期复兴:紧跟时代,重焕青春

为了使 A&P 重新振兴,公司重金聘用了美国另一大型超市连锁店的总经理吉姆·伍德。伍德上任后,实行大刀阔斧的改革,甩掉破旧的包袱,轻装上阵。一是实施店铺改造与扩张兼并活动。二是开展多种业态经营。三是实施管理改革,降低工资成本水平。四是在产品策略上,增加适应现代生活方式的商品,以满足顾客一站购齐(One Stop Buying)的需要。五是注重规划。公司制订了明确的销售计划和利润目标,并具体落实到分店经理上,使分店经理承担利润及销售责任,对计划完成好的分店经理,实行奖励。六是采用现代计算机及电信技术,提高营运效率,降低经营成本。

此外,A&P的店铺形象与广告也独树一帜。其新的店铺以全新姿态出现,崭新、明亮、以黑白两色为主的店铺成为主流。新店铺的设计包括规划、建筑设计、灯光照明、装饰设计、图形设计、商品陈列等一系列方面。店铺布置完全可以从店外看得见,顾客透过巨大的海洋食品和鲜肉的图案前所堆积的新鲜蔬菜和水果可看到商店的所有部分。墙壁上的大型图片提供了许多可从店内任何角度看到的模型,这些图片增加了各部的亮色,并由通道指示牌反复指示。A&P的广告已成为公司的有力竞争武器。北美洲最大的广告生产机构归A&P公司的总部所有,其印刷技术在北美领先。在美国的50家大连锁企业中,A&P是唯一一家全部自己承担广告印刷的公司。伍德挂帅后,公司开始为所有分店提供广告设计和制作服务。现在该公司的广告设计也由各分店自行完成并随时变更广告的颜色和内容,整个公司的广告资料、广告设计由电脑网络连接,使广告成为灵活而富有竞争力的武器。

通过一系列重拳出击,A&P公司终于走出低谷,重新焕发出活力。1985年公司销售额达66亿美元,税后利润8 829万美元,1990年销售额高达113亿美元,税后利润1.5亿美元。

思考:

1. A&P公司的发展历程说明什么?
2. A&P公司20世纪中期衰落的原因是什么?
3. A&P公司近期复兴的原因是什么?
4. A&P公司的发展历程有什么启示?

实训项目

调查访问本地区某行业的代表性连锁企业

实训目的:

通过调查访问本地区某行业的代表性连锁企业,掌握有关资料,了解某行业代表性连锁经营企业的产生和发展,从中加深对连锁经营基本特征的理解,

第一章 连锁经营概述

从而锻炼运用所学的连锁经营理论分析问题和解决问题的能力。

实训内容：

采用实地考察、网络调查等多种调查方法相结合，对某行业代表性连锁经营企业进行调查，结合连锁经营的基本特征，完成一份该企业连锁经营发展分析报告。

实训要求：

将班级同学按4~5人一组进行分组，每组分别根据自身的资源条件和兴趣爱好，选定某个行业内具有一定代表性的连锁经营企业，可以属于大型超市、便利店、餐饮店、酒店、教育、服装等各个不同的连锁经营行业。利用课外时间完成实地走访和资料搜集。在此基础上，每组分别完成一份某行业代表性连锁经营企业的调研分析报告，并在课堂上对调查情况进行公开汇报。

第二章　连锁经营的基本类型

> **学习目的**
>
> 1. 能说出直营连锁、特许连锁、自由连锁各自的含义。
> 2. 能对连锁经营三种类型特征进行比较分析。
> 3. 能对连锁经营三种类型优缺点进行比较分析。
> 4. 能对连锁经营三种类型适应性进行比较分析。

> **引导案例**

7-11 在京放开个人加盟

2011年11月,一向以直营模式经营的7-11(7-Eleven)便利店对外宣布,率先在北京、天津、河北等地区开展加盟店铺业务,开始转向加盟方式扩张。7-11(北京)公司表示,公司在北京将以资源结合的形式,以加盟商已有的店铺作为前提条件,开展加盟业务。北京地区加盟金额为70万～100万元,加盟店铺面积无需太大。在加盟商递交加盟申请后,7-11总部会派人员进行店铺审核等一系列准备工作。

资料显示,7-11在海外一直是以加盟店方式开拓市场,但其2004年进入中国后,由于政策限制,只能依靠开设直营店面的方式扩张。早在2006年起7-11就对外宣称在中国市场启动特许加盟业务,采取直营和加盟"两条腿走路"的方式发展,但一直没有付诸实践。

"此次7-11加盟是企业自身的突破。7-11一直都没有真正实践加盟,此次不仅是试水,还是快速扩张。"7-11一参股公司负责人透露,其在半年前就已开始加盟业务,加盟方必须是有一般纳税人资格的公司,7-11

方面会为加盟商提供商品、技术和管理等方面的支持,但不针对个人加盟。不过,目前加盟业务已放宽到个人。

表2-1 个人加盟7-11门槛

加盟费	70万~100万元,自有或已租物业
每店面积	135平方米左右
店铺位置	写字楼或高档社区
店铺租金	普通小区门面房每月4万元左右;繁华区域底商每月近6万元;一般写字楼每月近3.5万元
货品资金	20万元
人工成本	雇员最低6名,人工工资每月最低2万元
销售额	日销售额最多2万元
回收成本时间	总投资额最低200万元,大约4年回收成本

注:以上数据均为业内人士估算

对此,联华快客便利有限公司相关负责人表示,目前北京便利店的网点数量还有很大的发展空间,联华快客已开展了加盟业务。现在7-11根据市场特性和公司自身考虑开设加盟业务,应是公司的发展战略。虽然便利店存在一定的可复制性,但是便利店行业采取加盟模式发展,在各方面要求都很高。开展加盟后,对加盟商的管理是品牌日后发展的重中之重,应对加盟店运用"紧密型"管理模式,即按照直营店的管理标准运营加盟店。

中国连锁经营协会负责人楚东认为,便利店要靠网点数量取胜,现实问题是,便利店业态是"以金钱换时间",直营模式运营成本过高。在日本、中国台湾等地大多数便利店都以加盟为主,实现大规模采购、运营成本的降低。"7-11迈出这步非常不容易",楚东表示,从前其都是"谎报军情",很多人都想做加盟但都被"拒之门外"。便利店特许加盟连锁要实现扩张,关键是直营店打好基础,比如品牌形象、经营业绩、采购、储存、配送链条的管理等。现阶段,物业资源是企业的最大压力,同时也是便利店开展加盟的原因之一。

(资料来源:http://money.163.com/11/1115/10/7IT5MTIB00253B0H.html)

职业指导

据《中国连锁业人力资源发展报告》显示:由于行业发展迅速而人才培训机制不足,连锁经营行业正在面临人才荒,其中尤为稀缺的是管理型人才。按保守估计,目前全国连锁行业的管理人才缺口至少为60万,而培养一个成熟的中高级管理人才需要的时间比较长。一般来说,培养一个部门经理级中层管理人员需要5年左右时间,而一个经理要培养成店长至少又需要3年时间,因为经理只是面对一个部门,而店长却要纵观全局。因此,目前国内连锁经营管理人才缺口较大。从收入来看,不同地区、不同级别的连锁经营管理高级人才的收入有很大的差别,主要还是看个人的能力和工作经验。一般来说,连锁经营管理高级人才的月薪在5 000~6 000元左右,但是对于一些高级人才来说,年薪也可达到20万~40万元。

从1859年世界上第一家近代连锁店——美国大西洋和太平洋茶叶公司成立开始,连锁经营已经走过了150多年的发展历程。其间,专家和学者从不同的角度和需要,对连锁经营进行过各种不同的分类。

连锁经营和非连锁经营的最大区别,首先在于实行连锁化,即通过一定的联结纽带,按一定的规则,将众多分散孤立的经营单位联结在一起,并按照规则的要求进行运作。根据联结纽带和联结方法的不同,将连锁经营分为直营连锁、特许连锁和自由连锁三种类型,这是连锁经营最基本的分类。

第一节 直营连锁

2.1.1 直营连锁的含义

直营连锁也称之为正规连锁(Regular Chain,简称RC)或公司连锁、联号商店、多店铺商店、多支店商店,是连锁经营的一种主要形态。这是连锁企业总部通过独资、控股或兼并等途径开设门店、发展壮大自身实力和规模的一种连锁形式。

专家学者从不同的视角对直营连锁进行了界定。国际连锁商店协会对直营连锁的定义最直接最简单,认为直营连锁是指单一资本直接经营 11 家以上商店的零售业或餐饮业组织。

美国商务部对直营连锁的定义是:由总公司管辖下的许多门店组成,它往往具有行业垄断性质,利用资本雄厚的特点大量进货、大量销售,具有很强的竞争力。

日本通产省给直营连锁下的定义是:本质上是处于同一流通阶段,经营同类商品和服务,并在同一经营资本及同一总部集权性管理机构统一领导下进行共同经营活动(由两个以上单位店铺组成)的零售企业集团。

另外,各国对直营连锁门店数量的规定也不尽相同,美国规定直营连锁必须要有 11 个门店以上,英国规定必须要有 10 个门店以上,而日本只需要 2 个门店以上就可以了。

通常我们认为,所谓直营连锁,是指连锁企业的门店均由连锁企业总部全资或控股开设,在总部的直接领导下,开展统一经营、利益独享、风险独担的一种高度统一的商业经营形式。

小资料

世界上第一家连锁店

1859 年,乔治·吉尔曼和乔治·亨廷顿·哈特福德两人在纽约创建"大美国茶叶公司",这是世界上第一家具有规模的连锁商店。店很小,但因他们不经过中间商,直接从中国和日本大量进口茶叶,所以售价极低,仅 30 美分/磅,而其他店卖 1 美元/磅。他们很快就获得了成功,1860 年便开了第 2 家店。他们当时未必有开多家分店的想法,只是想让人们能买到便宜的茶叶。到 1865 年,公司已有了 25 家分店,全部在纽约市百老汇和华尔街一带。

成功使他们充满了信心,决定增加经营其他食品杂货,如调料、咖啡、肥皂、发酵粉等。1869 年,公司更名为"大西洋和太平洋茶叶公司"(Great Atlantic & Pacific Tea Company,简称 A&P)。A&P 公司开始迅速向西向南拓展,1880 年已经达到 100 家分店,经营范围延伸到明尼苏达和弗吉尼亚;1900 年,经营地域即已横跨太平洋和大西洋之间的整个北美大陆,销售额达到 560 万美元,1912 年,公司分店达到了近 500 家。此时,在公司创办人的儿子约翰·哈特福德领导下,A&P 公司计划大规模发展,办一个人经营的经济店,以每年近 100 家的速度扩张。至 1930 年,公司下属连锁商店达到了 15 709 家的顶峰,销售额也超过 10 亿美元,占到当时全美食品销售量的 10%左右。

可是此后,A&P 公司的分店数一路下降到今天,分店数仅 1 014 家,但仍居全美第 16 大零售商(1995 年排行),销售 100 亿美元。而且,迄今再无哪家大连锁公司分店数能达到万家以上。

(资料来源:http://zhidao.baidu.com/question/6631353.html)

2.1.2 直营连锁的主要特征

直营连锁的主要特征可以概括为"三统一",即所有权统一、经营管理权统一及核算制度统一。

(1)所有权统一

所有权统一是直营连锁与后面将要介绍的特许连锁、自由连锁最大的区别,即直营连锁各个成员店之间是以资本为主要联结纽带,全部门店的所有权必须属于同一个所有者,归一个公司、一个联合组织或一个人,是由同一个投资主体投资开办分店,各分店之间不具备独立的法人资格。

(2)经营管理权统一

直营连锁的经营管理权完全集中于总部,由总部根据统一的事业规划方针,负责连锁公司在人事、财务、投资、分配、采购、定价、促销、物流、商流、信息等方面的高度集中统一管理与经营;而店铺则只负责销售业务。在人事关系管理上,直营连锁各分店的经理人员,都是公司的雇员不是所有者。在经营活动中,必须实行多个统一,如统一管理、统一经营、统一商号、统一形象、统一服装、统一促销,甚至统一陈列、统一服务等。

(3)核算制度统一

直营连锁实行总部统一核算,所有门店都仅是分设的销售单位,全部销售利润都归总公司支配。所有门店店长都由总部委派,工资、奖金由总部决定,店长无权分配门店的利润,各门店员工的工资、奖金也必须按照总部制定的标准执行。

2.1.3 直营连锁的优缺点

直营连锁具有强大的生命力,在世界范围内获得了迅速的发展,这与其本身所具有的优势有关,由于直营连锁具有统一资本、集中管理、分散销售的特点,这也使得直营连锁在经营过程中表现出明显的优点和缺点。

(1)直营连锁的优点

①规模优势。直营连锁实行高度统一的经营。这种制度安排有利于集中力量办事,可以统一经营战略,统一产品开发、采购、配送、促销,统一资金调

运、人事管理,作为同一资本所有者,具有雄厚的实力。可以充分地规划企业的发展规模和速度,在融资、采购和产品开发等方面具有较强的规模优势,有利于提升企业的运行效率。

②经济优势。直营连锁企业依靠集中化的功能,可为经营提供重要的经济优势。连锁企业总部具有雄厚的实力,在与银行、生产厂家沟通中具有较强的谈判能力。直营连锁企业还可以利用总部集中大批量进货,容易开发稳定的供货渠道和获得折扣,以达到降低商品成本、减少管理费用的目的。

③技术优势。在直营连锁中,由于各门店的法人所有权集中在公司总部,各门店没有任何权利无视总部的经营管理制度而独立经营。因此,连锁企业总部有权对各门店进行严格的标准化、规范化管理,以提升各门店的经营管理水平,促进企业整体竞争能力的提高。在人才培养使用,新技术和产品的开发推广,以及信息、物流和管理现代化等方面,也更容易发挥整体优势。

④战略优势。任何企业在发展过程中均会遇到眼前利益与长期利益,局部利益和整体利益之间的矛盾。为了企业的发展,有时必须放弃一些眼前利益和局部利益,连锁企业也不例外。但在特许连锁和自由连锁形式下,加盟门店具有自己的财产所有权,它们对自己利益极为关注,往往只顾自身的眼前利益和局部利益,而不顾整个连锁企业的全局利益和长期利益。此时,由于所有权的缺位,连锁总部很难对这些具有独立财产权的加盟门店进行严格管理。但在直营连锁形式下,连锁总部就能以投资者的身份对所有门店实施严格的统筹管理,使每个门店都能较好地处理局部利益和整体利益,眼前利益和长期利益的关系,全面实施企业的发展规划。

知识链接

发展直营连锁的五项条件

直营连锁发展模式优势十分明显,它统一性强,易于管理,但取得这种优势是靠直接经营分店的。而直接开设分店也就意味着需要前期的投入,投资风险高,不是任何想发展连锁经营的企业都可以这样实施的,它是需要一定条件的,如果条件不具备,很容易出现一系列的问题,轻则使企业发展停滞不前,重则使企业面临倒闭的风险。

(1)必须有相当的资金实力。因为这种模式下,所开设的分店都是直接投资的,店铺建设或租赁费用、店堂装修布置,还有许多固定设备等,加起来就是一笔数额非常巨大的费用,少则数百万,多则数千万,而且极有可能一两年内无法收回开店成本。所以,如果没有足够的资金实力,发展这种模式的连锁经营,就是把企业推到悬崖边上,如果还想快速扩张的话,那就冲向万丈深渊了。目前,成功经营这种模式的企业都是颇具实力的巨人,比如沃尔玛、家乐福等,它们可动用的资金都是过千亿美元。

(2) 要有可作为扩张标准的"样板店"。直营延伸式地发展连锁经营,是通过不断复制自己来延长连锁链的,那么在复制之前,肯定要有基因存在,它是作为连锁经营的起点存在。因此,作为这种直营延伸式的连锁经营,当然必须有一个成功的样板,否则进行复制后,要么会复制失败,要么就会将原有缺陷扩大。通过对成功样板店的复制,将母店成功管理模式、CIS系统通过分店延伸下去,整个连锁体系——形象、统一进货、统一经营、统一管理得以最终形成。

(3) 直营连锁必须以相对成熟、规范化的经营管理制度为前提。这种直营延伸式的扩张,其实是资本与管理的对外扩张,当有了一定资金实力以后,还要有成熟、规范的制度与资本输出同行。否则造成的结果是——店是开了,体形也大了,但体质却虚了。最后是:店开得越多,亏得就越厉害。

(4) 要具备对大规模、多品种商品的管理能力。在直营式的经营过程中,强调得最多的就是要统一经营。"统一"就要求连锁经营业者必须有对大量商品的管理能力,包括采购、配送、销售能力,而要具备这些能力,当然也就少不了先进的、相对成熟的网络系统。通常而言,可以通过科学的信息管理来协助商品管理,同时通过配送中心的建设来保证商品及时到店,再加强采购系统与销售系统管理来实现进与销两头通畅有力。

(5) 直营式连锁业态必须有较好的潜在发展前途。这种连锁运营模式,由于是直接经营,一次性投入非常大,投资风险相对其他连锁模式而言要大。所以,业态选择必须有所取舍,寻找发展潜力较大的行业,以免坠入投资陷阱。

(2) 直营连锁的缺点

① 直营连锁资金投入大,扩张速度慢。由于直营连锁是以单一资本向市场辐射,各门店都由总部投资逐一兴建,因而易受资金、人力、时间等方面的影响,如果企业资金不足,企业的发展速度和连锁规模的扩张都将受到限制,影响连锁企业的发展。

② 直营连锁管理系统庞杂,易产生官僚化经营,增加管理成本。直营连锁的人员组织形式是由总公司直接管理,其组织体系一般分为3个层次:上层是公司总部,负责整体事业的组织系统;中层是负责若干个分店的区域性管理组

织和负责专项业务;下层是分店或成员店。这样的组织结构使得公司管理系统庞杂,容易产生官僚化经营,使得公司内部的管理成本大大提高。

③门店自主权小,不利于调动门店员工的积极性、主动性和创造性。在直营连锁中,各门店由连锁企业总部按一定的规章制度和标准的操作流程统一管理,各门店没有经营自主权,门店的经营效益与员工的利益关系不够密切,不利于调动各门店员工经营管理的积极性、主动性和创造性。

2.1.4 直营连锁的适应条件

直营连锁主要适用于零售业,特别是大型百货商店和超级市场。其主要原因是这类企业都需要巨额的投资和复杂的管理,如果采用其他连锁经营方式来发展,管理难度比较大。

目前,许多大型国际连锁组织,如美国的沃尔玛、希尔斯和星巴克,瑞典的宜家家居公司法国的家乐福和百安居公司都属于这种连锁形式,我国国内的世纪联华超市、三江购物、国美、苏宁、宏图三胞等企业也都是采用直营连锁形式发展。因为种种原因,美国连锁快餐巨头肯德基和麦当劳进入中国内地后,也几乎完全采用了直营连锁形式进行扩张。

第二节 特许连锁

2.2.1 特许连锁的含义

特许连锁(Franchise Chain,简称FC),又称合同连锁、加盟连锁和契约连锁。如果大型商业资本打算在节省资本投入的情况下达到扩张,实现商品价值的目的,特许连锁就是最佳选择。

美国商务部对特许连锁所下的定义是,特许连锁指的是主导企业把自己开发的产品、服务的营业系统(包括商标、商号等企业形象的使用,经营技术、营业场合和区域),以营业合同的形式,授予加盟店在规定区域内的经销权或营业权。加盟店则交纳一定的营业权使用费,承担规定的义务。

日本特许连锁协会认为,特许经营权是指特许者同其他从业者之间缔结合同,特许者特别授权特许加盟者使用自己的商标、服务标记商号及其他作为营业象征的标识和经营技巧,在同样的形象下进行商品销售。此外,加盟者要按销售额或毛利的一定比例,向特许者支付报偿,并对事业投入必要的资金,在特许者的指导及支持下开展事业,双方保持着特许性的关系。

在我国,商务部2004年颁布的《商业特许经营管理办法》第2条定义为:商业特许经营是指通过签订合同,特许人将有权授予他人使用的商标、商号、经营模式等经营资源,授予被特许人使用,被特许人按照合同约定在统一经营体系下从事经营活动,并向特许人支付经营费。

虽然不同国家、不同组织对特许经营有不同的定义,但基本内涵相同,主要包括以下几点:

第一,特许经营是特许人和受许人之间的契约关系;

第二,特许人将允许受许人使用自己的商号和(或)商标及(或)服务标记、经营诀窍、商业和技术方法、特许体系及其他工业和(或)知识产权;

第三,受许人自己对其业务进行投资,并拥有其业务;

第四,受许人需向特许人支付费用;

第五,特许经营是一种持续性关系。

特许连锁有两种基本类型:一种是经营特许权加盟型,又称商业转让型特许加盟经营,即特许者将其拥有的经营技术、配方、诀窍等授予被特许者的方式;另一种是商品和商标特许权加盟型,又称产品转让型特许加盟经营,即特许者将其拥有的专门商品、商标、商号的经销权和使用权授予被特许者的方式。

需要特别指出的是,特许连锁是目前全球发展最快的连锁经营形式,它被美国著名未来学家奈斯比特誉为"21世纪最主要的商业经营模式"。

2.2.2 特许连锁的主要特征

(1)特许连锁的核心是特许权的转让。在一个特许连锁经营体系中,必须有一个主导企业为连锁总部,这个主导企业必须具有自己的产品、服务、技术、商标、商号、经营和管理等方面的知识产权,有较强的获利能力和市场竞争能力,这样才能吸引其他企业加盟,接受主导企业的授权和管理,成为主导企业连锁经营体系中的一个特许加盟者(被特许者)。被特许者(特许加盟者)与特许者(主导企业)单独签订特许合同,各加盟者只能由总部负责,特许者与加盟者之间是纵向关系,各加盟者之间无横向关系,这与下一节要介绍的自由连锁不同。

(2)维系特许连锁经营的经济关系纽带是特许经营合同。直营连锁是以资产为纽带来组建连锁经营体系的,而特许连锁经营体系是以特许授权经济合同为基础的。这种特许授权经济合同是由特许者制定的定式合同,即非双方议定合同,它规定了加盟者必须履行的权利、义务和要求,以及特许者相应的授权责任和义务。被特许者以接受特许者所制定的合同内容为条件加盟,如加盟者必须按合同规定的数量向特许者交纳一定的特许金额等。这些特许金额包括:首次加盟费、特许商品销售额款项或所得利润提成费等。合同是特许者与每个被特许者一对一签订的。

(3)特许连锁经营的所有权分散,而经营权高度集中。在一个特许连锁体系中,加盟者之间、加盟者与连锁总部之间的资产是相互独立的,所有权是分散的,主导企业只是以其独有的物质技术或知识产权来吸引加盟者加入连锁体系,并在经营管理方面进行指导,各加盟店和总部仍实行独立核算、自负盈亏,拥有人事、财务等权利,并不改变原来的所有权性质。但是加盟店的经营权高度集中在特许者总部。被特许者必须完全按照特许者总部的一系列规定进行经营,自己没有经营自主权。

2.2.3 特许连锁的优缺点

(1)特许连锁的优点

①投资少、扩张快。在特许连锁中由于各加盟者均有独立的财产权和人事权,开发连锁门店时所需的装修、设备购置、员工招聘和房屋租赁等方面发生的资金投入和费用支出均由加盟者自行负责,这就大大降低了总部进行门店扩张的成本和费用,使得总部能以较少的人财物力迅速地拓展市场、扩大规模,以取得较好的规模效益。此外,也可以通过经营权的转让为总部积累大量的资本,使公司的无形资产转化为有形资产,从而增强总部的实力。

②风险小、积极性高。风险小是对总部而言的。由于在特许连锁中,各加盟门店独立核算、自负盈亏,因此,各加盟门店的经营风险自然要由加盟者自行负责,总部所承担的经营风险就会大大降低。同时,由于各加盟门店独立核算、自负盈亏,这就把加盟门店经营状况与加盟者的经济利益捆绑在一起,加盟者就会积极努力经营和管理自己的门店,以降低成本,提高利润。

③有利于投资者创业。在社会上,许多具有一定资金实力的企业和个人想投资创业,但往往苦于没有成熟的经营技术和经验,特许连锁给了这些投资者一条很好的途径。他们可以通过特许加盟的方式,利用总部的技术、品牌和商誉等知识产权开展经营,又享有总部全方位的服务,经营风险比较小,利润比较稳定,成本低、见效快,有利于企业和个人投资创业。

(2)特许连锁的缺点

①特许人有片面追求收益,忽视管理的倾向。在特许连锁经营中,一些

特许者会在利益的驱动下,不顾企业的服务和管理能力,盲目扩大规模,片面追求加盟费,而忽视有效的管理和服务,这就可能使被特许者经营不善或达不到标准,损害被特许者的利益,严重时会导致整个特许连锁系统的崩溃。

②合同纠纷多,管理难度大。在特许连锁体系中,特许者对被特许者管理的依据是特许经济合同,而合同不管如何完善,都会由于双方的理解和解释不同而形成许多纠纷。同时因连锁双方不存在上下级关系,处于平等地位,总部的行政手段和措施往往难以奏效,这就增加了管理难度。特别是当一些加盟店取得成功以后,希望停止特许合同,独立经营,以免交特许费,获得更大利润,此时对加盟店的管理就更难。

③容易流失知识产权。在特许连锁经营中,特许者与被特许者签订合同后,特许者就应把自己长期积累的品牌、技术、商誉和管理等知识产权传授给被特许者,以便其能开展正常有序的生产经营。但若加盟者素质不高,就有可能造成上述知识产权的泄密或外流等不良后果。

2.2.4 特许连锁的适应条件

特许连锁主要适用于制造业、服务业、餐饮业以及便利店等零售业领域。另外,特许连锁比较适合名气较大、经营管理上经验丰富、商品或服务有一定核心竞争力的企业采用。

1865年,美国胜家(Singer)缝纫机公司首创特许经营这一方式,日本"不二家"西点糕饼店于1963年开始进行特许加盟。目前,肯德基、麦当劳等国际餐饮连锁巨头在美国主要是以特许连锁方式发展。在我国,奶茶店、中石化、中石油是典型的特许加盟店。

小资料

麦当劳特许连锁经营分析

"麦当劳"是著名的国际品牌,也是企业国际化经营的成功范例。"麦当劳"的国际化经营业绩主要归功于其对特许经营的成功运用。

"麦当劳"原是麦当劳兄弟于1937年在洛杉矶东部的巴沙地那小镇开办的汽车餐厅。为求发展,麦当劳兄弟尝试着出售了为数不多的特许经营权,发展了一小批加盟店。但真正使麦当劳成为特许经营王国的是克洛克,而不是麦当劳兄弟。1954年麦当劳兄弟和克洛克签订了一份联合经营的协议,克洛克获得了在美国全国特许经营的权利,成为麦当劳特许经营的代理商。1955

年3月,克洛克在芝加哥西北郊区开设了第一家麦当劳餐厅,创立了麦当劳特许加盟体系(1961年克洛克以270万美元买下了麦氏兄弟的餐厅)。至1996年,全球的麦当劳餐馆已突破了15万家;1964年、1966年和1994年,麦当劳售出的汉堡包分别突破10亿个、20亿个和1 000亿个。

麦当劳作为世界上最成功的特许经营者之一,以其引以自豪的特许经营方式,成功地实现了异域市场拓展、国际化经营。在其特许经营的发展历程中,积累了许多非常宝贵的经验。

1. 明确的经营理念与规范化管理

麦当劳的黄金准则是顾客至上,顾客永远第一。提供服务的最高标准是质量(Quality)、服务(Service)、清洁(Clean)和价值(Value),即 QSC&V 原则。这是最能体现麦当劳特色的重要原则。Quality 是指麦当劳为保障食品品质制定了极其严格的标准。例如,牛肉食品要经过40多项品质检查;食品制作超过一定期限(汉堡包的时限是10分钟、炸薯条是7分钟),即丢弃不卖;规定肉饼必须由83%的肩肉与17%的上选五花肉混制等等。严格的标准使顾客在任何时间、任何地点所品尝的麦当劳食品都是同一品质的。Service 是指按照细心、关心和爱心的原则,提供热情、周到、快捷的服务。Clean 是指麦当劳制定了必须严格遵守的清洁工作标准。Value 代表价值,是后来添加上的准则(原来只有 Q、S、C),加上 V 是为了进一步传达麦当劳的"向顾客提供更有价值的高品质"的理念。也可以说,QSC&V 原则不仅体现了麦当劳的经营理念,而且因为这些原则有详细严格的量化标准,使其成为所有麦当劳餐厅从业人员的行为规范。这是麦当劳规范化管理的重要内容。

2. 严格的检查监督制度

为了使各加盟店都能够达到令消费者满意的服务与标准化,除了上述理念和规范以外,麦当劳公司还建立了严格的检查监督制度。麦当劳体系有三种检查制度:一是常规性月度考评,二是公司总部的检查,三是抽查(在选定的分店每年进行一次)。公司总部统一检查的表格主要有食品制作检查表、柜台工作检查表、全面营运评价表和每月例行考核表等;公司总部的抽查资料有分店的账目、银行账户、月报表、现金库和重要档案等,详略不等。而对每个分店的一年一次的检查一般主要由地区督导主持,主要检查现金、库存和人员等内容。地区督导常以普通顾客的身份考察食品的新鲜度、温度、味道、地板、天花板、墙壁、桌椅等是否整洁卫生,柜台服务员为顾客服务的态度和速度等。

3. 完备的培训体系

麦当劳非常重视员工培训,并建立了较完备的培训体系。这为受许人成功经营麦当劳餐厅、塑造"麦当劳"品牌统一形象提供了可靠保障。麦当劳的培训体系是在职培训与脱产培训相结合。脱产培训主要是由位于芝加哥的汉堡大学(Hamburger University)完成。汉堡大学是对分店经理和重要职员进行培训的基地。1992年在北京开办的中国第一家麦当劳餐馆的4名管理人员就毕业于汉堡大学。汉堡大学提供两种课程的培训,一种是基本操作讲座课程(BOC),目的是教育学员制作产品的方法、生产及质量管理、营销管理、作业与资料管理和利润管理等;另一种是高级操作讲习课程(AOC),主要用于高层管理人员培训上,其内容包括QSC&V的研究、提高利润的方式、房地产、法律、财务分析和人际关系等。

4. 联合广告基金制度

设立广告基金是麦当劳的重要营销策略。由于大部分加盟者只有一家或少数几家店,不可能负担大部分广告费用,而大家联合起来,就可以筹集到较丰厚的广告基金。为了能够让麦当劳在更大范围做电视广告,1966年麦当劳总部决定建立联合广告基金制度,并组建了麦当劳全国加盟者联合广告基金会,基金会的资金来源于参加这一计划的加盟店和麦当劳公司直营店,其额度大约占每年总营业额的3%~4%。麦当劳除了总公司广告部以外,在美国各地还有若干个广告基金。这样,品牌宣传的广告经费就充足了。经营者们利用这笔巨额的款项,可以做强势广告宣传。

在宣传"麦当劳"品牌的过程中,坚持统一广告与区域性广告相结合的原则。即不同的地区、不同的广告基金,在宣传同一个品牌时可以实行不同的创意。也就是说,各个地区是根据自己地域的促销重点和当地价值观、消费习俗等作不同的广告设计来对同一个汉堡包进行宣传。这也是麦当劳公司特许经营体系独具特色之处。

5. 以租赁为主的房地产经营策略

麦当劳公司的收入主要来源于房地产营运收入、从加盟店收取的服务费和直营店的盈余三部分。由于加盟者一般都没有足够的资金支付3万美元的土地费用和4万美元的建筑费用,也常无力争取贷款。麦当劳公司就负责代加盟商寻找合适的开店地址,并长期承租或购进土地和房屋,然后将店面出租给各加盟店,获取其中的差额。这是麦当劳公司收入的主要来源。这实质是麦当劳房地产公司(为实施房地产策略而成立的公司)用各加盟店的钱买下房地产,然后再把它租给出钱的加盟店。这种房地产经营策略,实际上是把第一债权人的权利转让给了麦当劳房地产公司,以使它能具备从银行取得贷款的资格。这既解决了加盟者开店的资金困难,又增加了麦当劳公司的收入,同时，通过控制房地产，更有利于麦当劳加强对受许人的管理。资料表明，至20世纪80年代中期，麦当劳的近万家餐馆中，有60%的房地产权属于麦当劳总部，另40%是由总部出面向当地房地产主承租的。由此，房地产收入成为麦当劳的主要收入。麦当劳收入的1/3来自直营店，其余来自加盟店，其中，房地产收入占这部分收入的90%。

6. 相互制约、共荣共存的合作关系

麦当劳在处理总部与分店关系上非常成功，主要有三个特点：其一是麦当劳收取的首期特许费和年金都很低，减轻了分店的负担；其二是总部始终坚持让利原则，把采购中得到的优惠直接转给各特许分店；其三是麦当劳总部不通过向受许人出售设备及产品来牟取暴利（许多特许组织都通过强卖产品的方式获得主要利润，这就容易使总部与分店发生冲突）。麦当劳的诚意换来了加盟者和供应商的忠诚，麦当劳与加盟者、供应商的关系是相互制约、共存共荣的合作关系。这种共存共荣的合作关系，为加盟者各显神通创造了条件，使各加盟者营销良策层出不穷，这又为麦当劳品牌价值的提升立了汗马功劳。如，风靡全世界的"麦当劳叔叔"就是一个成功的加盟者与广告公司创造出来、总公司启用并推广的，"联合广告基金会"模式也是由麦当劳加盟者创立（1996年）、被总公司采用的。另外，加盟者对总公司的合理建议，也形成了动力，促进了麦当劳公司的改革，从而"麦当劳"品牌增强了市场竞争力，麦当劳公司也获得更快的发展。

第三节 自由连锁

2.3.1 自由连锁的含义

自由连锁，又称自愿连锁（voluntary chain，简称VC）、志同连锁、任意连锁，是企业之间为了共同利益结合而成的事业合作体，各成员店是独立法人，具有较高的自主权，只是在部分业务范围内合作经营，以达到共享规模效益的目的。

对于自由连锁，不同国家和组织有不同的定义。美国商务部对自由连锁商店的定义是：自由连锁是指由批发企业组织的独立零售集团，即所谓批发企业主导型任意连锁集团。成员零售店铺经营的商品，全部或大部分从该批发企业进货。作为对等条件，该批发企业必须向零售企业提供规定的服务。日本通产省的定义是:自由连锁是指分散在各地的众多的零售商,既维持各自的独立性,又缔结着永久性的连锁关系,使商品的进货和其他事业共同化,以达到共享规模利益的目的。

我国1997年由原国内贸易部公布的《连锁店经营管理意见》中对自由连锁的定义是:自由连锁公司的门店均为独立法人,各自的资产所有权关系不变,在总部指导下共同经营。

自由连锁在发展过程中形成了两种类型:一类是以批发企业为核心实现连锁,这主要在欧美国家比较多;另一类是以大型零售企业为核心组成连锁,这主要在日本较为普遍。

综上所述我们认为:自由连锁是企业之间为共同利益而结成的一种合作关系,是现有的独立零售商、批发商或制造商之间的横向或纵向的经济联合形式。这种联合往往通过签订连锁经营合同加以确定,总部与具有独立法人资格的门店合作,各门店在总部的指导下集中采购、统一经营。依据自由原则,各门店可以自由加入或退出连锁体系。

知识链接

美国、日本自由连锁总部职能

美国自由连锁商店总部的职能大致有12项:(1)确定组织大规模销售计划;(2)共同进货;(3)联合开展广告等促销活动;(4)业务指导,包括店堂装修、陈列等;(5)组织物流;(6)教育培训;(7)信息利用;(8)资金融通;(9)开发店铺;(10)财务管理;(11)劳保福利;(12)帮助劳务管理等。

在日本,自由连锁商店总部(集团本部)必须具有执行下列职能的能力:(1)组织职能,即本部必须能够及时协调成员关系,重组集团组织,使之适应经营需要;(2)计划职能,即本部负有编制集团的长期发展战略计划、中短期营运计划、资金调集及分配计划、投资计划、人员培训计划和零售经营计划等的责任;(3)调控指导职能,即按计划要求,对成员企业的经营活动和行为进行指导、扶持或限制以及协调集团长期利益关系同成员企业短期利益,成员企业同主导企业利益关系的职能;(4)商品供应职能,包括决定集中进货的商品数量、进货对象和渠道选择的职能以及为成员企业配送、保管商品的职能。

2.3.2 自由连锁的主要特征

(1)成员店拥有独立的所有权、经营权和核算权自由连锁的最大特点是成员店的所有权、经营权和核算权都是独立的。众多分散的零售商加盟成为自由连锁体系的成员,这些零售商一般是小型的、独立的,商店资产归成员店所有,经营者就是所有者。各门店在财务上也是独立的,与总部没有隶属关系,不仅独立核算、自负盈亏、自主安排人事,而且各门店在经营品种、经营方式、经营策略等方面也有很大的自主权,每个门店都可以使用各自的店名商标。

(2) 合同是维系自由连锁体系的经济关系纽带

核心主导企业与各加盟的成员企业,是通过合同作为纽带联结在一起的,合同是各成员之间通过民主协商制定的,而不是特许连锁那样的定式合同。

(3) 总部与成员店之间是协商与服务的关系

自由连锁成员店与总部不存在所属关系,总部是服务性质的,不以营利为目的,各成员店在保持自己独立性的前提下,通过协商自愿联合起来,统一订货和送货、统一使用信息及广告宣传、统一制定销售战略。每年只须按销售额或毛利额的一定比例向总部交纳加盟金、管理费即可。

2.3.3 自由连锁的优缺点

(1) 自由连锁的优点

①成员店自主权大,独立性强,利益直接,具有较高的自主性和灵活性,有利于调动积极性和创造性。在自由连锁中,由于各门店独立核算、自负盈亏、人事自主,拥有所有权与一定程度的经营自主权,经济利益与门店经营好坏直接挂钩,有利于调动各门店经营管理者的主动性、积极性和创造性。

②管理方式既民主又集中,为经营活动带来整体优势和利益,具有较大的灵活性。在自由连锁体系中,各成员店是由总部集中管理指导,可以帮助成员店提高经营水平。同时,各成员店还可以享受统一进货、统一促销等带来的好处,有利于成员店降低成本,也有利于形成规模效益。

③总部系统投资少,布网快。由于加盟自由连锁体系的各门店原来就有经营设施和相对稳定的市场,总部在发展门店时无须大量的市场调研和投资。同时,在自由连锁体系中,各门店既有一定的自主权,又能享受统一经营带来的整体优势,各门店加盟的积极性较高,是一种"双赢"的选择,所以具有投资少、布网快的优点。

(2) 自由连锁的缺点

①凝聚力弱。由于自由连锁各成员店的独立性比较大,如果组织管理不好,总部与门店、门店与门店之间就有可能出现凝聚力和约束力较弱、管理比

较松散的现象。在日常经营过程中，很可能产生一些只顾本店利益，不顾连锁经营整体的事情。

②发展规模和地域受到局限。自由连锁组织稳定性、统一性较差，总部集中统一运作的作用受到限制，组织不够稳定，发展规模和地域受到局限。

③决策迟缓。自由连锁系统内部过于民主，可能在一些重大经营问题上出现意见分歧、矛盾，难以达成协调一致的意见，因此决策迟缓，很难快速适应市场变化，整体竞争力受到影响。

2.3.4 自由连锁的适应条件

自由连锁主要是适应中小零售企业为形成必要的规模效应、增强对大型企业的抗衡能力的需要而出现的，在欧美已有70多年历史。因此自由连锁形式比较适用于零售业，特别对中小型零售商店具有吸引力。在实践中，自由连锁店，在欧美以批发企业为主导，有的是一个批发企业，有的是两个或几个批发企业。有的以中心批发企业代行总部职能，不另设总部；有的另设总部负责统一管理；有的是依托原有批发企业组织起来；也有的是一批独立零售店（日本规定30家以上）自己组织起来，共同投资新设立一个批发公司兼总部，由参加成员为股东组成董事会，共同执行业务，总部是服务性质的，不以营利为目的（也有总部与批发公司是分离的）。在日本除了批发企业主导型以外，还有大型零售企业主导型，总部设在核心企业。

欧洲的SPAR、美国的IGA、日本的CGC自由连锁集团都是全球典型的自由连锁企业，我国湖南步步高超市联合中小零售企业成立"上海家联采购联盟有限公司"也是典型的自由连锁。当前，我国中小零售企业量大面广，不少已具备成熟的经营模式和稳定的顾客群体，但面临着外资零售巨头和国内大型连锁企业的强大竞争压力。发展自由连锁，对这些中小零售企业来说，不失为一种好的选择。

小资料

国际独立零售商联盟IGA

国际独立零售商联盟（Independent Grocers Alliance）是1926年依美国特拉华法律成立的，是目前世界上最大、最早的一家自愿连锁体系。IGA提供的是IGA标准的零售管理、技术、培训和IGA自有品牌，并根据不同区域零售商特点来调整零售管理方案，使之适合保持成员特色的要求。目前IGA

总部在美国芝加哥。

IGA 已经拥有近 4 400 多家门店和 80 个配送中心,年零售总额超过 230 亿美元,分布在美国、澳大利亚、巴西、柬埔寨、加拿大、开曼群岛、中国、印度尼西亚、日本、韩国等 48 个国家和地区。

2004 年 IGA 正式进入中国,在不足两年的时间里,吸纳了多家公司连锁零售企业,网点遍布东北、华中、长江三角洲、珠江三角洲等地区,2005 年门店总数达 150 家,整体销售额逾百亿。浙江宁波三江、深圳有荣、湖南步步高、黑龙江大庆庆客隆、武汉中百等企业都是 IGA 成员。

2.3.5 自由连锁经营发展的积极意义

(1)有利于中小零售企业的保护与发展,形成合理的商业结构。

从社会需要的角度来看,中小零售商的存在是必不可少的,中小零售商可以通过灵活的经营方式和同消费者的贴近性来满足消费者的特定需要,同时中小零售企业也是解决社会就业和保持社会稳定的重要途径。所以不少国家都有对中小零售企业的保护政策,如日本在 1962 年就成立了中小商业振兴委员会,1973 年还制定了《中小零售企业振兴法》,对中小商业采取了切实的保护措施。欧洲一些国家也规定大型零售企业周末不准营业,为中小零售企业留出市场空间。而对中小零售企业最有效的保护和支持,是应当提高其自身的竞争能力。发展自由连锁,应当是提高中小零售企业市场竞争能力的有效途径。所以随着我国大型零售企业发展对中小零售企业压力的增大,积极推进中小零售商业走自由连锁的道路是十分有意义的。

(2)有利于中小零售商业的规范管理,提高经营水平和经营质量。

中小零售企业有其经营灵活性较强的优点,但大多数经营管理水平并不高。而在现代市场竞争中经营管理水平对于零售企业市场竞争力的提高是至关重要的。因为较高的管理水平可改善企业在消费者心目中的形象,并降低其经营成本。自由连锁通过规范成员店经营行为,实行统一采购、配送、定价和促销的做法,就能有效地改善中小零售企业的经营管理,提高其经营质量。不仅能使其更好地满足消费者的需要,也能提高其自身的经营效益。同时由于自由连锁企业的联购分销,使供货商(生产企业或批发企业)的资金能尽快回笼,供应量能相对稳定,也有利于其发展生产和经营,从而有利于社会经济的良性循环。所以推动自由连锁的发展,实际上是真正把连锁经营机制扩展到全社会,推动社会商业的整体发展。

(3)在使中小零售企业受益的同时,自由连锁也能在维护流通秩序、吸纳就业等方面起到积极作用。

中小企业占我国企业数量的99%以上,自由连锁提高了这些企业的组织性,有利于规范市场秩序,避免无序竞争。中小零售企业对劳动力的吸纳能力也是其他行业难以比拟的,企业有了稳定的发展,就能吸收更多的社会就业。

第四节 连锁经营类型的比较

2.4.1 三种连锁经营类型的共同点

(1)组织结构。所有连锁经营企业都是由多家连锁店组成的联合体,并设立一个总部进行统一的组织管理。

(2)功能结构。所有连锁经营企业中,总部与门店之间合理分工,密切配合。总部是连锁机构的核心,其主要功能是决策、监督,实施统一管理,如采购、储存、运输等;而门店的功能则是销售。

(3)标准化运作。每个连锁经营机构所提供的产品或服务,均采用标准化、规范化运营标准。当然,不同连锁企业标准化的内容各有自己的特色。

2.4.2 产权关系比较

直营连锁商店的分店网点无论有多少,都是一个投资主体投资开办的,属于一个资产所有者,各分店不具有独立企业法人的资格,不能作为独立的企业存在,各分店的经理也是由总部直接委派的管理人员。在特许连锁经营企业中,加盟企业具有独立的企业法人资格和企业的人事权、财务权等。自由连锁集团是在具有独立法人资格的各商业企业之间进行联合而成的;无论是核心企业还是加盟企业的资产所有权都是独立的,整个连锁集团呈现出资产所有权多元化特点。

2.4.3 利益分配关系比较

直营连锁实行总公司统一核算,各连锁店只是一个分设的销售机构,销售利润全部由总公司分配。特许经营具有资产独立性的特征,特许连锁店之间以及连锁店与总公司之间的资产都是相互独立的,特许连锁店之间实行独立核算,特许店在加盟时必须向总公司一次性缴纳品牌授权金,并在经营过程中按销售额或毛利额的一定比例向总公司上缴"定期权利金"。相对于直营连锁在管理权限上的直接性,自由连锁集团在各连锁企业的责、权、利关系是通过民主协商,以合同的形式共同确定下来的,并由合同制约和维系着这个自由连锁集团的经济关系。自由连锁集团内各分店实行独立核算,但须向主导企业按合同规定缴纳管理费等。

2.4.4 经营管理模式比较

直营连锁从管理体系上看,一般都采用"总部—分店"的直接管理模式。即以总部为核心,在人事、财务、价格、经营、分配等方面对下属所有分店进行直接的、全面的管理。各分店只能执行总部的管理与决策,不能脱离总部的管理体系独立地进行商业经营活动。在特许经营企业中,加盟者必须按特许合同的规定,严格执行生产经营任务,没有独立的生产经营权。在自由连锁集团中,无论是核心企业还是各分店企业,在加入自由连锁组织之后,各企业原来的独立法人资格并未消失,每个企业仍在资产所有权、财务权、人事权和一定范围的经营权等方面保持着自主性和独立性。

综上所述,这三种连锁经营基本模式的对比如表 2-2 所示。

表 2-2 三种连锁经营形式的对比

类型 比较项目	直营连锁	特许连锁	自由连锁
外观形象	完全一致	完全一致	不一定
所有权	归总部所有	加盟店所有	加盟店所有
经营权	非独立	非独立	独立
经营资金	总部出资	加盟者出资	加盟者出资
经营决策	总部作出	以总部为主,加盟店为辅	参考总部决策,分店有较大自主权
分店经理	总部任命	加盟店主	加盟店主
商品来源	经由总部供应	经由总部供应	大部分经由总公司,部分自己进货
价格管理	总部规定	原则上总部规定	自由定价
促销	总部统一实施	总部统一实施	自由加入
教育培训	总部全套训练	总部全套训练	自由选择
门店指导	按营运手册实施	按营运手册实施	要点式的指导

续表

类型 比较项目	直营连锁	特许连锁	自由连锁
总部与门店关系	上下级行政关系	特许加盟关系	自愿加盟关系
分店建议对总部的影响	小	小	大
分店上缴总部的指导费	无	5%以上	5%以下
合同约束力	总部规定	强硬	松散
合同规定加盟时间	无	多为5年以上	多为一年

本章小结

连锁经营最早是以单一所有权形式即直营连锁形式出现,随着长期的发展,专家和学者从不同的角度和需要,对连锁经营进行过各种不同的分类。其中,根据联结纽带和联结方法的不同,将连锁经营分为直营连锁、特许连锁和自由连锁三种类型,这是连锁经营最基本的分类。

直营连锁是连锁经营的基本形态。直营连锁也称之为正规连锁(regular chain,简称RC)或公司连锁、联号商店、多店铺商店、多支店商店,是连锁经营的基本形态。这是连锁企业总部通过独资、控股或兼并等途径开设门店、发展壮大自身实力和规模的一种连锁形式。

特许连锁(franchise chain,简称FC),又称合同连锁、加盟连锁和契约连锁。如果大型商业资本打算在节省资本投入的情况下达到扩张,实现商品价值的目的,特许连锁就是最佳选择。

自由连锁,又称自愿连锁(voluntary chain,简称VC)、志同连锁、任意连锁,是企业之间为了共同利益结合而成的事业合作体,各成员店是独立法人,具有较高的自主权,只是在部分业务范围内合作经营,以达到共享规模效益的目的。

复习题

1. 什么是直营连锁?有哪些优缺点?
2. 什么是特许连锁?有哪些优缺点?

3. 什么是自由连锁？有哪些优缺点？
4. 请比较直营连锁、特许连锁和自由连锁。

案例分析

星巴克转型直营的背后

2006年10月24日，全球最大的连锁咖啡店经营商星巴克宣布，已经向私募基金汉鼎亚太和其他股东收购北京美大咖啡有限公司的控股股东High Grown投资集团（香港）有限公司的所有权。并宣布，通过股权收购，星巴克已经取得北京美大咖啡有限公司90%股份，且收回了京津地区的经营权。至此，星巴克在中国彻底放弃授权经营。星巴克大中华区总裁王金龙认为此次收购可提高企业的运作效率，并加速其在中国市场的扩张。

针对这次回购，星巴克咖啡国际有限公司总裁马丁·寇尔斯表示，在中国市场获得更多股权是星巴克全球战略的重要部分。他表示，在控股美大后，星巴克在京津地区的经营模式将转为直营，而星巴克在中国也已不存在授权经营的模式，今后也不会再发展特许经营。其实，早在2006年2月，星巴克全球董事长霍华德·舒尔茨就表示，星巴克今后不再发展特许经营，未来5年星巴克在华投资将由授权加盟全部改为直营式。近日，星巴克大中华区副总裁翁以登再次印证了这一说法，他表示，目前星巴克在内地19个城市的190多家连锁店已经不存在授权经营模式。在广州、深圳等华南地区，以京津为主的华北地区，以重庆、成都为主的西南地区以及大连、沈阳等其他城市，星巴克都已经是直营模式，只有以上海为主的华东地区仍然与台湾统一集团合资经营。翁以登表示，采用合资还是直营，是根据各地市场的具体情况决定的，但是在北美等大部分市场星巴克都是独资直营。

星巴克转型直营模式同麦当劳的全球扩张一样。星巴克很早就开始了跨国经营，在全球普遍推行三种商业组织结构：合资公司、许可协议、独资自营。然而星巴克的策略比较灵活，它会根据各国各地的市场情况而采取相应的合作模式。星巴克最初进入中国市场时，考虑到市场风险以及其他各方面的条件，采取的是合资和特许加盟的方式开店。

1999年1月，经星巴克授权的北京美大在京开设了星巴克在华的第一家咖啡店；接着，星巴克与台湾统一公司合作成立了上海统一星巴克公司。随后，与美心食品国际有限公司合作，成立了美心星巴克咖啡餐饮（南中国）有限公司,进军华南市场。其中统一集团行使其在上海以及江浙地区的代理权,而美心国际则拥有中国澳门、广东和海南的星巴克经营权。

　　随着星巴克在国内市场的走势一路良好,消费群体也逐渐稳定,原有的特许经营的利润模式已经不能满足星巴克在中国的发展需要了。举个例子来看,有资料显示:2001年上海星巴克的收入超过6 000万元,2002年超过1亿元。按照餐饮行业,尤其是咖啡饮料店的净利润普遍在20%至30%推算,上海星巴克在两年内就获得了3 200万元以上的利润。但按照当时的股权结构,星巴克只有5%的专利股份,也就是说星巴克公司仅能分得5%的利润,即160万元左右。利润使星巴克日益认识到持有更多股份的重要性。自2003年起,星巴克开始了在华的独资计划。2003年7月,星巴克拿出1.76亿元,分别将统一超商、统一企业持有的上海统一星巴克咖啡有限公司部分股份买下,使星巴克对这家合资公司的股份由原先的5%狂升至50%,与统一公司的合作关系也从授权关系转变为合作伙伴。2005年,又增持广东美心星巴克股权至51%。

　　为了继续扩展市场份额,星巴克一面紧锣密鼓地回购原有特许公司的股份,一方面积极在新的二级市场建立越来越多的直营分店。2005年11月30日,星巴克已与青岛阳光百货达成协议,在青岛建立大陆第一家独资直营店。由其独资的星巴克咖啡青岛有限公司也同时成立。随后,星巴克成都店也正式开业,而重庆的开店准备工作也在进行中,这标志着星巴克开拓西南市场的步伐业已迈开。而除此之外,10月份星巴克也在大连开设了新店。这些新店都是星巴克完全独资形式开张的新直营店。星巴克方面曾表示,一般而言,星巴克在某一个地区所持的股权比例越大,就意味着这个市场对它越重要,越有利润点。星巴克在华一再谋求控制权,中国市场的重要性可见一斑。星巴克公司还表示,他们希望中国成为星巴克全球第二大市场,仅次于其美国本土市场。霍华德·舒尔茨还特别强调了星巴克中国连锁店对于利润增长的贡献,并表示计划继续在中国增加直营店面。

　　(资料来源:http://finance.sina.com.cn/leadership/myxcl/20061205/15173136658.shtml)

　　思考:

　　1.星巴克在中国为什么要从原来的特许合资时代走到现今的独资直营?

　　2.星巴克转型为独资直营后可能会出现哪些问题?你认为该如何解决?

实训项目

某区域连锁经营企业分布情况调研

实训目的：

通过对某区域连锁经营企业的调查,了解连锁经营所涉及的行业,能区分连锁经营的基本类型及各自的特点。

实训内容：

选择某一区域,进行区域连锁企业分布情况调研,调查该区域有哪些连锁经营品牌,其行业及地区分布情况如何,辨析这些连锁经营品牌属于哪种类型的连锁经营,各有什么特点及不足。

实训要求：

了解实训目的,6～8人一组,分组对某区域市场进行现场走访,结合网上调查,了解这些连锁经营品牌在该区域的分布情况。根据调查结果,完成某区域连锁经营企业分布情况调查报告。

第三章 连锁经营的主要业态

> **学习目的**
>
> 1. 通过本章的学习,使学生在理解业态含义的基础上,能够区分连锁经营的各种业态,并掌握渠道零售模式的基本框架;
> 2. 能分析百货商店、超级市场、便利店、专营店的含义、类型和特征;
> 3. 能够根据连锁经营业态的类型,判断零售业态的类型,寻找零售企业的赢利模式,进而确定经营模式。

> **引导案例**
>
> **家乐福的现代大商业规模效应**
>
> 2011年初家乐福拒绝涨价,康师傅断货反击,国内食品业巨头与全球零售大鳄的强势对抗引发了人们的高度关注。低价格一直是家乐福赖以成功的一大法宝。家乐福一直努力通过各种渠道来控制、降低成本。
>
> 首先,家乐福大规模的经营战略,使其能获得现代大商业的规模效应,这种规模效应又可以通过大规模、大批量的采购,享受数量折扣优惠转化为公司的低成本优势。家乐福强大的规模还可以大大降低其配送成本。
>
> 其次,家乐福在进货上可谓善于向供应商"借鸡生蛋",它与供应商签订的合同付款条件为"60天月结",60天不是个短时间,尤其是货卖得越快,供应商往家乐福里投入的钱就越多,家乐福就像鲸鱼般吞吃供应商的流动资金。利用供应商的资金周转,相应地,家乐福的自有流动资金就占用得少,从而大大节约了家乐福的资金成本。而供应商也只得眼睁睁地

看着自家"母鸡"生的"蛋"让人家给掏走。但家乐福销售量大,付款信誉好,可接纳的品种多,这是旁人无可比拟的优势。另外家乐福还向供应商提供许多的优惠条件及赞助。所以,即使是延迟60天付款,又有虎口般的吞吐量,再加上压到最低点的供应价,供应商为了赚钱也只好"明知山有虎,偏向虎山行"。

家乐福拥有强大的采购能力及与供应商谈判的能力,这就为其商品的迅速周转提供了保证。商品的快速周转,流动资金占用少,可以大大降低资金的成本。另外,在选择商品上,家乐福倾向于本地化。其商品的结构会因不同的国家或地区的消费习惯和消费心理作出相应的调整。如在中国,为满足便宜和适用的原则,其商品90%以上是从当地的供应商购买,为迎合中国人"挑选"的需要,家乐福增加了货架上同类商品的供应量。商品的本土化还让家乐福节约了大量的运输成本和配送费用。另外,为了减少流通环节,降低经营成本,家乐福还开发了自有品牌的商品。

所有的这一切,都是家乐福低价格策略的坚强后盾。有了这一切,家乐福才能时时保持低价,低得让顾客心跳,有了这一切,家乐福才会有许多特价跌破批发价的商品,对顾客具有挡不住的诱惑。

当然,家乐福也据说是中国超市收取进场费的"鼻祖",尽管制造商们对此愤愤不平,但从零售业界的普遍认识来看,在买方市场的年代,"为有限的货架支付相应费用"是公平交易的一项内容。

职业指导

准确地理解各种业态的经营模式,才能掌握其获利模式,进而实现职业贡献。因此建议同学们结合身边的连锁经营企业与本章的内容进行分析,以便为将来的职业发展打下坚实的基础。

第一节 业态的定义和内涵

3.1.1 业态的定义和内涵

"业态"一词来源于日本,大约出现在20世纪60年代。20世纪80年代我国的商业理论界对日本商业运行模式介绍和研究时,将"业态"一词引入我国。后来理论界和实际部门都逐渐接受了用"业态"来分析和研究中国的零售组织。1998年6月,我国原国家国内贸易局颁布了《零售业态分类规范意见》,标志着"业态"正式得到官方认可。

(1) 连锁经营业态的含义

连锁经营业态是指企业为满足不同消费者需求,按照既定的战略目标,有选择地运用商品结构、价格政策、销售方式、店铺选址、规模及形态等手段,提供销售和服务而形成的经营形态。

(2) 业态的组合要素

① 经营方式

经营方式是指经营商品过程所采取的手段和方法,包括网点设置、服务形式及与顾客联系的方式。百货店建在市中心的繁华地段,购物中心则处于城郊接合处,超市、便民店必须设在居民区以方便群众购买。百货店、专业店要求提供全方位服务,而超市、仓储商店更多采取顾客自我服务的形式。

② 目标顾客

目标顾客的购买力水平、购物频率、购物行为特征、参与程度等都是影响业态选择的重要因素。

③ 商品结构

具有相同或相似的经营范围和商品结构,是认识或划分零售业态的基本条件。便利店通常只经营食品和日常用品;专卖店只销售某一单一品牌的商品;专业店则经营某一系列产品;而百货商店所经营的是综合性、选择性强的消费品以及高价值、高技术、高服务的高档次商品。

④ 销售形式

销售形式是指经营者以何种形式出售商品,包括商品摆设、顾客与商品接触方式、结算办法等。

3.1.2 我国零售业态的主要分类

(1)按照是否有店铺来划分,连锁经营零售业态分为两大类:

①有店铺零售业态

有店铺零售业态是有固定的进行商品陈列和销售的场所和空间,并且消费者的购买行为主要在这一场所内完成的零售业态,包括食杂店、便利店、折扣店、超市、大型超市、仓储式会员店、百货店、专业店、专卖店、家居建材商店、购物中心、工厂直销中心。

②无店铺零售业态

无店铺零售业态是指不通过店铺销售,由厂家或商家直接将商品递送给消费者的零售业态,包括电视购物、邮购、网上商店、自动售货亭、电话购物。

(2)从广义角度分析,连锁经营业态包括零售连锁经营业态、餐饮连锁经营业态和服务连锁经营业态。

①零售连锁经营业态

零售连锁经营业态形式已被广泛关注和研究。2004年10月1日,由国家质检总局和国家标准委发布《零售业态分类》(GB/T18106－2004)的国家标准。其中公布了17种商品零售业态,由于连锁经营在零售领域发展已相当成熟,因此零售连锁经营业态同样包括这17种形式,包括百货店、购物中心、超市、大型超市、仓储会员店、便利店、食杂店、专业店、专卖店、折扣店、家居建材店、自动售货亭、厂家直销中心、电视购物、网上商店、电话购物、邮购等。

②餐饮连锁经营业态

目前,我国餐饮业分类主要是基于传统的饮食行业分类方法。如按消费内容大致分为中餐、西餐、日本料理、快餐店及异国风味餐厅。按消费方式分为豪华餐厅、家庭式餐厅、自助餐厅等。按服务方式,则有餐桌服务、柜台服务等。按经营方向分为餐馆、小吃店和饮料店。根据餐饮连锁经营业态形成因素分析餐饮企业不同的经营行为、营销手段,结合我国目前餐饮连锁经营现状,我国餐饮连锁经营业态可分为8种主要类型,包括:快卖连锁店、快餐连锁店、小吃连锁店、专卖连锁店、休闲连锁店、连锁餐厅、连锁酒楼和美食广场。

③服务连锁经营业态

根据服务连锁经营业态形成因素分析并结合我国目前服务连锁经营现状、经营行为和营销手段,服务连锁经营业态可以分为6种主要类型,包括:专业服务连锁店、租赁连锁店、咨询连锁机构、培训连锁机构、家居连锁服务公司和体验式连锁服务机构。

3.1.3 业态选择的原则

随着经济的发展和人民生活水平的提高,消费者的生活方式日益多样化,需求也日益多样化,满足不同的购买用途,是区别商业经营方式的主要标志。因此,业态选择必须考虑消费用途的区别。业态选择的四个基本原则是:

(1)提供用途的差异

提供用途的差异,就是向消费者提供能满足他们某些用途的商品。以食品为例,可以分为以下三类:

①每日餐桌上必需的食品,一般是食品超市经营品种;

②隔一段时间才购买一次,是部分高档专业食品店或百货店经营的品种;

③偶然性、一次性购买的食品,是更多的地方特色店、礼品店经营的类型。

(2)价格带与服务水平的差异

价格带是指某一类商品的价格以基本价位为基础从低到高形成的价格范围,是区别业态的一个主要标志。用途不同,价格带自然不同,用途的区别意味着使用频率和购买频率不同。使用频率、购买频率高的商品,价格必须在消费者容易接受的范围内,而且同类商品价格差异不宜太大,否则不利于消费者选择购买。

(3)来店频率的差别

经营的如果是大众日常生活中使用和购买频率高的商品,价格越低,顾客越是易于、乐于购买,顾客来店频率越高;相反,经营的如果是使用和购买频率低、价位高且价格带宽的品种,顾客来店的频率必然低,相应需要的店铺商圈必然也大。

(4)每一店铺商圈人口的差别

不同业态对商圈的大小要求也不尽相同。经营大众日常必需品的店铺,消费者会经常光顾,因而一般以店铺周围地区消费者为主,商圈范围不大。

随着经济的发展,人们的需求日益呈现出多样性和多层次性,以往单店式经营的百货店正逐步走向衰落,而超级市场、大型综合超市、便利店、家居中心、专业店、专卖店、折扣店等类型业态正如雨后春笋般地涌现出来。因此,可以预见,随着经济的发展和零售市场的不断繁荣,将会出现新的连锁经营业态。

第二节 连锁超市业态

3.2.1 超级市场的含义

超级市场(supermarket)简称超市,是实行自助服务和集中式一次性付款的销售方式,以销售包装食品、生鲜食品和日常生活用品为主,满足消费者日常生活必需品需求的零售业态,目前普遍采用连锁经营方式。第二次世界大战后,超级市场在世界范围内得到较快的发展。在超级市场中最初经营的主要是各种食品,以后经营范围日益广泛,逐渐扩展到销售服装、家庭日用品、图书、家具、电器等。

3.2.2 超级市场的发展

1930年美国人迈克尔·库仑(Michael Cullen)在纽约牙买加街租了一间空仓库改装为商场,创办了世界上第一家超级市场——金库仑联合商店。当时,美国正处在经济大危机时期,迈克尔·库仑根据他几十年食品经营经验精确设计了低价策略,并首创商品类别定价法。他的超级市场平均毛利率只有9%,这和当时美国一般商店25%~40%的毛利率相比是令人吃惊的。为了保证售价的低廉,必须做到进货价格的低廉,只有大量进货才能压低进价,迈克尔·库仑就以连锁的方式开设分号,建立起保证大量进货的销售系统,他把自助式售货方法与消费者要求一次性购齐所需食品的愿望结合起来,开设了开架自选的方式,由于其价格低廉,营业面积大、经营品种多、选购方便、节约顾客时间,因而很受欢迎。这种新的经营形式改变了美国零售业普遍不景气的现象,刺激了消费需求,带动了生产的发展,从而迅速发展起来。短短两年间就有300家超级市场开业。

进入20世纪70年代后,美国超级市场进入快速发展时期,1976年,超级市场销售总额为98亿美元,占食品杂货销售总额的75%。到1980年,美国有超级市场39 462家,占食品杂货店总数的20.3%,而它的销售额却占食品杂货销售额的84%。之后,美国还出现了更大的庞然大物——特级市场,它的规模是一般市场的好几倍,其营业面积达1万~2万平方米。如辛辛那提市"巨大超级市场"营业面积为2万平方米,店员要穿着旱冰鞋滑行于货架之间,据统计,该店每年营业额超过1亿美元,每平方米周销售额为150.7美元,而普通超市则仅为70美元。美国的超级市场的发展越来越呈现大型化趋势，其综合实力也越来越强。美国的连锁超市经过70多年的发展，已成为美国零售业的主要经营形态。进入21世纪，美国连锁超市的食品与生活用品年销售量已达全国同类产品年销售量的90%以上，连锁超市在美国已进入成熟阶段。美国超级市场除了规模上发生变化外，近些年还出现了一些专门定位的超级市场，总部设于纽约市皇后区法拉盛地区的大中华超市是目前中国人在美国开设中式食品超市最多的超市公司，共开设有两家2万平方米以上的大型超市，12家2000平方米的食品超市，这是一家以销售中国产品为主，定位为以亚裔为目标顾客，以华裔为基础顾客，同时兼顾非亚裔顾客的超市。

在超市开始发展以前，国内消费者习惯在一些杂货店购买日常生活的货品。超级市场在中国的发展速度很快，用10年的时间走过了西方百年的路程。1981年4月12日，广州友谊商店开设了国内第一家超级商场，全部商品陈列在供货架上敞开供应，每个消费者可以自由选择。1984年，我国第一家合资超市在深圳蛇口工业区开张营业，是由香港百佳超市公司与招商局合资成立的蛇口百佳超市。北京、上海和天津等城市也相继出现了一些由原来的粮店、副食品店和菜场改建的食品自选商场。1990年12月底，东莞虎门出现了国内第一家连锁超市——美佳超市。1991年9月，上海联华超市商业公司在一个居民区开设了第一家真正意义上的超市，在800平方米的营业面积内供应近3000种日用工业品和副食品，开业第一个月内顾客天天要排队进店购物，由此掀起了"超市热"。

3.2.3 超级市场的地位和作用

(1)连锁超市能与现代化大生产相适应

①超级市场采用连锁经营的方式，组织起庞大的连锁店网络，建立起能与现代化大工业相适应的规模化销售体系。当今，超级市场已成为食品和日用品的最主要销售网络。现代工业日趋集约化，但食品和日用品的消费却是高度分散化的，这就要求零售组织要建立起与这种现代化大生产相适应的经营形式，那么采用连锁经营方式——多店铺营运就是最好的选择，它妥善地解决了集中生产与分散消费的矛盾。

②超级市场采用连锁经营的方式，实行规模化经营获取规模效益。商业企业实行规模化经营主要有两种形式：一是扩大单体卖场规模，如建立购物中心；二是实行连锁经营，通过扩大销售网络来实现规模效益。连锁超级市场就

是第二种形式的规模化经营,这能有效地解决规模化经营与分散性消费之间的矛盾。

③超级市场采用连锁经营的方式,在零售业中导入大工业分工协作的机理,大大提高了超级市场的劳动效率。现代化大生产由于采用了分工协作的方式,从而具有相当高的劳动生产率。连锁超级市场的销售是一个各部门、各环节互相分工协作的结果,购销调存各部门是专业化的,员工岗位工作是单纯化的。这种比较规范的分工协作的经营方式使其工作效率大大提高。

(2)超级市场能创造消费利益

超级市场采用自助售货和集中结算的销售方式,突破了零售业传统的销售模式,给消费者带来了更多的利益,具体表现为:①购物的便利性。超级市场强调靠近住宅,购物方便,因此店址大多选择在靠近消费者的居住地区,这样就可以方便消费者就近购买到商品。与此同时,超级市场所提供的商品是品项齐全的,包括消费者日常生活最需要的主副食品和日用百货杂品,能方便消费者一次性购足商品。②购物时间的节约性。超级市场在结算方式上实行一次性集中结算,大大节省了消费者由于传统的售货方式(分部门结算和单品结算)的时间,使购物变得快捷。③购物的廉价性。价格低廉是超级市场的重要特征,超级市场以其低售价带给消费者最直接的利益。超级市场属于低毛利的业态,但这并不会影响超级市场的总体效益,因为低价销售能带来薄利多销的效应。④购物的舒适性。超级市场的自助式销售方式能使消费者从紧逼性推销的压力下解放出来,自由地选购商品,从而增加了购物的乐趣。超级市场注重营造卖场气氛,合理配置与陈列商品,注重卖场环境的卫生整洁,这些都为消费者创造了良好的购物环境,使消费者得到最大的满足。

(3)超级市场能充分运用高新技术

现代零售业的显著特征之一就是科技含量高,在超级市场中高科技的运用集中体现为信息技术的运用。超级市场的自助售货与集中结算的销售方式是建立在先进的信息系统基础上的。

连锁超级市场的规模经济要求加速库存商品的周转率,通过 CPR 系统,其配送体系自动完成对各连锁门店的送货,生产和流通环节上的供应链自动完成对配送体系的补货,这样就能使连锁超市从门店到配送中心每一个环节上的库存最优化、最合理,实现了高周转率。从实例看,联华超市启动了全程计算机管理系统,所有信息都实现了内部联网,总部与各地分公司可以借助网络快速沟通,配送中心与门店之间开通了网上要货,公司与供应商之间开始无纸化订货。此外,电子账簿、电子标签、电子销售报表、电子公告牌等项目的开发大大提升了信息管理技术,使信息快速流动,并转变成能够产生利润的物质形态。目前,上海华联超市信息管理系统也已成功实施,华联超市信息管理系统运行着约2万件单品,5万种不同的包装规格。它明显提高了超市系统各门市、配送中心、总部的通信和运行效率,并且实现了基本信息、物价管理、采购业务、配送管理、配送中心仓库管理、总部财务管理、商场管理、商场财务管理与POS销售等九大关键环节的全面电子化,大大提高了管理效率,节省了运行成本,拓展了利润空间,并显著提升了华联超市整体的市场竞争能力。现代商业在某种程度上可以说是信息产业。

(4)超级市场推动了商业占据市场的主导地位

超级市场在当今市场中的地位是举足轻重的,具体表现在两个方面:一是在整个社会商品零售总额中占有重要的市场份额。从发达国家来看,美、日等国的超级市场销售额已占到整个社会商品零售总额的70%~80%。二是在主要大类商品中,超级市场也占有主要的市场份额。市场上有条形码、带包装的食品和日用品绝大多数都是由超级市场销售的。更重要的是,超级市场代表的现代连锁业,在中国未来的流通格局中将占据主导地位。

3.2.4 超级市场的特征

(1)开架售货

超市实行开架陈列、敞开销售,用自我表现的服务取代了营业人员的推销,既打破了传统售货方式给顾客带来的生硬感、隔膜感,又消除了因营业员服务不佳给顾客带来的不便,使顾客购物时更加自然、舒心。

(2)明码标价

对进入超市的商品逐一标明实际售价,并在商品包装物上印上价格条形码,便于电子计算机对商品和价格的识别,能够迅速汇总货款、准确结付货款。

(3)自助服务

顾客必须独立自主,服务自我,自助购物,自己用超市提供的购物携带工具将所购商品运至出口处结算。这种方式大大提高了购物的主动性,给顾客带来了传统百货商店所不具有的全新体验。

(4)定量包装

超市按一定质量标准把商品分类定级、分等定价,按一定数量或重量标准计量分装,按一定规范要求醒目标价、整齐码放,方便了顾客购买。

(5)电脑结算

实行电脑结算,对收款员来讲,可以加快结算速度,提高结算效率,减少营业差错,杜绝收付漏洞;对顾客来讲,可以得到详细明了的购物清单,所有账目一目了然,同时由于提高了结算效率,还大大缩短了顾客的等待时间。

(6)现购自付

超市一般不提供如分期付款、商品赊销等商业信用服务,必须是一手钱一手货,顾客购物离店以前,需付清货款,这样有利于资金回笼,减少销售风险。

3.2.5 超市的分类

以超市的门店面积和经营的商品种类这两个要素来划分,可以细分出各种类型的超市。

(1)传统食品超市

传统食品超市营业面积一般为 300～500 平方米,主要经营食品和日用品,其中食品占全部商品构成的 70% 左右,但其中生鲜食品构成不足 30%。它综合了食品店、杂货店、小百货店、粮店、南北货店等传统商店的功能,也是超市最初的原始模式。20 世纪 80 年代末 90 年代初我国最早发展起来的超市大多数属于传统食品超市。

(2)生鲜食品超市

生鲜食品超市也称标准食品超市,其营业面积一般在 1 000 平方米左右,以经营生鲜食品为主,其营业面积的 50%～70% 用来销售生鲜食品,其余用来销售一般食品。标准食品超市实际是在传统食品超市的基础上,强化了生鲜食品的经营范围。

(3)大型综合超市

大型综合超市,也叫大卖场或量贩超市,是标准食品超市与大众日用品商店的综合体,衣、食、用品齐全,可以全方位地满足消费者一次性购足基本生活所需的商品。大型综合超市有两个基本的特点:一是经营品种的大众化和综合化,适应消费者一次性购足所需商品的购买方式;二是经营方式的灵活性和经营内容的组合性,它可以根据营业区域的大小和消费者需求的特点而自由选择店铺规模的大小,组合不同的经营内容,实行不同的营业形式。

(4)仓储式超市

仓储式超市是实行储销一体、低价销售、提供有限服务并采取自我服务销售方式的零售业态,大多数采取会员制,营业面积一般在 10 000 平方米以上,设有较大规模的停车场。仓储式超市具有以下特点:

①采取会员制

仓储式超市一般采取以固定顾客为满足对象的会员制,这是它区别于其他超市的最大特点。会员制一般分为两类,一类是专为企事业单位服务的法人会员制,如麦德龙;另一类是法人会员和个人消费者均有的会员制,如沃尔玛山姆店。在会员的收费上,也有收费与不收费两种形式。

②采取现购自运的销售方式

仓储式超市的另一个特点是低价销售,一般以批发价格向会员供货,之所以能实行低价销售,是因为仓储式超市采取了现购自运的销售方式,如麦德龙超市。

③采取仓储式货架陈列商品

仓储式超市本身兼有仓库功能。整个卖场的容积是否有70%以上用来储存商品是判断一个商店是否属于仓储式超市的首要标准,且营业面积的20%要用于储货,并使用6米以上仓储型高货架。

第三节 连锁便利店业态

3.3.1 便利店的含义

便利店(convenience store),是一种用以满足顾客应急性、便利性需求的零售业态。便利店最初起源于美国,它既具有与食品杂货店一样的便利,同时又应用超级市场的销售方式和经营管理技术,这种零售商业组织是以"便利"作为吸引顾客的主要手段,来满足顾客简单购物和应急之需的一种零售业态。可以说,便利店是从超级市场分化出来的一种业态。

(1) 便利店的发展

便利店最初起源于美国,其兴起的主要原因是在超级市场步入大型化与郊外化后,给购物者带来距离、时间、商品、服务等诸多方面的不便利;超级市场远离购物者的居住区,到超级市场购物需驾车前往;超级市场卖场面积巨大,商品品相繁多,要花费大量时间和精力挑选,还要忍受排队结账之苦。所以那些想购买少量商品或满足即刻所需的购物者深感不便,由此促成了便利店的出现。1946年,美国得克萨斯州的南方公司创立了世界上第一家便利店——7-Eleven,这个名称的创意来源就是:所有南方公司的店铺,无论是自己的店铺还是兼并来的店铺,其营业时间都是早晨7点到晚上11点。在美国,1957年有500家便利店,到2011年年末7-Eleven在全球分店总数已达40 255家。

日本便利店是60年代从美国引进的,日本橘高糕点批发公司按美国模式建立了沃玛特便利连锁集团。1973年日本伊藤洋华堂集团与美国南方公司建立7-Eleven便利商店连锁集团。7-Eleven便利商店也从1975年开始变更为24小时全天候营业。1991年日本7-Eleven公司应美国南方公司的要求,在与该公司实现资本参与的同时,实现经营方面的参与,现已成为南方公司的控股公司,当年其利润率高达24.4%,位居零售业之首。而且同年日本共有41 050家便利店,便利店在日本零售业销售总额中所占的比例为5%。

我国台湾便利店始于20世纪70年代末,1977年成立的"青年商社"是台湾最早的便利店。1978年4月由统一企业集资1.9亿元,创办"统一超级商店股份有限公司",并于1979年引进7-Eleven,同年5月14家"统一超级商店"在全台湾同时开幕。即使面对连续6年的亏损窘境的阴霾,在母公司统一企业的全力支持下,统一超商经历了一段时间的努力与摸索,融合了中西方经营的经验和心得,逐渐在台湾的渠道竞赛中崭露头角,最后终赢得台湾零售业第一的地位,也开启了台湾便利商店的黄金时代。2000年4月20日在媒体的见证下,7-Eleven总裁Jim Keyes也正式和高清愿总裁签订永久的授权契约,这项在国际上不寻常的签约仪式,代表了美国7-Eleven对统一超商完全的信赖,更认同统一超商的经营实力,也对7-Eleven在台湾的永续经营多了一份保障。截至2007年1月已有4 414家店铺,仅次于日本和美国,排名第三。它在特许经营方面尤为成功,加盟店比例超过65%。

我国内地便利店起步较晚,1995年1月上海牛奶公司开设的可的食品便利店,以及其后相继出现的深圳7-Eleven、华联罗森便利店是中国第一批出现的便利店。

(2)便利店的类型

从世界便利店的发展历程来看,可以分为两种类型:传统型和加油站型。传统型便利店通常位于居民住宅区、学校以及客流量大的繁华地区,营业面积在50~100平方米不等,营业时间为15~24小时,这种类型盛行于日本等国家。加油站型便利店通常指以加油站为主体开设的便利店,在地域广阔且汽车普及的欧美地区发展较为迅猛,2000年美国的加油站便利店占到全国便利店门店总数的76.1%。

3.3.2 便利店的营销特征

便利店的经营特色就是为消费者提供便利,为此在其商品结构定位上具有自身的特点。便利店的商品结构,大致可以分为食品、非食品和服务三大类,商品结构选择标准应考虑顾客的便利性和商店本身的有利性,其选择标准主要有:消费量大、购买频率高、品牌知名度高、销售方法相对简单、品质一致、附加价值高、毛利率高、季节性强的商品以及能按商圈内主要顾客的"S.T.O.P."(S即style,指life style,即生活方式;T即time,何时需要此商品;O即occasion,需要此商品的主要动机;P即place,在何地消费此商品)来进行商品组合。便利店以满足"即刻需求"为基本特征。具体表现为以下四个方面:

(1)客层年轻化

主客层年龄在12～35岁,男性多于女性。实际上,我国目前便利店的客层十分广泛,12岁以下的儿童以及家庭主妇也都是便利店的常客。而且不同的商圈会有不同的客层。

(2)需求个性化

即刻需求一般是以个人消费为主,是介于"外食"与"内食"之间的"中食"。与便利店相近的业态是超市与餐饮业。与超市相比,最主要的区别是超市满足的是顾客的"生活需求",包括每日必需品和日常生活必需品,可见,超市是以商品性需求为主,而且是买回家消费,从吃的方面来讲主要是"内食"。餐饮业无论是正餐还是快餐和小吃,都属于"外食",外食消费一是花时间较多,二是开销也比较大。在这两者之间还有一种"中食",即外出消费,时间快,开支少,干净、卫生、方便、温馨,这就是便利店。在日本,大多数工作的男士早餐与午餐都在便利店解决。所以,日本是全世界便利店最发达的国家,他们甚至把便利店的老祖宗(美国的7-Eleven)都给控股了,这就是"需求决定"。

(3)诉求快速化

顾客对便利店的基本诉求是快速与便利,便利店的有效商圈范围只有300～500米,约有80%的顾客是在3分钟内完成购物的,另有约20%的顾客则在5分钟内完成购物。为此,门店布局与商品陈列都必须与快速购物的消费需求相适应,货架一般控制在30～35台。如果选址不良,顾客前往不便,而依靠降价销售是不会对经营业绩有多大贡献的,相反会带来不利影响。

(4)服务多元化

服务是便利店的主导产品,便利店的服务可以分为三个层面:一是商品性服务,便利店提供非常温、小容量的商品,并可以即时加热、冲泡。二是提供时间上、空间上的便利性服务,可以把触角延伸到其他业态无法涉足的区域,并实施全天候服务。三是服务内容多样化,便利店一旦形成了网络,许多服务项目就可以借助这个网络去推广,如 ATM 机服务、订货送礼取货服务(网上商店的不同服务方式)、支付服务(公用事业费甚至交通罚单)、洗印服务、票务等。随着服务内容的增加,服务将是便利店的主要利润来源之一。7-11 便利店就是一个典型的案例。首先,每日 24 小时通宵营业即为便利店的主打。而且,随着人们生活需求的不断提高,便利店的服务范围也在不断扩大,在日本的 7-11 便利店集日杂百货、代收水电费、邮递等业务于一体。便利店正在不断改变自己的经营方式并告诉消费者什么是方便。7-11 推出的便民服务,让顾客更深切地体会到了"方便"的含义,充分做到了一切为顾客着想。例如,洗手间免费对顾客开放,免费使用停车场等。只要有需求,不必购买商品,也不必和店员打招呼,就可使用便利店的设施,这一点充分体现了便利店的特性。所以尽管 7-11 便利店在价格上稍高于其他店铺,却仍然每日客源不断,深受顾客青睐与好评。

第四节 连锁百货商店(购物中心)业态

3.4.1 百货商店

(1)百货商店的定义及发展

百货商店(department store)是指经营包括服装、鞋帽、首饰、化妆品、装饰品、家电、家庭用品等众多种类商品的大型零售商店。它是在一个大建筑物内,根据不同商品部门设销售区,采取柜台销售和开架面售方式,注重服务功能,满足目标顾客追求生活时尚和品位需求的零售业态。

世界上最早的百货商店是 1862 年在法国巴黎创办的,名称为好市场。世界上最大的百货商店是美国的希尔顿百货商店。中国第一家百货商店是 1900 年俄国资本家在哈尔滨开设的秋林公司。在中国,百货商店是城镇零售商业的一种重要形式。百货商店的经营范围广泛,商品种类多样,花色品种齐全,兼备专业商店和综合商店的优势,便于顾客广泛挑选,能够满足消费者多方面的购物要求,拥有一定的现代化的管理手段和服务设施,服务质量较高。商店内按商品的类别设置商品部或商品柜实行专业化经营。随着社会经济的不断发展,百货商店的经营方向和经营内容也在不断地发生变化,呈现出两个新的发展趋势:一是经营内容多样化,除销售商品外,还附设咖啡厅、小吃部、餐饮部、娱乐厅、舞厅、展览厅、停车场、休息室、电话间等多种服务设施;二是经营方式灵活化,除零售外,还兼营批发,并设立各种廉价柜、折扣柜,以满足顾客的多层次需求,提高商店的竞争能力。

根据我国 2004 年 10 月 1 日开始实施的国家标准《零售业态分类》(GB/T18106—2004),该标准对百货商店的要求如下:

①选址在市、区级商业中心或历史形成的商业集聚地;
②目标顾客以追求时尚和品位的流动顾客为主;
③营业面积在 6 000～20 000 平方米;
④商业结构为综合性,品类齐全,以服饰、鞋类、箱包、化妆品、家庭用品、家用电器为主;
⑤采取柜台销售和开架面售相结合的方式;
⑥注重服务,设餐饮、娱乐等服务项目和设施;
⑦管理信息系统应用程度较高。

百货商店与其他业态的比较见表 3-1 所示。

表 3-1 百货商店与其他零售业态的比较

零售业态	便利店	超级市场	百货商店
业态规模	100 平方米左右	500 平方米以上	5 000 平方米以上
便利程度	食品一般是成品、容易接触与获得,提供其他便民服务	商品一般是日常生活用品,较易获得	商品多,场地大,选购不太便利
商品种类	品种少而精	商品品种适中	商品品种繁多
价格程度	适中	较低	较高
紧密程度	与消费者联系紧密,随时联系	消费者每星期大约去一次超市,联系较为紧密	消费者大约每月去一次百货店,紧密程度低
经营难度	容易	适中	较高
经营理念	出售方便,提供便利	出售日用品,生活所需	出售各种百货,提供优质服务,满足顾客定位需求

(2)百货商店的类型

根据目标顾客的不同,百货商店可以分为精品百货店、时尚百货店、大众百货店、主题百货店和折扣百货店。

①精品百货店

精品百货店重点营造尊贵体验的消费文化,实行以一线品牌为主的商品组合,服务于富有人群、成功人士、高知高管阶层等,更多满足人们显示身份、地位以及差异化和个性化的需求。如北京的银泰中心,上海的恒隆广场、港汇广场,都定位于精品百货店。这类百货商店一般不打价格战,而且很少进行直接的宣传推广,都是靠自身的品牌魅力赢得回头客。

②时尚百货店

时尚百货店引领流行、前卫的消费文化,以经营时尚和实惠的品牌为主,以青年白领和大中学生为目标顾客,满足人们追求时尚、时髦,领先时代潮流或与时代潮流同步的需求。像太平洋百货、百盛百货、大洋百货等都属于时尚百货店。这类百货商店在经营上富于变化,迎合年轻人的心理,在宣传推广上往往以新、奇、廉的手段,通过制造意外惊喜而取胜。

③大众百货店

大众百货店倡导品质与实惠的消费文化,主要经营二线品牌和质量较高的商品,与社会主流消费群体的生活需要同步。这类百货商店顾客层级宽,涉及面广,但区域性比较强,通常定位于社区百货,多就具体商品在临近商圈内采用直接的促销手段,如王府井百货、上海一百等都属于大众百货店。

④主题百货店

主题百货店创造具有专业特色的消费文化,以某一消费主题为主要经营特征,不求大而全、大而均,在"模块化"经营基础上,突出某类重点模块,如把有些品类主题或客户群主题做大、做精、做深、做透。这类百货商店兼精品、时尚和大众生活需要为一体,是专而精、专而特的百货商店,如妇女、儿童日用百货店,黄金珠宝百货店。

⑤折扣百货店

折扣百货店制造"品牌+实惠"的消费文化,以名品折扣的经营方式吸引消费者,多以经营下架、断码、过季的名牌服装、鞋帽、箱包为主,较少有珠宝、钟表和化妆品等。在名牌意识提前觉醒的中国大都市市场,这类百货商店适应了人们追求廉价但也追求名牌的消费心理,其营销诉求也是针对这一点的。

(3)百货商店的特征

①经营商品种类齐全

百货商店要使顾客能够在一个地方买到他所要买的全部东西,经营的商品种类就要齐全,以经营男、女、儿童服装、服饰、鞋类、化妆品及家庭用品为主。将多种类的商品,按部门进行经营管理。虽然每个部门的规模不大,商品销售批量少,但商品的毛利高,汇集在一个经营体之中,销售总额仍很可观。百货商店以中高档消费者和追求时尚的消费者为目标顾客,注重商品的质量,特别注重商品的品牌和结构,是新商品和品牌进入市场的首选业态。

②位于城市繁华区、交通要道和郊区购物中心

百货商店一般以流动人口为主要销售对象,因此,通常选择在人口流动量大的城市繁华区、交通要道和郊区购物中心。包括百货商店在内的商业繁华街和购物中心,是以其多样、热闹、有吸引力、充满生气、有刺激性、色彩丰富为特点而存在的。百货商店内部装饰得富丽堂皇,橱窗商品陈列得琳琅满目,因而能吸引大量顾客前往参观,更便于顾客进行有比较、有选择地购买。

③商品部门化管理

百货商店的经营方法,不是把那些具有千差万别的、各有特性的商品采取"一揽子"的方法来进行经营,而是通过部门的个别管理,创造出最合理的,并符合百货商店这种经营形态的经营方法。在西方国家,大百货商店一般有100～150个商品部,小百货商店有的不到10个商品部。正是由于它是把各类商品,按部门进行管理,并联结在一起,因而形成了百货商店的大型化。

④采取柜台销售与自选(开架)销售相结合方式

现代百货将超市引进店内经营食品和日用品,多数商品实现开架销售,供消费者自由选购;对于一些化妆品、珠宝、相机、手机等体积小、价值高、技术含量高、需要的服务多的商品,采用柜台销售,商品柜台都有若干服饰整洁、彬彬有礼的营业员为顾客介绍、取送商品,解答问题,包装商品。

⑤为顾客提供一系列服务

高品质、全面的服务是百货商店的经营特征之一,除了一系列的售前、售中和售后服务外,还提供如分期付款、取款柜员机、免费接送车、停车场、总服务台、消费者教育等服务,有些百货商店还设有餐厅、茶室、儿童休息室等。

⑥良好的形象

百货商店设施豪华,店堂典雅、明快,是优质、流行与时尚商品的汇集地。百货商店经营的商品,主要是那些流行性很强的商品,优质高价的高档商品和名牌货、礼品等,是现代城市居民生活的窗口。

(4)百货商店的经营模式

百货商店的经营模式(与供应商关系的模式)包括联营、自营和专营三种模式。

①联营模式

联营是指零售商与商品生产商联合,由零售商提供经营场地,生产商提供

商品,双方按照一定比例分配销售收入的方法。联营模式是目前中国百货业普遍采用的经营模式。

A.联营模式的优点

a.经营风险低。商品的销售和库存风险都由供应商承担,而且在与供应商所签订的联营合同中还有"保底"条款。

b.营运成本较低。对于流动资金的要求较低,百货商店无须买断商品,商场内店铺的装修费用以及营业员工资也都由供应商承担。

B.联营模式的缺点

联营模式的缺点主要是对毛利率缺乏直接的控制,这是由百货商店并不对商场的商品销售直接负责决定的。百货商店提高利润率的方法要么是帮助供应商提高营业额,这主要通过营造更好的商场环境、气氛和提供更优质的服务来实现;要么是提高合同中的分成比例;要么是引进销售业绩更好的供应商。

②自营模式

自营是指连锁企业独立承担包括商品的采购、库存、上架、销售和顾客售后服务等所有环节。在这种经营模式下,连锁企业从供应商处采购所需要的商品,自货款结清、商品到达连锁企业手中之时起,商品的销售及其他所有活动都与供应商无关。在自营模式下,按照付款与销售的时序关系,连锁企业对商品的采购主要采取两种形式。第一种是买断商品,即"先付款,再销售",然后自行定价,自行销售,利润独享。此时,经营风险由连锁企业自己承担,所需的流动资金量很大。第二种是代销,即"先销售,再结款"。同样是自行定价,自行销售,利润独享,连锁企业采取代销商品方式,则可不占用自己的流动资金,并将一部分甚至大部分销售风险转嫁给供应商。需要注意的是,如果连锁企业不按时结算货款,就会引起经济纠纷。

③专营模式

百货商店的专营模式通常表现为营业面积减少,商品品类减少,重点经营某些具有经营优势的大类商品,例如,首饰、化妆品、服装、鞋、家具用品等毛利率高的商品,并专门将销售目标锁定在某一类特定的顾客群上,比如高级白领,或少男少女。因此,专营模式是对自营模式的深化,即通过减少商品品类,对某些品牌进行专卖,甚至开发自有品牌,缩小目标顾客群,以获得更大的利润空间并增强对供应商的控制。

A. 专卖

专卖是指百货商店凭借自身对销售渠道的占有,获得供应商品牌在一定地理区域内的排他性代理销售权。"独此一家"的品牌,再借助供应商商品的质量与品牌优势,百货商店可以获取更大利润,并培育消费者对百货商店的忠诚度。

B. 自有品牌

自有品牌是当百货商店发展到一定规模时,通过自主设计、生产商品或采用 OEM(Original Equipment Manufacture,贴牌生产)的方式控制上游制造,从而达到控制或垄断某种产品的供应,加强企业的市场竞争力的策略。

3.4.2 购物中心

(1)购物中心定义

根据国际购物中心协会的定义,购物中心是指一群建筑是组合在一起的商业设施,按商圈确定其位置、规模,将多种店铺作为一个整体来计划、开发和经营,并且拥有一定规模的停车场。

我国商务部对购物中心的定义是:多种零售店铺、服务设施集中在一个建筑物内或一个区域内,向消费者提供综合性服务的商业集合体。这种商业集合体内通常包含数十个甚至数百个服务场所,业态涵盖大型综合超市、专业店、专卖店、饮食店、杂品店以及娱乐健身休闲等。

(2)购物中心的分类

①根据购物中心的建筑、设施和形态的不同,国际购物中心协会将购物中心细分为两大类别:

A."摩尔"(mall)。停车场与店铺间有一定的距离,通常在整体建筑的地下或外围,顾客能把车停在地下车库或其他地方步行进入购物中心,购物中心是一个屋檐下的巨大室内购物场所,各类专卖店和店铺间由封闭的专门的步行街连接,而且摩尔的转角上一般都是比较大的零售业态,如大百货店、大超市、大专业卖场,专业术语叫"锚定"(anchor)。

B. 带状中心(string centers)。这类购物中心在建筑物前面有一个大的停车场,然后以各种开放式的小路连接各个专卖店,这种类型的购物中心不具备封闭的道路和大型屋顶式零售商场。

由此可见,从严格意义上讲,购物中心不仅是一种商业业态,而且是一种有计划地实施的全新的商业聚集形式,有着较高的组织化程度,是不同业态的商店群和功能各异的文化、娱乐、金融、服务、会展等设施以一种全新的方式有计划地聚集在一起。

②根据我国市场的实际情况,可以将购物中心分为社区型、市区型、城郊型三种类型。

A. 社区购物中心（community shopping center）是在城市的区域商业中心建立的，面积在 5 万平方米以内的购物中心。

B. 市区购物中心（regional shopping center）是在城市的商业中心建立的，面积在 10 万平方米以内的购物中心。

C. 城郊购物中心（super-regional shopping center）是在城市的郊区建立的，面积在 10 万平方米以上的购物中心。

③根据其开发商背景及经营管理模式分类，又可将购物中心分为物业型购物中心、百货公司型购物中心、连锁摩尔购物中心。

A. 物业型购物中心又分物业型购物广场和物业型摩尔购物中心。

a. 物业型购物广场：一般由大房地产商开发建在市中心黄金地段，实行的是租赁制。特点：面积一般在 5 万至 10 万平方米左右，由于面积还不够大，故其定位还必须突出某一目标顾客群体，所以入驻的业态一般不齐备即业态业种的复合度不够（通常定位于高端市场，大租户以高级百货为主，许多业态没有引入），还称不上真正的摩尔购物中心。

b. 物业型摩尔购物中心：又称普通摩尔购物中心。普通摩尔的物业所有者一般不进行零售经营，而是将场地出租给专业零售商，委托专业管理公司进行管理，实行所有者、管理者与经营者的分离。优势互补，既可保证和提高管理水平，又可使摩尔以一个统一的社会形象面对消费者，同时由于摩尔内的各零售商分别经营自己的产品，可以充分展示自己独特的品牌形象和经营风格。这种购物场所的组织和构造形式，包含着一种促销思想，即要让消费者在购物场所尽可能停留较长时间。普通摩尔购物中心由大房地产商按摩尔的要求设计开发建在市中心黄金地段或城郊居民聚居区，实行的是租赁制。特点：面积比购物广场大许多，一般在 15 万至 30 万平方米左右；业态业种的复合度高度齐全，一般为全业态全业种经营。

B. 百货公司型购物中心

由大型连锁百货公司发展或扩建而成。面积一般在 10 万至 15 万平方米左右，由于面积还不够大，故其定位也还必须突出某一目标顾客群体，入驻的业种一般很齐备但业态的复合度还不够（通常定位于高端市场，以自己的百货公司为主，虽然百货公司自身的超市一般也很大很有特色，但一般没有引入大卖场、家具城、玩具反斗城大卖场等业态），仍称不上真正的摩尔购物中心。但随着百货公司型购物中心不断扩建及兴建 2 馆/别馆等，不同业态也正被引入百货公司型购物中心内，迈向真正的摩尔购物中心。

百货公司型购物中心比纯物业型购物中心有一定的优越性。体现在百货公司由于信誉佳、客户关系多、营销促销管理水平高;故招租招商较容易,且业绩一般也较佳。

C. 连锁摩尔购物中心

由专业的连锁购物中心集团开发并经营。特点:自营比例较高(50%至70%左右)。连锁摩尔购物中心是指:由专业连锁购物中心集团开发并经营,自营比例较高(自营百货公司、超市、影城、美食城等),业态业种的复合度极度齐备,商品组合的宽度最宽深度最深,定位于家庭(全家/全客层),能满足全客层的一站式购物消费和一站式文化、娱乐、休闲、餐饮享受需求的特大型购物中心。专业连锁购物中心可解决购物中心的招租难题,可迅速实现购物中心的全面开业,且管理促销的力度和号召力比普通购物中心高许多。

(3)购物中心的特点

与自发形成的商业街相比,购物中心在其开发、建设、经营管理中,均是作为一个单体来操作:一般是物业公司建楼、出租场地,专业商业管理公司实行统一招租、管理、促销,承租户分散经营。具体分析具备以下特点:

①由发起者有计划地开设,实行商业公司管理,中心内设商店管理委员会,开展广告宣传等活动,实行统一管理。

②内部结构由百货店或超级市场作为核心店,由各类专业店、专卖店等零售业态和餐饮、娱乐设施构成。

③服务功能齐全,集零售、餐饮、娱乐为一体。根据销售面积,设相应规模的停车场。

④选址为中心商业区或城乡结合部的交通要道旁。

⑤商圈根据不同经营规模、经营商品而定。

⑥设施豪华、店堂典雅、宽敞明亮,实行卖场租赁制。

⑦目标顾客以流动顾客为主。

⑧根据选址和商圈不同,购物中心可分为近邻型、社区型、区域型、超区域型四个种类。

(4)购物中心的发展趋势

中国的购物中心目前仍处于起步阶段。在20世纪80年代末90年代初,中国一些城市已经出现了购物中心招牌,但此时的购物中心大多名不符实,与百货商店没有什么区别,给人们造成了认识上的混乱。20世纪90年代中期,一些大城市相继出现了一批较为规范的购物中心,如北京的新东安、广州的天河城、武汉的武汉广场、沈阳的东亚广场等,这些购物中心一般位于城市中心区,具有购物与游乐等综合功能。尽管这些购物中心与欧美购物中心有一定差距,但是基本具有了购物中心的特征。

进入 21 世纪,购物中心在中国开始迅速发展,各大城市的政府商业发展规划纷纷将购物中心的兴建列为重点。2001 年 5 月有媒体报道,《北京"十五"商业发展规划》提出,北京将鼓励投资商或大型商业集团在京城的西北、东南、东北和西南,兴建 4 家面积在 20 万平方米左右的大型购物中心。上海市购物中心也呈现多元化发展趋势,除了大型购物中心外,一种规模适中的社区型购物中心正成为人们关注的热点。广东各城市也纷纷将购物中心作为城市商业的一个重点投资项目积极鼓励开发。

据《2013—2017 年中国购物中心市场前瞻与投资战略规划分析报告》数据显示,2011 年,我国购物中心增速过一倍,一线城市购物中心纷纷上马,二、三线城市也不甘落后,各地购物中心如雨后春笋。2011 年北京新增购物中心 134.8 万 ㎡,百货、奥特莱斯项目 47.1 万 ㎡,购物中心供应面积与 2010 年相比有下降,但是总体比例依旧保持在 70% 以上。2011 年广州大型购物中心共有约 38.8 万平方米新增供应,全年平均空置率较上年下降 0.5%;同年第四季度大型购物中心租金为每月每平方米 757.7 元,同比上升 6.51%。2011 年,上海新开业的大型购物中心或综合体商业面积 113 万平方米,同比增长近 25%,其中新开业的购物中心商业面积约 45.5 万平方米,主要集中在内外环间及外环以外区域。可以预见,购物中心将在中国掀起一个新的浪潮,形成中国零售业格局的一个新局面。

案例链接

将台北带向全世界——台北 101(TAIPEI 101)

2013 年 9 月的一则新闻《时尚品牌古驰 Gucci 于台北 101 购物中心 4 楼,重金打造"古董竹节包经典展"》,又让我们的视线投向台北 101(TAIPEI 101)。

一座杰出的地标建筑,足以改变这个城市。如同帝国大厦之于纽约、艾菲尔铁塔之于巴黎,更如金茂大厦之于上海。高度 508 米,地上 101 层,地下 5 层的 TAIPEI 101 是"将台北带向全世界"(Bringing Taipei to the World)的希望工程。TAIPEI 101 在 2004 年 12 月 31 日举行大楼开幕典礼,除了宣示 TAIPEI 101 进入全新的营运阶段,当晚的跨年点灯配合绚丽耀眼的烟火秀,更是成功地向世人宣告 TAIPEI 101 的时代来临;2005 年 2 月,台湾证券交易所正式签约宣布进驻,4 月 18 日,德国拜耳公司成为第一家进驻的跨国企业,紧接着包括瑞泰人寿、富兰克林投顾、台湾金库等国内外一流企业进驻。大楼挑高宽敞的设计空间,将使来此的消费者感受前所未有的购物享受及绝无仅有的视觉和空间感受,让逛街不再是拥挤的抢购,而是逛得轻松、买得优雅的超高级享受。

台北101,又称台北101大楼,其B2～B4为停车场,B1至4楼共有5层楼的购物中心,5楼则为数家银行与证券服务金融中心进驻服务,6楼至84楼为一般办公大楼,85楼为商务俱乐部,86至88楼为观景餐厅,89楼为室内观景层,91楼为室外观景台,观景台面积约761坪,象征未来之窗的观景台。台北101由建筑师李祖原设计,KTRT团队建造,曾于2004年12月31日至2010年1月4日间拥有"世界第一高楼"的纪录,现是全球最高绿建筑、环地震带最高建筑以及拥有世界最大的阻尼器,同时也是台湾、东亚及环太平洋地区最高的建筑物。在规划阶段初期原名台北国际金融中心(Taipei Financial Center)。坐落于台北市新兴商业中心——信义商圈,紧邻台北市政府,是台北最具都会气质的多功能商圈,结合商业、购物、娱乐以及住宅等设施,交通极为便利。

台北101除了底部的一座高63米的六层"裙楼"作为购物商场"TAIPEI 101 MALL"外,将成为台北金融商业重镇,股市证交所亦将移至此。截至2010年台北101的出租率达到85%以上,月租金在3 400～4 800元新台币/平方米。2010年收入破百亿新台币。诚如TAIPEI 101林鸿明总经理表示,101商圈已经成为台湾经济发展的重要指标。

第五节 连锁专营店业态

3.5.1 专营店的含义

专营店(Specialty Store)是专营性质的零售业态,是零售业中区分明确且经营内容专一有限的业态店。专营店是零售业中最早出现的差别化、个性化的业态形式,反映了现代零售业的特色。

3.5.2 专营店的类型

通常,专营店可分为专业店和专卖店。

(1)专业店

专业店指经营某一大类商品为主的,并且具备丰富专业知识的销售人员和适当的售后服务,满足消费者对某大类商品的选择需求的零售业态。专业店是百货商店的分化形式,例如:经营单一商品的专业店,如鞋店、时装店、布店、眼镜店等;经营若干相互关联商品的专业店,如食品店、化妆品店、文具店、电器店、工艺品店、珠宝店等。

(2)专卖店

专卖店指专门经营或授权经营制造商品牌和中间商品牌,适应消费者对品牌选择需求的零售业态。专卖店是以专业店为基础发展起来的,通常是以品牌来划分的,具有排他性。如海尔电器专卖店、李宁牌体育用品专卖店、苹果牌休闲装专卖店、屈臣氏个人护理商店等。

3.5.3 专营店的特征

(1)需求的针对性

专营店的需求特征是在无限大的需求中,选择有针对性的顾客。因此,专营店是专门售卖某一类或某一种商品的商店,它必须明确这些有限商品的目标顾客是谁,即要明确目标顾客所属的消费层。同时,这些有限商品是经过严加选择和正确定价的,从各方面都能较好地满足目标顾客的特别需求。例如,耐克牌体育用品专营店,就是满足消费水平较高的体育爱好者对品牌体育用品的专门需求。专营店这种明确的目标顾客特征,从某种意义上来说反映了专营店的基本需求特征,它将直接影响其经营绩效。专营店因为更符合消费者挑选性、专门性和特殊性的需求,所以与出售相同类别商品的其他商店相比,专营店会因为其品牌商品的优势而销售得更好。

(2)经营的专业性

①商品种类的专业性

专营店的商品之所以能赢得顾客,是因为其在某一类商品上做到了品种齐全,或在某一种商品上做到了款式多样、花色齐全。专营店由于其经营商品种类的有限性和专业化,使它一旦与连锁经营机制相结合,就可产生出较大的规模效益。连锁专营店各门店商品与服务的一致性,加上商品品类少、专门性强,便于挖掘和开发深层次的连锁经营,可使连锁店的经营与管理相对简单,门店运营效率大幅提高。因而,其规模效益不但体现在网点迅速发展上,而且也体现在销量的成倍增长上。

②商品销售服务的专业性

专营店销售的商品具有一定附加价值,其主要呈现两个特点:一是营业员对自己所售的商品有相当丰富的专业知识,不但要了解和掌握商品的基本性能、功能和给顾客提供的利益,还要掌握商品的原料特性、工艺流程、使用与保养要领等各方面知识。二是在专营店日益高档化和精品化的发展趋势中,消费者的自我保护意识日益增强,专营店对顾客的服务是体系化的售前、售中和售后服务。例如,黄金珠宝专营店的营业员,售前要向顾客提供黄金含量、钻石成色和克重的鉴定书,售后还要为其提供能在所有连锁店清洗、修饰及贴换等服务。可以说,完善的顾客咨询和无顾虑的服务,是专营店有别于其他业态的典型特征。

案例链接

"一站式化妆品专门店"——香港莎莎

几乎每个去香港旅游的女孩子都不会错过香港莎莎。香港莎莎几乎已经成了内地赴港扫货的必去地之一了,它的一站式零售概念及极优惠的价格让每位爱美的女士都能在这里找到心仪的商品。香港莎莎提供逾 600 个品牌及 2.2 万款产品,当中包括化妆品、香水、护肤及头发护理产品。根据 2007 年 Retail Asia 杂志、毕马威会计师事务所及 Euro Monitor 有关亚太区零售商的排名,莎莎为亚洲最大的化妆品专门店,并为香港五大零售集团之一。莎莎在亚洲代理逾 100 个国际美容品牌,为香港最大的化妆品总代理商之一。集团致力于在内地长期发展,现在内地也已有多家专卖店。

在香港的内地游客中,平均每 10 人中会有 4 人去莎莎旗下门店选购化妆品。CD、香奈儿、兰蔻或是资生堂,几乎所有国际一线品牌的产品,在莎莎都能以比商场便宜 3 到 5 成的价格买到。香港莎莎创造了平均每 2 秒就有一笔交易发生,每 10 秒卖出一支口红,每 12 秒卖出一瓶香水的惊人销售记录。

香港莎莎化妆品连锁店是 1988 年由郭少明先生和他的太太郭罗桂珍女士一手创办的夫妻店。初时只是香港铜锣湾购物区内的一间只有不到 5 平方米的化妆品零售柜,销售化妆品和护肤品。当时,一般的化妆品店大多走的是高价位、高利润的小众路线。因为他们认为买得起化妆品的只是中产以上的有钱人。而郭少明则看准了化妆品必然会走进寻常百姓家。所以香港莎莎化妆品连锁店从一开始就把经营的产品定位在价格适中、薄利多销上面,这一招果然有奇效,香港莎莎化妆品连锁店的顾客越来越多,店面也越来越大。

最初,香港莎莎化妆品连锁店是从代理商处拿货,利润自然会被分走。随着对化妆品市场和厂家的认识越来越深,越来越广,莎莎开始逐步直接与世界各地的知名厂家洽商直接进货。由于对市场潜力和前景心中有数,为了争取厂家给予优惠价格,他们每次进货批量均比别人大,这样拿到的折扣就多,而售价相应地也可以降下来。由于产品质量可靠,价格又比别人低,生意自然就直线上升,于是分店也越开越多。截至1997年在香港已经开了10间分店,与此同时,在台湾、新加坡、澳门和马来西亚也各开了一间分店。

经过20多年的发展,现在香港莎莎已经成为折扣进口化妆品零售店第一品牌,在亚洲拥有85家分店,销售600多种品牌,2.2万种化妆品、护肤品、香水和头发护理产品,占据了香港同类产品35%的零售市场份额。莎莎品牌享负盛名,全赖其广受欢迎的"一站式化妆品专门店"概念,为顾客提供多元化的优质产品。

(案例来源:http://photo.blog.sina.com.cn/showpic.html)

第六节 其他连锁经营企业业态

3.6.1 无店铺销售和非传统销售

(1)无店铺销售的含义和发展

无店铺销售是指生产商和经销商不通过商店,直接向消费者提供商品和服务的一种营销方式。

无店铺销售与传统营销方式相比,避免了中间环节过多、易发生渠道冲突等不足;节省了厂商和中间商为保持销售的正常进行,在店铺开设、装修设计、广告促销、招聘人员、保证存货上的大量资金投入,使经营成本大大降低;经营商品针对性强,目标市场清晰;经营过程有较高的技术含量。

无店铺销售的主要业态包括:展示销售、通信销售(包括邮购与媒体营销)、访问销售、聚会示范销售、电话营销、自动化销售、复合式销售和新媒体销售8种。

广义上无店铺销售是与店铺销售相对的概念,指经销商不通过店铺而直接向消费者销售商品和提供服务的营销方式。从这个意义上来说,其历史可谓源远流长。最古老的无店铺销售方式是古已有之的走街串巷的小商贩。到了17世纪,大规模生产让许多企业也加入了无店铺销售的行列。从此,送货上门的销售方式不再仅限于个人或家庭行为而发展成组织行为。19世纪末的通信革命和20世纪的信息技术革命使商家信息传递的方式由口头表达或打手势发展为多种媒介,推动了无店铺销售的萌芽和发展。无店铺销售的历史起源虽早,但只在20世纪70年代后,借助信息技术的推动才在更广阔的空间取得了长足的发展。20世纪70年代发展于美国,当时美国一些大中城市人口稠密、地价昂贵、开设商店成本不断上升,无店铺销售应运而生,并且得到迅速发展。1972年总销售额达99.9亿美元,1977年增至144.4亿美元,1993年增至1 600亿美元,占当年全美零售总额的15%。随后这种营销方式传到日本,在90年代中期被引入国内。

"无店铺销售"是现代市场营销的重要形式之一,但其与各种类型的店铺销售有着运作流程和管理方式上的巨大差异。作为一种与传统店铺销售相对应的销售业态,无店铺销售业在信息技术迅猛发展的今天具有良好的发展前景和深远的经济意义。而2004年10月开始实施的《零售业态分类》标准则已经首次将5种无店铺销售形式列为零售业态,无店铺销售方式被我国零售业正式承认。在继仓储式商场、大型综合超市、便利店成为零售业发展的热点之后,无店铺销售方式已经成为国内零售市场上新的关注热点。

(2) 无店铺销售在我国发展的制约因素及其对策讨论

①无店铺销售在我国发展的制约因素

无店铺销售引进国内已久,但发展情况不好,主要由以下几点影响:

A. 厂商因素。缺乏营销技巧,甚至缺乏诚信,致使无店铺销售难以在消费者心目中建立起良好的形象。

B. 消费者因素。无法满足消费者体验消费的心理,包括售后跟踪难以保证,使得销售费者对于这种新兴的营销方式心存质疑。

C. 环境因素。与无店铺销售匹配的硬件如果发展缓慢也会制约无店铺销售的发展。

②我国发展无店铺销售的对策

A. 要重视并经营企业商誉或树立企业良好的形象。

B. 要有完善的运营管理制度。

C. 经营形式上要重点发展电子商务、移动销售。

D. 在营销方式上,要与时俱进,采取多种形式并用的促销方式。

第三章 连锁经营的主要业态

本章小结

本章围绕着业态的有关内容展开,并就超市、便利店、百货商店、购物中心、专卖店等业态的发展、定义、特点进行了详细阐述。超级市场以自助服务、集中销售和一次性付款为特点,拥有较大面积的营业场所,主要销售基本生活用品;便利店是超市发展成熟后分离出的一种业态,销售品种与超市基本类似,更增添了一些服务产品,以满足顾客便利性需求为主要特点。专营店主要特点是突出商业零售的个性化、差异化,通常分专业店和专卖店,以加盟连锁形式开设较为普遍。无店铺销售借助现代科技表现出强大生命力,而且发展迅猛,对传统业态冲击很大,其配送物流方面也摆脱不了连锁经营经验,该业态最大特点是无固定销售场所,与顾客沟通更直接方便。

复习题

1. 简述连锁经营业态的含义和类型。
2. 比较百货商店、超级市场、便利店的经营特点。
3. 简述便利店的营销特征。

案例分析

麦德龙股份公司(Metro AG)常称作"麦德龙超市",是德国最大、欧洲第二、世界第三的零售批发超市集团,在麦德龙和万客隆(仅限欧洲)品牌旗下拥有多家麦德龙现购自运(Cash and Carry,C&C)商场,是德国股票指数DAX的成分公司,世界500强之一,分店遍布32个国家。由奥托·拜斯海姆(Otto Beisheim)创建,目前总部位于杜塞尔多夫。1964年,在商业领域中,一个崭新理念和管理方式在德国诞生了,这就是麦德龙。在全球32个国家中经营现购自运制商场、大型百货商场、超大型超市折扣连锁店、专卖店等。

麦德龙的特色服务:
采用工业大货架销售和存货,商品陈列一目了然,便于自取;
对于专业客户需要的商品,提供整箱包装销售;
极其丰富的鲜货;
每个商品的库存和再订货都有严格的管理;

齐全的商品品种,严格的质量控制;

麦德龙C&C配销体系正是为大型高效的购物设立的;

会员通过"麦德龙邮报"及时了解最新的商品及其他信息,得到最佳采购优势;

完善的售后服务,免除客户的后顾之忧;

依傍交通主干道,交通便利,足够的免费停车位;

麦德龙客户服务部提供退货、换货和维修服务。

麦德龙广州番禺商场于2013年9月25日盛大开业,麦德龙中国总裁何哲伟透露,未来麦德龙在中国将以每年超过10家店的速度进行扩张。对于记者询问选址番禺而非市区是否也有租金方面的考虑,何哲伟则再次强调麦德龙和一般外资超市大卖场的不同:"麦德龙的模式不是零售商,而是B2B批发商,服务对象是酒店、餐厅、大企业食堂等专业客户。"

麦德龙C&C营销体制在中国的成功推行应归功于其完善的内部管理体系和高度的管理信息化。经过30多年的经营发展麦德龙自创了一套适合C&C体制的商品信息管理系统和会员信息管理系统,使内部管理成功实现了信息化。

1. 客户管理

最初,麦德龙的服务人员将会员填写的《客户登记卡》的资料输入微机,创建顾客的初始资料。会员信息管理系统自动记录顾客每一次的购买情况,根据各类客户的购买频率和消费结构,准确分析出客户需求的动态发展趋势,使麦德龙能对顾客需求变化迅速做出反应,及时调整商品结构和经营策略,最大限度地满足顾客需求。

麦德龙根据客户规模和购买量将客户分"ABC"三类,其专门成立的"客户顾问组",对客户的消费结构进行分析,向客户(特别是中小企业)提供特色咨询服务。同时,与主要的客户进行沟通,向他们提出采购建议,帮助客户降低采购成本。通过提供全方位服务,麦德龙不仅拥有了大批的稳定客户,还及时掌握了市场需求动态,从而提高了商品管理的主动性和灵活性。

2. 商品管理

麦德龙的商品采购管理实行中央采购制,即连锁总部统一采购,各地连锁店无独立的采购决策权。总部统一采购后根据各连锁店的销售情况分别确定配送计划,进行统一配送。统一大批量采购既加强了总部对采购的控制,又降低了进货成本。麦德龙通过商品信息系统掌握商品进销存的全部资料,从商品的选择、订货、再订货、收货到销售、收银,每一个环节都通过电脑完成。信息系统根据历史资料，自动地预测销售，制订采购计划，产生订单，将存货控制在最合理的范围。

3. 供货商管理

作为一家跨国连锁零售集团，麦德龙对供货商提供产品的质量和供货能力的稳定性要求很高。因此它们在与供应商建立购销关系时一般不采用常规签订书面购销合同的方式，而是按照已确立完整的交易惯例，通过一套系统的操作程序来获得质量稳定的商品，保证可靠的供应。

麦德龙有一份专门为供应商制作的《麦德龙供货商手册》，内容包括凭据、资料填写、订货、供货、价格变动、账单管理、付款等过程的每一个环节以及双方当事人应予遵循的交易规则和操作程序。双方确认后，麦德龙和供货商之间形成长期合作关系，不再就单笔交易签订采购合同。通过这种规范化采购的运作，麦德龙把供应商纳入自己的管理体系，将供应商的运输系统组合成为自己的商品配送系统，从而大大降低了企业的投资，实现了低成本运营。

为了维护与供货商之间的伙伴关系，采购过程中麦德龙会协助供应商选择最经济的送货路线，帮助供应商利用互联网接受订单，以降低订单处理成本，并及时向供应商提供有关市场需求方面的信息。

4. 销售计划管理

为了实现采销合一，麦德龙的销售计划是由采购部门来负责实施的。这与一般的零售企业不同，麦德龙的销售计划是按促销活动制定活动的节目，所以也被称作节目单销售计划。这种计划的制订要有相当的超前性，以便有充裕的时间进行统筹安排。计划成功的关键是销售计划与采购计划的一致和购销计划与供货商商品促销计划的有机结合。

5. 财务管理

麦德龙利用由全球最大的企业管理软件供应商德国 SAP 公司提供的 R/3 系统对财务采取集中统一管理。在国内，各地连锁店每天发生的每一笔销售数据，均通过网络传送至上海总部，由上海总部统一进行会计核算。采购货款的支付也由上海总部统一控制，而各地连锁店的财务人员只负责每天的收银汇总，以及在上海总部核定的备用金使用范围内，报销日常的费用开支。这种管理模式使得企业财务管理高度透明化，财务成本维持在一个比较低的水平上。

麦德龙现购自运是麦德龙集团的销售分支。据介绍，麦德龙中国2012年的销售额为18.9亿欧元，何哲伟说："集团把中国列为重点市场，未来将以每年超过10家店的速度进行持续、高速地扩张。"而随着江门、番禺两家新店的布局,麦德龙在华南地区的投入力度持续加大。

思考:

1. 从麦德龙经营模式看其属于哪种业态?
2. 麦德龙的经营优势有哪些?

第四章　特许经营

学习目的

1. 能理解特许经营的概念、基本原则及常用术语。
2. 能说出连锁企业实施特许业务的基本流程。
3. 能审核特许经营合同的主要条款。
4. 能独立调研某特许经营项目,并分析总结该特许经营项目的成功经验或存在的问题。

引导案例

锦江之星荣获"2012年度中国特许经营创新奖"

　　锦江之星旅馆有限公司是锦江国际集团旗下一家经营管理经济型连锁酒店的专业公司。公司创立于1996年,1997年在国内首创经济型酒店,目前已有15年历史。截至2013年3月31日,旗下各品牌酒店总数已达918家,分布在全国31个省、直辖市的218个城市。客房总数近11万间。2010年,公司从H股回归锦江股份A股,成为第一家在A股的以经济型酒店为主营业务的企业,募集的资金将为公司旗下各品牌持续发展提供坚实保障。

　　2009年3月19日,锦江国际旗下由锦江之星旅馆有限公司经营管理的"百时快捷酒店"品牌正式亮相。百时快捷酒店充分体现了更为方便、更加快捷、更富个性的消费理念,突出了"资源节约型"的特点,体现个性、张扬、自由自在的全新概念。

　　2010年9月,锦江之星家族新添一位成员:金广快捷品牌。她的加入给广大宾客一个全新选择,在创新、温暖和个性中享受统一的品质,体验不同的感受。

2011年,锦江之星开始了海外拓展的步伐。2011年9月2日,锦江之星与菲律宾的上好佳(国际)正式签约,以品牌输出的方式跨出国门,通过品牌授权经营使锦江之星品牌正式落户菲律宾,成为中国经济型酒店品牌正式走向海外的第一例。2011年11月22日,锦江之星与法国卢浮酒店集团在上海举行签约仪式,将以品牌联盟的方式正式亮相法国。2012年6月5日,锦江之星公司在上海与韩国SANGWONHOUSINGCO.LTD公司签订特许经营合同,锦江之星品牌将正式亮相韩国。

2012年,锦江之星有限公司在创新转型中谋发展,在加盟方式、加盟规模及加盟管理上都取得了突出的成绩,因此被中国连锁经营协会授予"2012年度中国特许经营创新奖"。其中的突破创新之处,主要体现在以下方面:

1. 多品牌战略,鼓励加盟兄弟品牌

锦江之星旅馆有限公司旗下目前有锦江之星、百时快捷、金广快捷、白玉兰四大品牌,在过去的2012年,公司旗下的四大品牌都取得了较快的发展。在特许加盟的战略上,公司对金广快捷等兄弟品牌采取鼓励优惠的政策,其中将对加盟金广快捷品牌的前30名客户免去全部的加盟费,对前31~60名的客户免去一半的加盟费。此外,在要求上也更加灵活,像金广快捷品牌则更加注重内在的品质,对装修风格并没有绝对的统一要求,这样加盟业主们就多了一个选择。

2. 加强海外合作,试水海外市场

继与菲律宾上好佳集团、法国卢浮酒店签约合作之后,2012年,锦江之星在海外市场的拓展上又取得了突破性进展,2012年6月,锦江之星与一家韩国SANGWONHOUSINGCO.LTD公司在上海签订特许经营合同。与之前菲律宾项目的品牌授权、法国项目的品牌联盟方式不同,此次合作锦江之星采取的是单店特许经营的方式,首家特许经营店将由该韩国公司按照锦江之星的海外店标准,在韩国首尔投资建造,酒店建成开业后,将为国内赴韩客人提供新的选择。

3. 简化加盟手续流程,加大加盟管理和渠道支撑

2012年,锦江之星旅馆公司在加盟流程上进行了许多优化,在保证品牌标准和工程质量前提下,一些手续的简化给加盟业主带来很大的便利。

但是在加盟的管理及渠道支撑上,公司花了更大的人力和物力。硬件上不断完善中央订房的渠道,同时加强了店长和店经理的培训,从总部、区域、地区逐级对新开店进行特别的帮扶指导,使新开店很快走上正轨。

正是通过一系列的创新之举,锦江之星旅馆公司过去一年在加盟发展上取得很大的进展,其中2012年新开业酒店有140家,新开发酒店项目175个,发展步伐明显加快。

(资料来源:http://info.hotel.hc360.com/2013/04/261132489148.shtml)

职业指导

中国连锁业协会报告显示,截止2009年底,全国的特许体系数量已突破4 000个,店铺总数达到33万家,分别比上一年增长15%和10%。2009年,特许连锁120强的销售规模达到3 109亿元,提供就业岗位82.5万个,覆盖的行业、业态达59个。特许经营创造了大量的就业机会,也提供了良好的职业发展的空间。比如麦当劳的全球总裁等高级管理人员,很多都是从普通的麦当劳餐厅的小时工成长起来的。

第一节 特许经营的概念和类型

4.1.1 特许经营的概念

(1)特许经营的起源与发展

特许经营是21世纪最为流行的商业模式,像美国等发达国家,有近50%的产品或服务通过特许经营的方式来实现销售。特许经营最早起源于美国。1865年,胜家缝纫机公司为了拓展其缝纫机业务,在全美各地设置拥有销售权的特许经销店,其个体特许经营权以5 000美元出售。通过这种方式,胜家公司很快雄霸了美国的缝纫机市场,并被公认为是近代意义上的商业特许经营鼻祖。

早期的特许经营是商品商标型特许经营,在这一阶段,特许商向加盟商提供的仅仅是商品和商标的使用权,作为回报,加盟商需定期向加盟体系盟主支付费用。例如,通用汽车公司、福特公司、埃克森石油公司、壳牌公司、可口可乐公司等都采取这种方式从事经营,这也被称之为"第一代特许经营"。

第二代特许经营,又称为经营模式特许经营,麦当劳、肯德基公司被认为是第二代特许经营的代表之一。在经营模式特许情况下,加盟者购买的不仅仅是商品的销售权和商标使用权,而是整个商业模式的经营权,特许者要对被特许者在企业创建和经营运作方面给予支持和指导。第二代特许经营的特许者常常是第三产业开发者,尤其以零售业、快餐业、服务业最为突出。与第一代相比,第二代特许经营更强调经营技术。

目前,全球特许经营的发展已呈现出一些新的发展趋势。在世界范围内,特许企业的联合兼并活动前所未有地活跃起来,激烈的竞争是诱发购并的主要动因。企业期望通过兼并获得更大的市场份额,更大限度地配置资源的能力,节约采购、物流和管理成本,使体系的运转更有效率,对加盟者的支持更有力度。同时技术的进步也使超大型企业的高效管理成为可能。此外,品牌嫁接已开始在特许经营领域普遍出现,合作双方的品牌吸引力和营销活动给双方带来了更多的商机。大的特许品牌与小零售商的合作以及小的特许品牌与大零售商的合作开始出现,特许者通过网络拥有了更经济、更迅速的手段,加快了特许体系的扩张。

(2)特许经营的概念及基本术语

本书第二章第二节我们已经对特许经营概念进行介绍,国际上对特许经营有许多不同的定义,这些定义从不同方面强调了特许经营的特点。我国商务部2004年颁布的《商业特许经营管理办法》第2条定义为:商业特许经营是指通过签订合同,特许人将有权授予他人使用的商标、商号、经营模式等经营资源,授予被特许人使用,被特许人按照合同约定在统一经营体系下从事经营活动,并向特许人支付经营费。

为了更好地掌握特许经营的基本概念和含义,以下对特许经营的一些基本术语进行介绍。

①特许经营关系

特许人与受许人之间的授权与被授权的关系的总和称为特许经营关系。

②特许人(franchisor)

特许经营关系中授权的一方为特许人,也称为盟主,指在特许经营活动中,将自己所拥有的商标、商号、产品、专利和专有技术、经营模式等授予受许人使用的一方。包括特许人和二级特许人。

③受许人(franchisee)

特许经营关系中被授权的一方称为受许人,也称被特许人、加盟商。受许人是获得特许人授权,使用其经营模式以及注册商标、字号、专利、专有技术等来从事经营活动的一方。

④特许经营总部

特许经营总部是指由特许人自己建立或受特许人的委托建立并代表特许人来建立、发展、运营和管理整个特许经营体系的机构,简称总部。

⑤特许经营体系(franchise system)

特许经营体系是指由特许人、受许人以及相关合作方一起整合形成的相对统一和稳定的经营系统。总部和加盟店是特许经营体系中基本的组织形态。

小资料

特许经营备案

按我国相关法律要求,要开展特许经营的特许人,必须到县级以上商务主管部门备案。特许经营备案是按照一个特许经营体系作为一个备案单位。例如,温德姆酒店集团旗下拥有速8、戴斯、华美达、豪生等十个品牌,分别开展特许经营,各个独立的特许品牌与其特许人、被特许人共同组成一个特许经营体系,即速8、戴斯等都是一个单独的特许经营体系。

⑥加盟店(franchised outlet)

加盟店也称为单店,是被特许人获得特许人授权后,使用其商标、商号、经营模式、专利和专有技术等经营资源建立的经营场所和设施。单店是特许经营体系中不可再分割的基本业务单元。

⑦特许经营权

特许经营权简称特许权,是特许人向受许人授权的内容总和,构成特许权的每一项内容称之为特许权要素。

⑧特许经营费(franchise fee)

是指被特许人为获得特许人的商标、商号、经营模式、专利和专有技术等经营资源的使用权而向特许人支付的费用。包括:加盟费、特许权使用费及其他约定的费用。

⑨加盟费(up-front franchise fee)

被特许人为获得特许人的商标、商号、经营模式、专利和专有技术等经营资源的使用权而向特许人支付的一次性费用。

⑩特许权使用费(on-going royalty fee)

通常也称为管理费、权益金,指受许人在加盟特许经营体系后,为获得由特许人提供的持续服务和支持,按合同双方约定向特许人定期支付的费用。

⑪其他约定的费用

被特许人根据合同约定,为获得特许人提供的相关货物供应或服务而向特许人支付的其他费用。

⑫保证金(guarantee fee)

为确保被特许人履行特许经营合同,特许人向被特许人收取的一定费用。合同到期后,按合同约定退还被特许人。

⑬特许经营合同

狭义的特许经营合同专指特许经营主合同;广义的特许经营合同指特许人和受许人之间签订的用于规定双方权利义务、确定双方特许经营关系的所有法律契约,包括特许经营主合同和辅助合同。

(3)特许经营的纽带

特许经营是用下列纽带来联系特许方和受许方:

①商标

产品商标、商店字号和服务字号,是一种可以明确描述的自然人或法人产品或服务的标志。无论是何种类型的特许经营,商标都是构成特许经营的基本因素,是其体系的基石。特许经营协议签字之后,特许商便把商标提供给加盟商使用,且负有严格维护该商标形象和声誉的义务。

②特殊技能

特殊技能是现代特许经营的重要组成部分。欧共体曾给特殊技能下过定义,即必须是秘密的、实质的和可鉴别的。所谓秘密,即特殊技能具有独创性,如果不与特许人联系就不能获得。实质性指特殊技能对加盟商必须是有用的,能帮助其带来利益。可鉴别性指特殊技能可以用一种确切的方式描述下来,以证明它能满足保密和实质性的条件。

③经营模式

特许商不仅提供给加盟商商标、特殊技能,而且还提供一整套营销和管理的系统,包括培训、店址选择、行为规范、财务制度等。

(4)特许经营与其他类似经营行为的区别

要注意特许经营与其他相类似经营行为的区别。

①与直营连锁的区别

直营连锁是指连锁公司的店铺均由公司总部全资或控股开设,在总部的直接领导下统一经营。因此,直营连锁的连锁店属于总部所有,而非独立经营。而特许经营中,虽然被特许人的经营活动往往要受到特许人的直接支配,如在市场计划、经营体系、质量标准、店址选择、经营范围、营业时间等方面,但特许经营的双方当事人仍然是相互独立且可以自行承担法律责任的民事主体。因此,直营连锁不属于特许经营的范畴。

②与特约经销、特约代理、独家经销的区别

特许经营是总部将商标、商号、专利、经营诀窍等的使用许可和经营指导等作为组合提供给加盟商的,并由此获得加盟商支付的使用费,是一揽子服务。与此相反,特约店、代理店、专卖店是基于合同,就附有某一制造商商标的特定商品进行持续性地买入、再卖出,或者受其委托代为经销该产品。在特许经营中,必须要确保特许经营体系的统一性和产品、服务质量的一致性,即总部对加盟店的经营给予全面的指导、援助;在特约店、代理店、专卖店中,也有制造商对其进行指导、援助的,但这只不过是制造商附随商品的批发销售的二次行为,该行为自身通常不能请求支付使用费。

③与OEM贴牌生产的区别

我们所讲的贴牌生产是定牌生产的俗称,其英文简称为OEM(Original Equipment Manufacture)。目前较为典型的OEM方式是:OEM的加工方(受托人)受OEM需求方(委托人)的委托,为其加工生产产品并贴附OEM需求方的商标,获取加工费,而自己不享有该产品的销售权。因此,从法律层面上讲,贴牌生产的性质属于加工承揽,贴牌生产中的委托人与受托人之间是代为加工产品的关系,受托人只负责加工生产而无权以任何形式擅自销售该产品。对外销售主体以及法律责任承担主体均为委托人,所以,这类纠纷应当以承揽合同纠纷来确定案由而非特许经营合同纠纷。但是如果合同中约定,受托人不仅可以加工生产贴附有委托人商标的产品,而且可以在一定的区域范围内享受处置权,可以销售该产品,同时受托人是产品售出后的法律责任承担主体,则受托人的行为应属于商标使用行为,双方签订的协议应被定性为商标使用许可协议。

④与商标使用许可的区别

特许经营行为中,特许权是包括商标、商号、经营模式、服务标志、专利、商业秘密、经营诀窍等权利的知识产权性质的综合性使用权,其包括但不限于商标使用许可的行为。依照我国商标法及其实施细则的规定,商标注册人许可他人使用其注册商标后,许可人与被许可人必须签订商标使用许可合同,其合同副本必须报商标局备案。同时《办法》中也规定,特许经营合同必须在签订之日起15日内向国家商务主管部门备案。因此,在特许经营实务操作过程中,双方要分别签订《商标使用许可合同》和《特许经营合同》。但在判断案由时要从整体的法律关系性质考虑,如果一个行为只涉及单纯的商标使用许可,那定商标使用许可纠纷无疑,但如果许可的是组合的经营资源,如商标、专利、经营模式等,笔者认为应属于特许经营合同纠纷。

综上所述,在实际的经济活动中,加盟连锁的经营方式多种多样,千变万化,法院不能光凭当事人签订了所谓的加盟连锁合同就简单地认为其为特许经营合同纠纷,而需要从其内在法律特征入手,剔除与其相类似的经营行为,从而准确把握特许经营行为的本质。

4.1.2 特许经营的优势与劣势

(1)特许经营的优势

①特许经营对特许人的优势

A.有利于快速扩张。特许经营分店是由受许人提供资金,减低了特许人的财务风险,使特许人可以充分地利用他人资金来壮大自己的事业。特许人花费的主要是招募、选择、培训加盟商的费用。因此大大降低了特许人对市场扩张的投入,加快了扩张速度。

B.有利于降低风险。由于在特许经营关系中,受许人属于独立的民事主体,加盟店经营过程中发生的一切劳动、债务、租赁等合约都是由受许人自行签订,与特许人无关,就大大降低了特许人的市场扩张风险。因此,特许经营对特许人来说是一种低风险的品牌扩张模式。

C.有利于提高人力资源激励效果。特许经营中,受许人既是加盟店的所有人、投资者又是经营者。受许人把自己的资金、期望投入到加盟店中,为了获得高额的投资回报率必然会积极肯干、兢兢业业,使得加盟店获得良好的经营业绩,进而使特许人获得更大的收益,有利于特许人的事业发展。

②特许经营对受许人的优势

A.可以获得成功的品牌效益。特许经营可以使受许人获得特许人在消费者心中形成的商誉,无需再去做过多的广告和客户开发。同时,通过特许经营,受许人可以获得专利、商标、著作权和商业秘密等无形资产的使用权,从而享受知名品牌带来的客源和利润。

B.有助于提高加盟店的管理水平。特许人为受许人提供成熟的经营管理模式和经验,并提供一系列培训和经营管理辅导支持,加大了受许人经营成功的可能性。特许人已开发建立的标准、开业前准备的指导工作、对受许人进行经营管理的培训、财务方面的支持等,有助于提高加盟店的管理水平。

C.有助于提高加盟店在市场中的竞争力。在特许经营体系中,受许人可以依靠加盟总部集中进货的优势,降低成本,保证货源,取得价格竞争优势。相比其他独立创业者,受许人较容易地获得总部或银行在资金上的帮助和支持,这样就有助于其摆脱因资金周转不灵而陷于错失市场良机的困境,提高了市场竞争力。

③特许经营为社会带来的效益

A.增加就业机会。直观地来讲,每增加一个加盟店,就会直接创造一定数量的就业机会。很多国家将特许经营作为增加就业机会的重要方式进行鼓励和扶持。二战后,美国为了解决退伍兵就业而推出的退伍兵特许经营计划,至今仍在继续实行。

B.使资源配置在全社会范围内得到优化。特许经营可以为投资人手中的闲置资金提供大量的低风险、高成功率的投资机会,同时又可以使特许人手中的专利、商标等知识产权得到充分的市场化利用,从而使有价值的资源在全社会范围内得到了更优配置。

C.规范市场秩序、健全社会信用体系。特许经营是一种以特许人品牌信誉为基础,以单店经营模式为扩张手段,并通过特许经营合同进行严格约束的标准化、规范化的商业活动,它对建立健全社会信用体系起着良好的推动作用。

D.促进科学技术创新。特许经营的核心就是知识产权的转让。当科学技术面临着良好的收益前景时,能激发人们创新的动力,促使科学技术的更新改进,市场化转化的过程变得越来越短。

④特许经营对消费者的好处

A.享受稳定的良好品质的商品或服务。特许人拥有的先进技术、管理方式,是通过多年来不断研究开发和经验提炼的结果,投入了大量的人力、物力,是一般中小投资者无法做到的。通过特许经营,特许人把这些先进的技术和管理方式以特许经营权的方式授予受许人,保证了加盟店提供的商品和服务处于同一水准。消费者在同一特许经营体系的任何一家加盟店都可以享受到优质和高水平的商品和服务。

B.获得便利。特许经营实行统一的店名、统一的服装标志、统一的店面装修、进行标准化经营,这些企业形象很容易加深消费者对其的印象,被消费者接受。无论何时何地,只要看到特许经营加盟店的独特店貌,马上就会联想起其所提供的商品或服务,大大方便了消费者的选购。并且,通过特许经营方式,特许人在全国或全球范围内建立其分店,使得不同地方的消费者或消费者在不同地方都能非常方便地享受到同等品质的商品或服务。

(2)特许经营的劣势

①特许经营对特许人的劣势

A. 不一定能招募到适合的受许人。大多数希望从事特许经营业务的人都缺乏成为成功受许人的知识、经验或资金。如果特许人招募不到合适的受许人,则企业的扩张速度会受到影响。

B. 管理上面临挑战。虽然特许经营关系中,受许人会产生一种独立感,但是特许经营的每一方都要在协议、商业规则和职业道德的规范下行事。在对受许人的选择、评价、沟通、监督、考核等方面对特许人提出了更大的挑战。

C. 面临更大的品牌风险。因为特许经营具有"复制"效应,如果受许人对经营理念、产品和服务品质不能落实,不按标准操作,会使整个特许人的品牌和信誉以及整个特许经营体系都受到影响。

D. 易使特许人丧失经营自主权。独立的受许人有的时候会轻易改变特许人的政策决定,因此,一旦特许经营体系不断发展,特许人就容易丧失一定的控制权、自主权。

E. 容易泄露商业秘密。在特许经营过程中,特许人不可避免地要与受许人就核心技术、市场开发、生产规划等进行沟通和交流。如果不小心,则会导致商业秘密的泄露,造成损失。

②特许经营对受许人的劣势

A. 受许人自身要提供用于设立和经营分店的资金、费用、保证金等,无论加盟单店成功还是失败,这些都是要其自己承担的。

B. 受许人要受特许经营合同的限制和监督,相对缺乏自主权。

C. 过分依赖特许人提供的标准化产品与服务,相对缺乏创新。

D. 受许人业务发展过快时,不能保证总部的后续服务是否可以跟上。

4.1.3 特许经营的基本原则

3S 原则是特许经营最经典的基本原则,其他原则都是 3S 原则的引申。3S 原则包括标准化、专业化、简单化三方面,见图 4-1。

第四章 特许经营

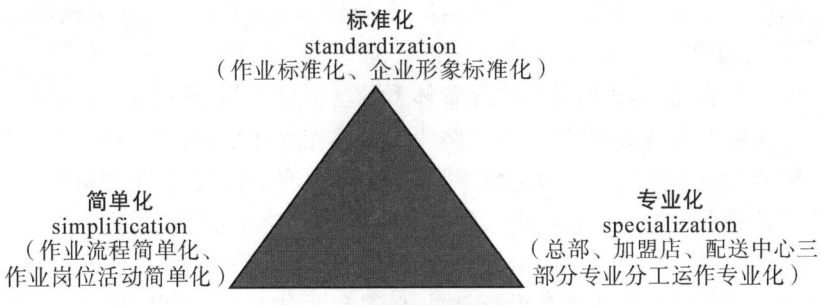

图 4-1 特许经营的 3S 原则

(1) 标准化 (standardization)

标准化是指特许人对整个运营模式、业务流程、操作环节和外在形象等方面进行提炼总结,制定统一的标准。标准化有利于特许经营模式的复制、管理和控制,有利于保持整个特许经营体系的一致性,这是特许经营的优势和竞争力之一。其内涵是指特许人对其业务运作的各个方面,包括流程、步骤、外在形象等方面,经过长期摸索和谨慎设计之后,提炼出的能够随着特许经营网络的铺展而适应各地区加盟店的一套统一的模式。

连锁经营的标准化,表现在两个方面:一是作业标准化。总部、分店及配送中心对商品的订货、采购、配送、销售等各司其职,并且制定规范化规章制度,整个程序严格按照总公司所拟定的流程来完成;二是企业整体形象标准化。商店的开发、设计、设备购置、商品的陈列、广告设计、技术管理等都集中在总部。总部提供连锁店选址、开办前的培训、经营过程中的监督指导和交流等服务,从而保证了各连锁店整体形象的一致性。

人们熟知的麦当劳,其全世界的餐厅都有一个金黄色"M"形的双拱门,都以红色和黄色为主。根据统计,最适合人们从口袋里掏出钱来的高度是92cm,因此,麦当劳柜台设计以92cm为标准;店铺内的布局也基本一致:壁柜全部离地,装有屋顶空调系统;其厨房用具全部是标准化的,如用来装袋用的"V"形薯条铲,可以大大加快薯条的装袋速度;用来煎肉的贝壳式双面煎炉可以将煎肉时间减少一半;所有薯条采用"芝加哥式"炸法,即预先炸3分钟,临时再炸2分钟,从而令薯条更香更脆;在麦当劳与汉堡包一起卖出的可口可乐,据测在4℃时味道最甜美,于是全世界麦当劳的可口可乐温度,统一规定保持在4℃;面包厚度在17mm时,入口味道最美,于是所有的面包做17mm厚;面包中的气孔在5mm时最佳,于是所有面包中的气孔都为5mm。严格的标准使顾客在任何时间、任何地点所品尝的麦当劳食品都是同一品质的。它在全球的特许加盟店之和有28 000多家,每天都有1 800多万人光顾麦当劳。

(2)专业化(specialization)

所谓专业化,其实就是特许经营体系各基本组成部分的总体分工问题,因为分工能够带来高效,特许经营网络为了保障庞大体系的良性运转,必须把不同的职能交由不同的部分来完成,然后各个部分有机协调、合作的结果才能使特许经营体系成为一个具有自我发展和良好适应外部环境能力的有机整体。

即将一切工作都尽可能地细分专业,在商品方面突出差异化。这种专业化既表现在总部与各成员店及配送中心的专业分工,也表现在各个环节、岗位、人员的专业分工,使得采购、销售、送货、仓储、商品陈列、橱窗装潢、财务、促销、公共关系、经营决策等各个领域都有专人负责。

(3)简单化(simplification)

指作业流程简单化、作业岗位活动简单化,由此可以使员工节约精力,提高工作效率,以最少的时间和体力支出获得最大的效益。在管理实践中,特许人一般都会对作业流程和岗位工作中的每一细节作深入的研究,并通过手册归纳出来。著名的麦当劳手册中甚至详细规定了奶昔员应当怎样拿杯子、开机、灌装奶昔直到售出的所有程序。使其所有的员工都能依照手册规定操作,即使新手也可以依照最有章法的工作程序,迅速解决操作问题。

特许人将作业流程尽可能地"化繁为简",减少经验因素对经营的影响。连锁经营扩张讲究的是全盘复制,不能因为门店数量的增加而出现紊乱。连锁系统整体庞大而复杂,必须将财务、货源供求、物流、信息管理等各个子系统简明化,去掉不必要的环节和内容,以提高效率,使"人人会做、人人能做"。为此,要制定出简明扼要的操作手册,职工按手册操作,各司其职,各尽其责。

4.1.4 特许经营的分类

特许经营的种类按不同的划分方法,可以归纳为以下几种:

(1)按授权内容与方式

按照特许经营权要素的不同组合,特许经营可以分为生产型特许经营、商品商标型特许经营、经营模式型特许经营三大类型。

①生产型特许经营

生产特许是指经过特许人授权,受许人自己投资建厂,使用特许人的专利、技术、设计和生产标准来加工或制造取得特许权的产品,然后向分销商或零售商出售,一般不与产品的最终消费者直接交易。特许人有权维护其企业的信誉,要求受许人按规定的技术和方法从事生产加工,以保护其商标及商号的信誉。同时特许人有权过问受许人对产品的广告宣传及推销方法。生产型特许经营往往涉及专利或专有技术诀窍的使用许可。

可口可乐灌装厂、NIKE 运动服装以及奥运标志产品的生产,都属于生产型特许经营。

生产特许中,特许人一般都是产品专利或强势品牌的拥有者。生产特许权的内容以商标、标志、专利技术、特种工艺、技术标准等知识产权为主,有的还包括产品分销权。特许人对受许人产品的生产组织、工艺流程以及产品的分销价格有较高统一的要求。受许人的获利主要是产品生产利润和分销利润。

②商品商标型特许经营

商品商标特许经营也称产品和品牌特许经营,是指受许人使用特许人的品牌和营销方法来批发或销售特许人的产品。商品商标特许可细分为商标特许、产品特许和品牌特许三类。

商品商标特许授权的内容以产品商标、标志、产品销售方法(包括售前和售后服务)等知识产权为主,同时加上产品的经销权。此类特许经营中维系特许人与受许人之间关系的重要纽带是产品和产品价格;受许人可能是批发商或零售商,受许人的获利主要是产品的进销价差。

此类特许经营在汽车、石油产品等商品流通领域被普遍采用。例如,我国的中石化和中石油即通过特许经营方式,让加盟商使用他们的商标和标志,按照其服务标准,出售石油产品,如果加盟的加油站出售非中石化或中石油的产品将会受到查处和关停。

③经营模式型特许经营

经营模式型特许是指受许人完全按照特许人设计好的单店经营模式来经营。在经营模式特许中,受许人完全以特许人的形象在公众中出现;特许人对受许人的单店运营管理、市场营销等方面实行统一管理,具有很强的控制力。受许人不仅有义务维护特许人的商标、标志等不受侵犯,还有义务服从特许人的统一管理。我们所熟知的肯德基、麦当劳、如家酒店、北大青鸟 IT 培训等就是典型的经营模式型特许经营。

经营模式型特许经营中受许人经营一个或多个单店,直接向消费者提供有形商品的零售服务或提供其他无形服务,其实质是特许人将自己所拥有的品牌、商标、产品、单店管理系统、经营诀窍、对消费者的服务等内容开发组合成独特的具有竞争力的特许权,然后再经特许经营合同的形式授权给加盟商使用。

经营模式特许是特许经营的高级形式,是知识和技术含量非常高的一种商业模式。由于市场竞争层次的提高,经营模式特许在全球范围内正被越来越多的行业所采用,过去许多采用商品商标特许模式的企业也开始向经营模式型特许转型。

(2)按所需资金投入划分

按所需资金投入可分为工作型特许经营、业务型特许经营和投资型特许经营。工作型特许经营只要加盟者投入很少资金,有时甚至不需要营业场所。业务型特许经营一般需要购置商品、设备和营业场所,如冲印照片、洗衣、快餐外卖等,所以需要较大的投资。投资型特许经营需要更多的资金投资,如饭店等。

(3)按交易形式划分

按交易形式划分,可分为四种:制造商对批发商的特许经营,如可口可乐授权有关瓶装商(批发商)购买浓缩液,然后充碳酸气装瓶再分销给零售商;制造商对零售商的特许,如石油公司对加油站的特许;批发商对零售商的特许,如医药公司特许医药零售店;零售商之间的特许,如连锁集团利用这一形式招募特许店,扩大经营规模。

(4)按加盟者性质划分

按加盟者性质划分,可分为区域特许经营、单一特许经营和复合特许经营。区域特许经营是指加盟者获得一定区域的独占特许权,在该区域内可以独自经营,也可以再授权次加盟商。单一特许经营是指加盟商全身心地投入特许业务,不再从事其他业务。复合特许经营是指特许经营权被拥有多家加盟店的公司所购买,但该公司本身并不卷入加盟店的日常经营。

(5)按加盟业务划分

按加盟业务划分,可分为转换型特许经营和分支型特许经营。前者是加盟者将现有的业务转换成特许经营业务,特许商往往利用这种方式进入黄金地带。后者则是加盟商通过传统形式来增加分支店,当然需要花费更多的资金。

第二节 特许经营体系设计和构建

特许经营体系设计和构建是成功实施特许经营的前提。一个企业构建成功的特许经营体系或实现特许经营扩张的程序基本可以分为五个步骤:特许经营准备、特许经营体系基本设计、特许经营管理体系的建立、特许经营加盟推广体系的设计和营建,以及特许经营体系的全面质量管理、维护与更新(见图4-2)。这是一个按流程先后进行的划分,企业在以特许经营方式扩张自己的商业时,必须坚持循序渐进的原则,这个五个步骤与阶段都是一个成功的特许经营所必不可少的。

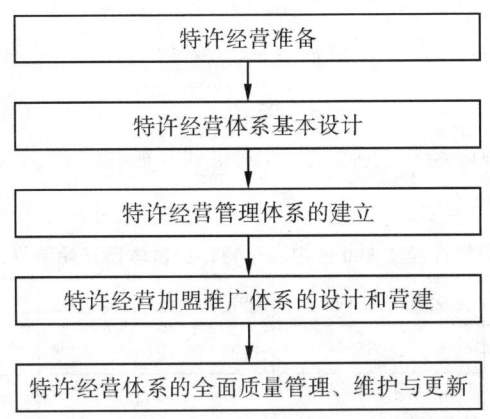

图4-2 特许经营体系构建的五个步骤

4.2.1 特许经营准备

特许经营是一个组织的战略性选择,是市场扩张和品牌扩张的系统化解决方案,特许经营成功与否不仅关乎特许人的利益,也关乎着大量投资者——受许人——的利益以及社会公众的利益。因此,一个有社会责任感的特许人必须认真谨慎地筹划其特许经营体系发展的每一个阶段和每一个步骤。

小资料

红高粱与马兰拉面

河南的"红高粱"于1995年4月25日在郑州二七广场开业。之后不到8个月时间,7家分店从起初东借西凑的44万元就滚动到了500多万元,快速的成功使"红高粱"老总乔赢的理想也开始放大,于是开始盲目地向北京、向全国进军。甚至提出"挑战麦当劳",并于1996年5月在北京王府井大街"麦当劳"对面开设了"红高粱"。一时间"红高粱"声名鹊起。到1997年,"红高粱"在全国20多个城市全面铺开,这种盲目扩张不仅造成企业资源严重不足,更造成公司总部的管理危机,而后不久,"红高粱"的连锁店相继倒闭,负债总额高达3 600万元,至此,"红高粱"神话全面破灭。

与"红高粱"形成鲜明对照的是马兰拉面。马兰拉面早在20世纪80年代就开始组织人力、财力、物力对兰州牛肉拉面进行研究开发,同时开始马兰拉面单店模式的研究,1993年建了第一个实验店,到了1995年才正式成立了马兰拉面快餐连锁有限责任公司。在对第一个实验店总结和提炼的基础上,到了1997年才正式推出马兰拉面的特许经营,此时的马兰拉面已经有了全面的、稳妥的总体发展规划。

每个成功的特许经营企业从公司成立到开始特许经营都需要一段时间的准备,见表4-1和4-2。

表4-1　美国特许经营500强中若干特许经营体系开始特许经营的时间

品牌	公司成立时间	开始特许经营时间	相隔年限
赛百味	1965	1974	9
7-Eleven	1927	1964	37
麦当劳	1954	1961	7
Holiday Inn	1952	1954	2
21世纪房地产	1971	1972	1
肯德基	1930	1952	22
DQ	1940	1944	4

表4-2　国内若干特许经营体系开始特许经营的时间

品牌	公司成立时间	开始特许经营时间	相隔年限
马兰拉面	1995	1997	2
杉杉	1998	2000	2
席殊书屋	1995	1998	3
荣昌洗衣	1990	1999	9
华联超市	1993	1995	2
亚飞汽车	1994	1997	3
重庆小天鹅	1982	1998	16

特许经营准备指的是企业在具体进行特许经营体系的实际招募加盟商之前所进行的一系列工作。具体内容包括可行性分析、组建项目工作组,以及制订特许经营工作计划、了解成功特许经营体系的共性等。

4.2.2 特许经营体系基本设计

特许经营体系基本设计的内容包括五大部分:特许权、单店、区域分部、总部以及整个体系的架构,这五个方面构成一个完整的特许经营体系。

(1)特许权设计

特许经营权又称特许权或者特许权组合,指为了实现一定的商业目的,由特许人拥有并授予受许人使用的、具有市场竞争力的全部商业要素的组合。特许经营权是特许加盟模式的基础和核心部分。不同的特许经营类型对应不同的特许权,企业应根据自己的特许经营模式设计对应的特许权。

特许权要素包括特许人的商标、商号、专利、管理和技术诀窍、单店运营管理系统、特许人产品/服务的经销权、特许人商标/标志产品的生产权和分销权以及特许人区域市场的开发权、管理权等,这些要素都属于特许人的重要权益。我们将这些权益分为基础性权益和约束性权益两大类(见图4-3)。

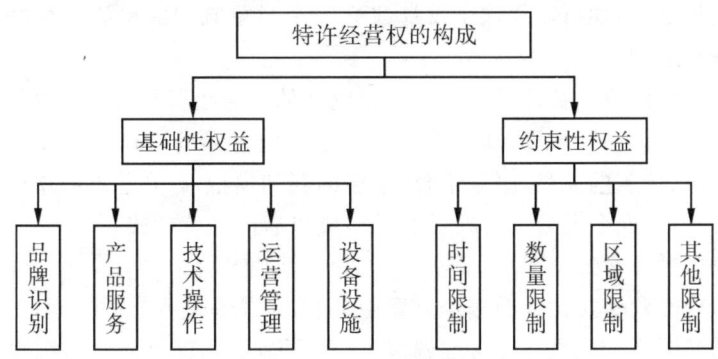

图4-3 特许经营权的构成

所谓基础性权益,指的是特许权的核心要素,包括品牌识别、产品服务、技术操作、设备设施、运营管理模式等内容。品牌识别即特许经营体系的形象识别系统,如商标、商号、单店店面形象系统等等。产品服务指的是单店向消费者出售的产品或服务。技术操作指的是特许人的专利技术、技术诀窍等。设备设施主要包括有关一个单店运营的原料、设备、工具等。运营管理模式即指一个单店日常运营管理的方式方法和诀窍等。

约束性权益主要是针对受许人而言的,即特许人在授予受许人特许经营权时会对其做一定的限制。约束性权益包括时间限制、数量限制、区域限制和其他限制。时间限制指受许人可以使用特许权组合的年限;数量限制是指受许人可以开设的单店数目;区域限制指受许人使用特许权组合的区域范围;其他限制如是否允许再特许等。

对于特许权要素,需要企业根据已有的现实和将来体系发展的计划,提炼出企业需要统一的特许权出来,并要求用明确的文本形式予以肯定。同时,文本的描述部分应使得未来的准受许人可以准确把握企业特许权的内容。

(2) 单店设计

单店是特许经营体系中不可再分割的基本业务单元,是特许经营体系中不可或缺的子系统。每一个单店都是一个利润中心;每一个单店都是特许权的载体;单店是前台,它直接服务于客户和区域市场;单店是整个网络信息系统的终端;单店的数量是衡量特许经营体系发展规模和速度的基本指标。

单店设计的内容包括单店经营模式设计、单店运营管理系统设计及单店识别系统设计。我们可以这样来理解单店的设计,它可以全方位地展现出未来单店的形象以及它从零开始的整个建设与日常运营过程,当一个局外人拿到这个设计之后,他可以凭这个设计建立一个形象既定的单店并良好地按既定规则进行运营。

曾经有专家说,"特许经营就是复制成功的单店经营模式",所以特许人在进行特许经营体系开发设计时,单店经营模式设计是单店设计的核心。单店的顾客定位、单店的商品/服务组合、单店的获利模型,以及总部对单店的战略控制和支持,这四个要素组合在一起就构成单店的经营模式。

① 单店的顾客定位

在单店经营模式设计的四个要素中,顾客定位是最基础的要素,其他要素的设计都要围绕定位来展开。准确、清晰的顾客定位可以使单店牢牢把握住顾客对品牌的忠诚度。只有明确了顾客的需求,才能够清楚能为顾客提供什么样的价值。在此基础上,才能知道应该如何去满足顾客的需求,包括提供什么样的产品和服务,店面如何选址,如何营造店面环境,采取什么样的促销策略等等。

单店顾客定位设计的重点是选择单店的目标顾客群,并锁定单店要满足该目标顾客群的心理偏好。顾客定位包括找位、选位、到位三个步骤。所谓找位,就是通过市场的细分,并对各个细分市场评估,然后找到适合的目标市场,即目标顾客群。所谓选位,就是针对目标市场也就是目标顾客群,通过对同一目标市场的竞争对手的定位以及顾客消费偏好进行进一步细分,以此来确定适合的价值定位。所谓到位,即单店定位确定之后,单店选址、商品、服务、营销策略等要素应该进行对应的配置。

小资料

真功夫的顾客定位

中式快餐品牌"真功夫"在进行重新定位前,对国内快餐市场进行了深入研究,对国内中外快餐连锁品牌进行了深入分析,发现占据快餐市场领导地位的是肯德基、麦当劳等西式快餐,而消费者认为这些西式快餐的营养不如中餐,"真功夫"很快意识到"营养"是一个很好的市场定位选择,经过一番定位的调整后,"真功夫"向顾客提供的食品全部都采用"蒸"的烹饪方式,并以"营养还是蒸的好"为广告语进行品牌传播,直指"洋快餐"多是没有营养的"垃圾食品"的软肋。

②单店的商品/服务组合

商品和服务是单店经营的业务核心。任何单店不可能经营所有的商品或者服务,因此必须进行商品和服务的定位和选择。

当一个单店所提供的商品或服务不止一项时,就需要考虑商品/服务组合的设计,以明确单店经营的重点,并且良好的商品服务组合,有利于所经营的商品和服务相互促进。单店应着重考虑以各商品类别或项目对单店赢利的影响来分类,即区分主力商品/服务、辅助商品/服务、关联商品/服务。

主力商品/服务,也称为主打商品/服务,指那些销售量大、周转率高、在经营中占主要部分的商品。在一个单店中,主力商品通常占到 75%~80%,如肯德基店中的炸鸡和可乐等。

辅助商品/服务,指那些在价格、品牌等方面对主力商品起辅助作用的商品,如时装店中的衬衣、T恤、领带,美容店中的头部按摩服务等。

关联性商品/服务,指那些与主力商品或辅助商品共同购买、共同消费的商品,如时装店中的鞋和袋子、麦当劳店中的儿童游戏区等。关联性商品/服务通过为客户提供便利和增值服务而实现吸引客户、保留客户和提高客户忠诚度的目的。

③单店的获利模型

获利模型的设计是指设计单店在为其所选择的客户创造价值时获取回报

的方式，即设计一个单店各种赢利方式的组合以及各单项商品/服务的边际利润。单店获利模型的设计包括两项任务：单店获利方式组合的设计和各单项商品/服务的边际利润的设计。

表 4-3　单店类型及获利方式组合

单店类型	获利方式组合
时装店	商品零售利润
快餐店	服务利润
便利店	商品零售利润、服务利润
超市	卖场租赁利润、财务利润、商品零售利润
餐饮店/咖啡厅	服务利润、商品零售利润（烟、酒、饮料等）
美容院/理发店	服务利润、商品零售利润（美容护肤品等）、财务利润
培训学校	教学服务利润、商品零售利润（教材、音像制品、文具等）、财务利润、其他衍生利润

注：财务利润是指单店的现金在流转过程中获得的利润

　　边际利润和变动成本的概念是单店经营中十分重要的概念。通常每个行业的商品/服务平均边际利润以及变动成本是有一定的标准的。比如我国服装零售业商品的边际利润一般都在零售价的 50%～70%，餐饮业的产品的边际利润一般都在售价的 50%～90% 之间，而某些服务业的服务边际利润则会更高，比如美容业、培训业、酒店业、快递业、房地产中介、咨询业等。

④总部对单店的战略控制设计

　　总部对单店的战略控制设计是指总部针对单店采取的一系列管理手段和措施，形成单店与总部之间紧密关系，从而确保单店和总部的赢利及双方的高度协同。总部对单店的战略控制手段主要包括货源/物料控制、技术控制、信息控制、客户关系控制、供应商关系控制、总部托管等。

　　那些成功的特许经营体系无一不存在着强大的总部对单店的战略控制，见表 4-4：

表 4-4　国内外若干知名品牌的总部战略控制手段

品牌	总部战略控制采用的主要手段
赛百味	食品 100% 统一配送（货源控制）
重庆小天鹅	火锅汤料统一配送（货源控制）

续表

品牌	总部战略控制采用的主要手段
马兰拉面	汤料统一配送、厨师总部统一管理和派遣（货源控制＋技术控制）
Jani-King	各地区总部直接与客户签订服务合同（客源控制）
21世纪不动产	总部强大的房源数据库（客源控制）
7-Eleven	指定供应商＋POS系统（货源控制＋信息控制）
EF	所有外籍教师由总部统一管理和派遣（技术控制）

(3) 区域分部设计

特许经营体系的区域分部有几种不同的类型，主要的区别就在于区域分部的权利上，比如，区域开发特许分部只能自己建设多家单店而不能再特许，二级特许则可以在指定区域销售特许权，复合特许则既可以自建单店又可以再特许等。在设计区域分布时应根据区域分部的权利不同而进行，尤其要重视对区域分部的企业识别系统设计工作。

但对于分部的设计要讲究原则性和灵活性的有机结合。对于那些为了建设体系区域网络而单独成立一个公司的分部而言，特许经营总部应该为它们设计一整套的企业识别系统，使它们的对外形象和内在特征看起来像特许经营总部的一个缩小版或特许经营总部的一个分公司；而对于那些以再特许或分销特许经营部分业务的分部而言，特许经营总部应在它们自己的企业识别系统与特许经营体系企业识别系统之间寻求平衡，可以采用一些变通的手法，要求分部在有关特许经营体系的对外往来中，采用特许经营体系标志性的文件、函单、外部形象、声音、图像、行为特征及精神风貌，而在非特许经营体系业务经营上，可按原来自己的企业识别系统来进行。

另外，分部与开单店不同的是，分部的主要任务不是直接对顾客进行零售，而是开发、管理和服务自己区域内的单店网络，所以选址不同，目标市场调查和分析的着重点也不相同，它是针对有加盟意向的潜在受许人而非本商圈内的潜在顾客。所以，特许经营总部应对分部的工作流程和步骤进行单独规定和描述，以便分部有章可循。

(4) 总部设计

特许经营企业作为一个由总部和众多受许人与加盟店所组成的庞大而复杂的系统，要求有严密和科学的管理。在特许经营体系运行中所发生的人事、财务、物流、培训、督导等等众多烦琐的事务必须要在总部的统一管理下有条不紊地运转，任一环节的失误都可能导致整个体系的不可挽回的损失。而所有特许经营体系各部门、各环节、各流程、各阶段及各方面的有效、高效运转，都离不开总部的领导和管理。有人形象地将特许经营体系的总部比作体系的"龙头"。有了一个科学设置、高效和强有力的总部，才能使整个特许经营体系永远保持生机和活力，并在激烈的市场竞争中立于不败之地。一般来说，特许经营总部需要承担以下十大职能：

①企业战略规划。通过企业内部人员自上而下、自下而上，全面系统分析认识企业内外的各种机会、威胁，分析企业优势和劣势，全面而客观地认清和把握自身资源与机会、风险，制定出适合企业自身发展的战略。

②特许网络规划。特许经营网络建设是特许经营企业的两大核心之一，特许经营网点的开发方向、区域、标准要求、市场投入等等，都决定着特许经营网络的质量好坏。

③营销策略规划。根据企业整体战略规划，拟定切实可行的企业营销策略。

④品牌传播规划。品牌是特许企业的灵魂，品牌的定位、传播策略等决定企业在市场上的生死存亡。

⑤培训系统规划。系统的培训可以实现特许经营体系的专业化、标准化、简单化，使特许经营体系的各个加盟店提供的产品和服务能给客户带来标准一致的良好体验。

⑥顾客服务系统规划。顾客服务系统的完整性、标准化、一致性和高标准，能有效锁定顾客，从而维护特许体系的稳定和高效。

⑦运营管理系统规划。一个良好的特许经营体系，不仅需要有强有力的网点开发能力，还需要有强有力的网点系统化运营管理能力。

⑧物流配送系统规划。高效、快捷的物流配送系统，能提高产品周转效率，提高市场反应速度，有效增强特许经营体系的竞争力。

⑨财务管控体系规划。财务信息的及时汇总分析，可以增强特许经营企业应对市场变化的能力，保持财务稳健。

⑩IT信息系统规划。信息流是当今企业竞争制胜的重要法宝，依据透明、准确、及时的信息汇总、分析，能使特许经营企业的决策更加及时、准确和有效。

（5）特许经营管理体系整体设计

这实际上也是对整个特许经营网络的设计，包括两个大的方面：静态的设计与动态的设计。其中静态的设计，内容主要包括特许经营网络的组织结构和管理体系；动态的设计，内容主要指特许经营网络的未来拓展计划，包括特许人在时间、地域、战略方针等方面的体系发展规划。

4.2.3 特许经营管理体系的建立

在上阶段的设计完成之后,接下来的工作便是按照设计的模式建设特许经营管理体系,并在实践中完善原先的设计,同时进一步提炼出企业的特许权,即准备特许经营的经营模式。

在此阶段实际建立的过程中,要达成两个最基本的目标:建立并实际运营特许经营体系的样板店、总部及特许经营网络;完成两套手册(单店手册和总部手册)的提炼和完善工作。因此,这一阶段的考核重点是样板店、总部和特许经营体系的基本雏形,文本考核指标是要特许经营项目工作组完成两套完善的系列手册。

(1)样板店建立、试运营以及完善单店手册

特许经营样板店的建立对于特许人及整个特许经营体系而言是至关重要的。在类型上,一个特许经营体系的样板店有许多种,其基本的有三种:总部建立与管理、区域受许人建立与管理、区域受许人或单店加盟商建立而由总部指定为样板店。在特许经营体系扩张工作阶段所指的样板店是总部所建立并管理的整个特许经营体系的最原始的样板店,它是所有特许经营体系的复制"原件",是特许经营网络的原始节点,是特许人工业产权和(或)知识产权浓缩后的外化组合体,是特许人继续研究开发更先进的工业产权和(或)知识产权的基地,是检验前期特许经营设计实效性的最佳地点,是受许人及其余相关人员接受培训、实习、参观的样板,是潜在受许人认识特许经营体系的一面镜子,是促使潜在受许人下决心加盟的关键场所,是特许经营体系核心竞争力的源泉和表现形式,是企业验证单店魅力并增强特许经营项目工作组特许经营战略的信心的机会。

在数量上,为了便于该样板店辐射区域内的单店、潜在受许人等学习、培训和参观等,样板店应在每个可辐射的区域内都建立一个。而可辐射的区域大小,则由特许人根据实际区域的交通情况、可能来店的人员数量和频率、样板店本身的投资成本等因素来人为地划定。

样板店因为"样板"而受到的影响是多方面的。因为样板店要承担别的单店所没有的一些工作,比如接待来访者、参观者,作为培训实习基地,试验新的技术和产品等,所以它的经营会受到一定影响。这些影响里既有正面的因素,比如因"样板"效应而吸引更多的顾客、具有更高的知名度、获得总部或区域受许人的额外关注、人气也更旺等。但也有一些消极的因素,比如因为

承担额外任务而需要更多的花费、试验失败造成的影响、非顾客人员的拥挤而影响店内生意、实习生的上岗影响了产品与服务的质量等。

在样板店的建设上,企业应遵照前面设计的单店模式进行样板店的建设,并在建设的实际过程中,随时发现问题,随时更改和记录关于单店的设计内容。如果可能,总部成立一个单店工作小组,专门、全程、全面地跟踪样板店的建设全过程和单店营运。如果特许人的所有样板店并不是从零开始建设,而是从已有的店改装而来,那么负责单店手册完善的样板店的小组在建设以后的加盟店时应进行全程的跟踪和全面的接触。这样,这个小组就可以非常方便、高效地参与单店的建设,并保持单店手册的随时更新和完善。

在样板店的建设数量上,企业应根据自己的体系拓展战略来定。如果体系决定在几个不同的区域同时推广与建设特许经营网络,那么它就应在这几个区域分别建设模式一致的样板店。这样的好处是,不同地区的独特市场环境会使原先设计的单店经营模式承受更复杂的考验,总部或特许人也可以在不同的市场环境下摸索出一条可以推而广之的单店经营模式之路。如果总部只是想摸索出关于单店建设和营运的一些规律并只在有限区域内进行特许经营体系的试扩张,那么特许人企业就可以只在本区域内建设一家样板店,待成熟后再向外推广。

为了使这个样板店可以真正成为特许经营体系日后诸单店的"样板"。企业应注意在建设样板店的过程中,使单店的投资与管理等方面真正成为一个独立的实体,而不能依旧当成总部的一个直营店那样去经营和管理。比如在计算样板店的投资收益上,应该照样列出一个加盟费以及别的将来的受许人或加盟商需要付出的费用,这样计算的结果才更有"样板"性。一旦样板店建立起来后,企业应使其独立运营和独立核算,这样可以确保将来的单店加盟商得到验证,亦即验证加盟商的单店是否可以赢利。

(2)总部及网络体系的建立、试运营并完善总部手册

本阶段的另一个重要任务就是特许经营总部的建立、网络雏形的建设及试运营,同时,在此建设与运营的过程中,还要把总部的手册系列进行修正与完善。同样,总部及网络雏形的建设也要遵循前面阶段的设计,并组建一个专门的总部及体系小组进行全程地参与、全面地接触,这样可以为特许经营体系培养一批将来特许经营体系管理的专家、更有效率地完善总部系列手册。

但是需要注意的是,在某种程度上而言,总部的手册比单店的两本手册更具有动态性,因为总部的管理和营运水平、方法、技术等都需要与时俱进地随时更新,而且,只要体系有延伸,总部的职能就会发生改变,至少在职能的数量

上需要增加。因此,总部及体系的工作小组要有长期完善总部系列手册的思想准备。为了防止小组中人员的变迁而给总部系列手册的延续性带来的伤害,企业应尽量使小组人员保持稳定,同时采取积极的个人资源企业化、隐性知识显性化的知识管理策略和手段。

在建设总部及网络体系的过程中,将来整个体系正常运营所需要的一些外部合作伙伴在这时也应得到联络。特许人企业可以和产品供应商、装修商、运输物流公司、设备制造商、工具供应商、体系文件函单等的设计印刷商、广告商、金融部门、信息服务部门等外部合作伙伴进行洽谈,以确认他们有能力、愿意并同意以优惠、长期、稳定、互利的合作方式与本企业进行战略联盟式的合作。

必要的时候,此阶段可以招聘将来特许经营体系所需要的工作人员,使他们早点熟悉体系的历史、早点在初期就接触体系的实际运营,这样对于他们日后的工作、对于特许经营体系的高效运转都是大有裨益的。在建设特许经营网络的雏形时,企业同时也应注意搜集关于潜在受许人的一些信息,比如社会人士对样板店、总部及网络体系的评价等。

4.2.4 特许经营加盟推广体系的设计和营建

在特许经营理念导入、基本设计、样板店、总部、体系雏形以及两套手册(总部手册和单店手册)都完成之后,企业特许经营体系的构架就基本建立起来了。特许经营项目组以后的任务便是着手进行特许经营加盟推广体系的设计和营建。

(1)加盟招募相关文件的设计和撰写

一般而言,特许经营加盟招募时的相关文件有六个:加盟申请表、加盟指南、特许加盟意向书、特许经营合同、合同附件、特许经营授权书。

①加盟申请表。这份表格将用作收集一般资料的用途并在法律上不会对公司或申请人构成任何约束力。

②加盟指南。企业应按照加盟指南的具体内容、原则进行设计,企业在实际设计和撰写时应根据自己的具体情况予以增、删、修、改。

③特许加盟意向书。一般在双方签订正式的特许经营合同之前都要签署一份《特许经营加盟意向书》,其目的是给潜在受许人一定的时间来慎重考虑最后加盟的决心,在此期间,特许人不能再将潜在受许人意欲加盟的区域单店特许权授予他人。

④特许经营合同。此合同又分为区域特许经营合同和单店特许经营合同。

⑤合同附件。合同附件的内容为特许人或加盟商认为在加盟合同之外还需说明的事项,根据与每个加盟商谈判情况的不同,附件的内容也有所不同。

⑥特许经营授权书。为了美观和表示隆重,特许人通常将特许经营授权书做成牌匾或挂件的形式。当然,企业也可以根据自己的实际情况进行格式和内容的变更,比如有的特许人喜欢加上自己企业的 LOGO、有的喜欢加上特许经营体系创始人的签名等。

(2)招募营建计划的制订与实施

加盟商是特许经营体系的决定性一环,没有加盟商的加盟和单店营建,也就谈不上特许经营体系的发展。特许经营体系的生存和发展是由特许人和加盟商的这种"伙伴"关系决定的。因此能否招募到合格的加盟商并高质量地营建单店是特许经营体系成功的第一步,也是最基本的一步。

招募工作流程一般可以是:根据总部年度经营计划制订加盟商招募计划、制定加盟商资格条件和优惠政策、发布加盟商招募信息、首次咨询(电话、面谈、Email 等)、潜在加盟商访谈、向加盟申请人发放加盟申请表与加盟指南、指导加盟申请人填写加盟申请表、分析与审核加盟申请人提供的资料、邀请加盟申请人到总部参观和考察样板店、赴加盟申请人所在地考察加盟申请人资信并做目标商圈调查、全面评估加盟申请人加盟资格、确认准加盟商、与准加盟商签订加盟意向书、正式签订特许加盟合同。

(3)加盟商培训

在特许经营中,加盟商一般都不具备特殊的技能或商业经验,但特许经营又涉及许多高度专业和范围广泛的知识与技能,所以盟主对加盟商的培训非常重要。通过对加盟商的培训,不但可以让加盟商了解盟主的业务开展程序、运作方法等专业知识,更重要的是可以让加盟商理解特许人的经营理念和发展目标,加强特许人与加盟商之间的沟通,便于双方更好地合作。

4.2.5 特许经营体系的全面质量管理、维护与更新

对特许人而言,特许经营体系建立之后,并不等于宣告万事大吉了。相反,特许人的许多繁琐、复杂的工作才真正刚刚开始。一个优秀的特许经营体系,需要在建立之后仍然继续进行该体系的全面质量管理,随时维护与不断地更新,这样才能在瞬息万变的激烈市场竞争中永葆活力,并不至于被竞争者和无情的市场所吞噬。

(1)督导体系的建立与运行

必须注意的是,督导工作并不仅仅是简单的检查、考核工作和对单店的经营行为进行监督,督导员还应善于发现单店存在的问题以及帮助他们解决问题,帮助、指导受许人和加盟店提升业绩和营业水平。同时,督导员本身还是受许人与总部间沟通的桥梁,因此,督导员要做好上通下达的工作,保证体系中信息的上下顺畅流动。

(2)特许经营体系全面质量管理

特许经营体系建立之后,必须用全面质量管理的核心思想和本质哲学来进行整个特许经营网络的维护和不断升级。具体说来,就是:

①正确理解"大质量"的概念,体系中的产品、服务、工作、设备、流程、技术、包装、单店外观、内部布置等等无形和有形的东西都需要优秀的"质量",体系发展的源泉在于每个方面而不是几个主要方面的持续改进。

②以顾客为中心,既提高产品也提高服务的质量,让顾客满意是特许经营体系所有部门、单店、人员的最高目标。

③企业的经营应以人为本,树立人力资源是企业第一资源的意识。

④全面改善体系的质量,必须依靠全体人员的参加,包括直营店、加盟店、区域分部、总部以及体系的合作者,所有和体系相关的人都要树立质量和精品的意识。

⑤体系整体质量和特许经营事业的发展需要每个人在其工作全部流程中的每个环节上予以推进,因此,所有人都应注意细节、关注每一个环节和步骤并切实提高其质量。

⑥无缺陷的产品和服务不是最后检验测出来的,也不是中间生产过程用统计分析控制出来的,而是从工作的一开始,比如计划、设计阶段就决定了的,所以,对于质量的控制和管理应坚持一切"从头开始"的原则。

⑦PDCA 循环的其中一个特点就是它在不断的循环中上升,在上升中再不断循环,不满现状、追求更好是全面质量管理的真谛。特许经营体系也应如此,应该树立持续创新的精神、居安思危的意识、追求卓越的斗志、永不停步的观念,不断地把特许经营体系提供的产品和服务推向更高的层次。

知识链接

连锁加盟十大步骤

步骤一:兴趣是先导

开创一个新事业,前 3 年比较辛苦。兴趣、理想与热情,是支持创业者坚持到底的原动力,甚至决定着新事业未来的发展。因此,创业者选择连锁加盟的项目时,一定要以兴趣为先导。

步骤二:能力最重要

每一个行业都有进入门槛,创业者如果不具备这方面的条件就贸然涉足,失败的可能性较大。因此,选择连锁加盟的项目时,自己的能力是最重要的参考因素,要量力而为。

步骤三:信息不能少

俗话说,知己知彼,百战百胜。创业者在选择连锁加盟项目时,要充分掌握相关信息,如该项目的市场前景如何、赢利状况如何、投入资金多少、竞争激烈程度如何等。创业者可通过一些连锁加盟展会获得信息,也可直接向加盟总部索取资料。

步骤四:选择看获利

资料搜集完整后,创业者可选择 2～3 个连锁加盟项目,与加盟商洽谈,了解总部的经营实力与经营理念。在货比三家的过程中,创业者关注的焦点问题,并不是总投资金额的高低,而是加盟后成功获利的概率多高。

步骤五:访问是必要

一般来说,加盟商为吸引创业者,在介绍时都会说得天花乱坠。对此,创业应"耳听为虚,眼见为实"。创业者在与加盟商洽谈时,可要求其提供一些加盟店的名单,然后从中挑选两三家进行实地考察。考察重点应该是加盟店的经营实况、加盟商的配套设施是否周到等。

步骤六:比较少不了

实地考察后,创业者就应该冷静地进行分析比较。各加盟商的加盟模式与条件一般都大同小异,但正是这些"小异"的地方,如加盟金的支付方式、总部供货的价格问题等,可能影响加盟后的经营利润。因此,创业者选择项目时,互相比较这一环节必不可少。

步骤七:培训得重视

创业者与中意的加盟商签订初步协议后,加盟商一般都会提供一系列的开业前培训课程。这个培训课程往往针对创业可能遭遇的问题,传授解决的方法,此外,可能还会传授一些与加盟项目相关的行业知识,所以创业者应该认真对待。

步骤八:选址得多跑

选择一个好的营业地点,创业就成功了一半。店面的含金量不在于租金的高低,而是看能够创造出多少的营业额。要寻找价廉物美的店面,实地考察是最有效的手段。所以，四处奔波，跑来跑去，是创业者选址所必做的"功课"。

步骤九：开店早准备

开店前的准备工作一定得做足、做好：在店面装潢、购置设备的同时，创业者要多走动走动，与附近的"邻居"做好和亲睦邻的工作，并且熟悉当地市场，开发潜在顾客；在筹备期间，就应招募足够的工作人员，并事先做好训练工作，才能从容应对开业时的繁忙。

步骤十：网上淘项目

现在网络十分发达，说不准你的商机已经在网上已经存在了，所以多留意网上信息是必要的，否则你可能会事倍功半。可以选择一些诚信度高的加盟网，有些加盟网可以免费为你核实加盟项目的真实性，并且展示已经核实过的加盟项目，还承诺如被骗可以赔偿用户。

第三节　特许经营合同

特许经营合同在我国是一种比较新型的合同类型。特许经营在实践中往往被称为加盟经营或者特许连锁。对于特许经营的类型和具体范围，各国认识并不完全一致。特许经营作为一种合同行为，在我国合同法上并没有作出明确界定，但作为一种市场经营行为，已经普遍存在而且有不断扩张、蓬勃发展的明显趋势。在我国，原国内贸易部曾于1997年11月14日颁布《商业特许经营管理办法(试行)》，2004年12月30日商务部令第25号发布了《商业特许经营管理办法》。2007年2月6日国务院令第485号发布了《商业特许经营管理条例》(自2007年5月1日起施行)，这个行政法规是我国目前专门规制特许经营的最高层级的规范性文件。

狭义的特许经营合同专指特许经营主合同。广义的特许经营合同指特许人和受许人之间签订用于规定双方权利义务、确定双方特许经营关系的所有法律契约，包括特许经营主合同和特许经营辅助合同，特许经营主合同规定特许经营双方的主要权利、义务，特许经营权的内容、特许期限、特许地域、特许费用、违约责任、合同解除等所有重要内容，特许经营辅助合同一般包括商标使用许可协议、软件许可与服务协议、市场推广与广告基金管理办法、保证金协议等。

特许经营合同是特许经营体系赖以存在和发展的基础和关键，它关系到特许经营双方的切身利益，同时它也是解决特许经营纠纷的根本依据。

4.3.1 特许经营合同的特征与分类

(1)特许经营合同的特征

①特许经营合同是诺成、要式、双务、有偿合同

特许经营合同的诺成性表现为特许人与受许人双方意思表示一致即可成立。其要式性体现在特许经营合同通常要求采取书面形式,而且需要统一格式。其双务性体现在合同双方当事人均负有一定义务,双方的权利与义务具有对应性。其有偿性体现为特许经营合同双方互相支付对价,即特许人提供有关知识产权、商业秘密、实用技术等的使用权,而受许人则应向特许人支付一定的费用。

②特许经营合同具有格式合同性质

格式合同,又称标准合同、定型化合同,是指当事人一方预先拟定合同条款,对方只能表示全部同意或者不同意的合同。对于格式合同的非拟定条款的一方当事人而言,要订立格式合同,就必须全部接受合同条件,否则就不订立合同。现实生活中的车票、船票、飞机票、保险单、提单、仓单、出版合同等都是格式合同。

格式合同具有节约交易的时间、事先分配风险、降低经营成本等优点,但同时也存在诸多弊端。由于格式合同限制了合同自由原则,格式合同的拟定方可以利用其优越的经济地位,制定有利于自己而不利于对方的合同条款。例如,拟定方为自己规定免责条款或者限制责任的条款等。

在特许经营实践中,由于特许经营合同的复杂性和统一管理的需要,通常都采用格式合同方式订立。特许人凭借所处的优势地位,事先拟定合同条款。由于特许加盟申请人对特许人的知识产权具有一定的依赖性,为了获得所需的特许经营资格,几乎很难通过与特许人的谈判而改变合同的主要条款,只能够完全或者基本上接受所有条款。

(2)特许经营合同的分类

对应不同的特许经营授权加盟模式,特许经营合同可以将其分为单体特许经营合同、区域特许经营合同、特许经营代理权合同等类型。

①单体特许经营合同

单体特许经营合同是典型意义上的特许经营合同,适用于单店特许授权模式即特许人直接发展单店加盟商的情况。它包含了特许经营合同的基本要素,合同的当事人是特许人和受许人(特许权的直接使用者),法律关系相对简单。

②区域特许经营合同

根据区域特许加盟模式,区域特许经营合同还可以分为区域开发特许经营合同、二级特许经营合同、复合模式特许经营合同、混合模式特许经营合同等类型。其特点是特许人授予受许人的不是一个开办单店的权利,而是在一定的区域范围内受许人自己开设或(和)再授予第三者开办多家单店的权利。相对于单体特许经营合同,区域特许经营合同特别是涉及二级特许、复合模式特许、混合模式特许的,合同内容比较复杂。

③特许经营代理权合同

特许经营代理权合同的特点是:合同主体一方是特许权的所有者,另一方是经授权在特定区域销售特许权的代理商,代理商以特许权所有者的名义发展加盟商,并收取代理费或服务费。

4.3.2 特许经营合同的主要条款设计

(1)特许经营合同的一般性条款

①专门术语定义

特许经营合同涉及许多法律、管理和技术方面的专业问题,对专门术语进行定义可以使当事人双方明确对专门术语的理解,减少双方纠纷。这些专门术语比如:非独占许可、特许业务、加盟金等等。

②合同纠纷解决方式和司法管辖权

合同纠纷解决方式通常有两种:诉讼和仲裁。当事人双方可以在合同中约定采取何种方式以及司法管辖权在哪个行政区域。其中仲裁的方式比较灵活,双方可以在合同中约定仲裁条款,或在发生争议前或之后签订仲裁协议,自愿将争议交给双方所同意的仲裁机构进行仲裁。特许人一般在制定特许经营合同时,都会争取在特许人所在地进行仲裁和诉讼。

③合同的终止

一方或双方当事人破产、公司合并或不可抗力等都可能使当事人不能履行义务,双方可以约定提前终止合同。通常合同会规定合同终止后的有关事项处理,例如归还特许经营操作手册、机密文件和专利资料,取消商业名称的登记,转移、销毁或归还带有特许人商业标志的招牌和材料等。

④违约责任

主要约定特许人和受许人各自在不同情况下违约时所应承担的责任。

⑤冷静期约定

根据《商业特许经营管理条例》第12条规定,特许人和受许人应当在特许经营合同中约定,受许人在特许经营合同订立后一定期限内,可以单方解除合同。

(2)特许经营合同的特殊性条款

①特许经营授权的内容

说明该特许权的授予对象、内容、时间期限等,以及合同续签等事项。

②加盟店所在地点或区域范围

说明加盟店的具体地址和要求,以及加盟店地址的变更办法、程序、条件等。

③特许经营费用

主要说明应交纳的特许经营费用的名称、内容、数额、交纳的具体办法以及未交付的惩罚措施等等。

④特许人的权利

主要说明特许人对受许人收取特许经营费、监督、管理等权利。

⑤特许人的义务

主要说明特许人在开店前后所应尽的义务,比如信息披露、培训、开店指导、商品配送、广告宣传等义务。

⑥受许人的权利

主要包括受许人有权使用特许人授予的特许权,获得特许人的支持、指导和帮助等权利。

⑦受许人的义务

包括按规定支付特许经营费用、按合同要求规定经营加盟店、维护特许人的商标及声誉、接受特许人的监督和管理、保护商业秘密等义务。

⑧当事人的关系

本条款的目的在于说明受许人应该是一个独立的缔约方,除合同另有规定外,特许人或受许人都不能以对方的代理人或代表人的身份展开活动,或承担对方的各项债务及相关财产责任。未经特许人的许可,受许人不得为他方的债务提供保证。

⑨合同权益的转让

该条款主要说明受许人转让该合同时的条件、程序、交纳给特许人的费用等有关特许经营合同的转让事宜。

⑩特许人保留的权利

本条款主要是阐明并确认特许人关于其特许权内容的权利,比如在受许人确认及同意的条件下,特许人有权随时修改和补充其按合同授权受许人使用的特许经营体系模式,以及合同有效期内对特许经营体系所做的任何及所有修改应归特许人所有,并以特许人名义就该改进部分取得相应知识产权等。

⑪保护商业秘密和竞业禁止条款

特许经营的核心是无形资产的许可使用,其中对经营诀窍、技术秘密等内容都很重要。所以一般特许经营合同都会规定在整个合同期间和合同期满后的一段时间内,受许人不得将其所知悉的商业秘密向他人、组织、公司透露。

为了防止受许人知晓特许经营的技术秘密、经营诀窍后独立开展特许业务,损害特许人的利益,特许经营合同中往往约定竞业禁止条款。例如,受许人在本合同有效期内以及有效期满后10年内不得从事与特许人业务有竞争性的经营活动。

4.3.3 特许经营合同签订注意事项

(1) 应要求加盟总部出示相关知识产权证明

因为所谓加盟,就是总部将品牌授权给加盟店使用,换句话说,总部必须要先拥有这个品牌,才能授权给加盟店。也就是说,总部必须先取得合法的知识产权才行。曾经发生某中式餐饮连锁体系的纠纷案,新旧两个体系为争夺某知名商标的拥有权诉诸法律,后来败诉的一方被迫更改品牌名称,连带使已经加盟该体系的加盟店也被迫改名。所以加盟者在加盟前,务必要先确认总部的确拥有此一品牌,才能放心地加盟。

(2) 权利金的支付方式

一般而言,总部会向加盟者收取三种费用,分别是加盟金、权利金及保证金。所谓的加盟金,指的是总部在开店前帮加盟者做整体的开店规划,及教育训练所收取的费用。而权利金指的是加盟店使用总部的商标,以及享用商誉所需支付的费用,这是一种持续性的收费,只要加盟店持续使用总部的商标,就必须定期付费。支付期限可能是一年一次、按季或是按月支付。至于保证金,则是总部为确保加盟者会确实履行合约,并准时支付货款等所收取的费用。其中,由于权利金是持续性的收费,某些加盟总部会在签约时,要求加盟者一次开出合约期限内全额权利金的支票,例如合约期限为五年,权利金采取年缴方式,某些总部便要求加盟者将五年的权利金,一次开齐五张支票缴交总部。曾有这样的案例发生,某一体系的加盟者开店两年,因为生意不佳而关门大吉,但是却早在签约时,已开齐五年权利金的支票缴交给总部了。按理说,后面三年既然已经关门不再使用总部的商标、商誉,就不需再支付权利金,然而总部却仍将已收取的支票轧进银行取款,害得这位加盟者,不仅赔了两年生意,还得另外支付这些已开出的支票金额。所以,加盟者若遇总部要求一次开齐合约期限内,全部权利金的支票面额时,务必记得在合约上加注一点:当加盟店关门不再开店时,总部必须退回未到期的权利金,以保障自身的权益。

(3)总部供货的价格问题

一般的加盟合约中,总部都会要求加盟者一定要向总部进货,不得私下进货。这点往往是总部与加盟店纷争最多的一环。因为加盟店经常认为总部的供货价格偏高,于是纷纷自行向外采购。但是总部基于连锁体系品质的一致性,不得不要求加盟店必须统一向总部采购,于是争端便产生了。较为合理的方式是加盟者在签立合约时,即应事先要求总部供货的价格不得高于市场行情,或是高出市场行情百分之多少是可以接受的,以免事后双方为了价格问题争执不休。

(4)商圈保障问题

通常加盟总部为确保加盟店的营运利益,都会设有商圈保障,也就是在某个商圈之内不再开设第二家分店。因此,加盟者对保障商圈的范围有多大,必须十分清楚。不过常见的情形,是总部在保障商圈以外不远处的距离,再开设第二家店时,影响到原有加盟店的生意而引发抗议。其实,总部若是开在保障商圈以外的地方,加盟店并没有抗议的权利。但值得一提的是,某些连锁体系因为加盟店增多或已达饱和状态时,在商圈的保障下,已很难再开新的加盟店,于是便取巧发展第二品牌,即使用另一个新的品牌名称,而营业内容与原来的品牌完全相同,这样就可以不用受限于原有品牌的商圈保障限制了。例如曾有某个房屋中介连锁体系就是如此,最后当然就会招致加盟店的群起抗争。因此,加盟者为保障自身权益,在签约时,最好载明总部不得再发展营业内容完全相同的第二品牌。

(5)竞业禁止的条款

所谓竞业禁止,就是总部为保护经营技术及知识产权,不因开放加盟而外流,要求加盟者在合约存续期间,或结束后一定时间内,不得从事与原加盟店相同行业的规定。此一规范旨在保护总部的知识产权,无可厚非。但是竞业禁止的年限究竟应该多久才合理?如果太长,恐会影响加盟者往后的工作权益。对此,台湾曾有某连锁体系的竞业禁止条款规定为三年,被加盟店告到公平交易委员会,该委员会认为竞业禁止条款乃属合理,但认为三年过长。后来该总部也很识相地把三年改为一年。所以加盟者在签约时必须考虑清楚,以免影响日后生计。

(6)管理规章的问题

一般的加盟合约内容少则十几二十条,多则七八十条上百条,不过通常都会有这样一条规定,"本合约未尽事宜,悉依总部管理规章办理"。如果加盟者遇到这样的情形,最好要求总部将管理规章附在合约后面,成为合约的附件。因为管理规章是由总部制定的,总部可以将合约中未载明事项,全纳入其管理规章之中,随时修改、为所欲为,届时加盟者就只好任由总部摆布了。

(7)关于违约罚则

由于加盟合约是由总部所拟定,所以会对总部较为有利,在违反合约的罚则上,通常只会列出针对加盟者的部分,而对总部违反合约部分则只字未提。加盟者对此应可提出相对要求,明定总部违约时的罚则条文,尤其是规定总部应提供的服务项目及后勤支援方面,应要求总部按合同执行。

(8)关于纠纷之处理

一般的加盟合约上都会明列管辖之法院,而且通常是以总部所在地之地方法院为管辖法院。为的是万一将来有需要时,总部人员来往附近法院比较方便。值得一提的是,曾有某加盟总部在合约中规定,加盟者欲向法院提出诉讼前,需先经过总部的调解委员会调解。遇此状况时,应先了解调解委员会的组成成员结构,如果全是总部的人员,那么调解的结果当然会偏袒总部,而不利于加盟者。碍于合约,加盟者又无法忽略调解委员会而直接向法院诉讼。因此加盟者在遇到类似的条款时,应要求删除。

(9)合约终止之处理

当合约终止时,对加盟者而言,最重要的就是要取回保证金。此时,总部会检视加盟者是否有违反合约或是积欠货款,同时,一般总部会要求加盟者自行将招牌拆下,如果一切顺利且无积欠货款,总部即退还保证金。但若是发生争议时,是否要拆卸招牌往往成为双方争议的重点。某些总部甚至会自行雇工拆卸招牌,加盟者遇此情况,需视招牌原先是由何者出资而定。若由加盟者出资的话,那么招牌"物"的所有权就应归加盟者所有,总部虽然拥有商标所有权,但不能擅自拆除。若真想拆,就必须通过法院强制执行,如果总部自行拆除,即触犯了法律。

(10)应注意事项

在合约签立之后,双方务必要各执一份。曾经有某超商连锁体系与加盟者签约之后,总部留两份合约,并未留一份给加盟者,后来被一状告到台湾公平交易委员会才改正。所以加盟者一定要切记自己保留一份,才能清楚了解合约内容,确保自身权益。

小资料

商业特许经营合同范本

甲方(特许人)：

住所：

法定代表人：

乙方(受许人)：

住所：

法定代表人：

双方本着自愿、平等、公平和诚实信用原则，经过充分友好协商，签订本商业特许经营合同如下，以兹共同遵守：

第一部分　总则

第一条　定义

除非本合同条款另有特别说明，本合同中使用的字词与表述的含义如下：

"特许经营体系"，是指甲方的特许经营体系，其特征包括但不限于注册商标、商号、专利和专有技术、产品经营模式等。

"加盟店"，是指乙方在认同并同意遵守特许经营体系的基础上，获得甲方授权而设立的从事特许经营活动的经营实体，包括但不限于个人独资企业、合伙企业及公司等。

"特许标识"，是指与特许经营体系相关的识别符号，包括但不限于注册商标、商号、招牌(店铺标志)、特有的外部与内部设计(装修、装饰、颜色配置、布局、家具等)、制服、广告等。

"特许产品"，是指带有特许标识的所有商品及服务，包括但不限于原料、配料、成品及服务品种、方式等。

"经营手册"，是指由甲方制定的指导加盟店经营的各类书面操作资料，一般包括《加盟店招募手册》、《店务操作手册》、《产品制作手册》、《营业手册》、《员工培训手册》等。

"直接特许"，即甲方将特许经营权直接授予乙方，乙方按照本合同的约定设立加盟店，开展经营活动，未经甲方事先书面同意，不得转授特许经营权。

"区域特许",即甲方将指定区域内的特许经营权授予乙方,乙方按照合同约定设立加盟店,开展经营活动,未经甲方事先书面同意,不得转授特许经营权。

"复合区域特许",即甲方将指定区域内的特许经营权授予乙方,乙方既可按照本合同的约定设立加盟店,开展经营活动,也可在特许区域内将特许经营权再授予其他申请人。

"特许区域",是指甲方授予乙方特许经营权的区域。

"营业地",是指乙方依照合同条款约定,获准开设加盟店的住所。

"建筑物",是指营业地所在的建筑物。

第二条　特许经营授权

一、甲方拥有特许经营体系,经营范围：_____,甲方依照本合同的约定,授予乙方特许经营权。

二、甲方授予乙方的特许经营权性质：

□ 直接特许

□ 区域特许

□ 复合区域特许

三、乙方获准行使的特许经营权在特许区域内：

□ 具有独占性

□ 不具有独占性

第三条　期限

一、本合同期限为_____年,从_____年____月____日起至_____年____月____日,双方可根据本合同的约定提前终止或续期。

二、乙方要求对本合同续期的,应至少在本合同期限届满前提前_____个月向甲方书面提出。甲方同意的,与乙方签订续期合同。

三、甲、乙双方约定:本合同的续期条件为_____。

第四条　特许区域与营业地

一、乙方获准行使特许经营权的区域为:中国_____省(市)_____县_____(区)东至_____、西至_____、南至_____、北至_____的区域。(见附件2:《特许区域附图》)。

二、乙方仅有权在前款所述的特许区域内开设生产和销售特许产品或提供服务的加盟店。本合同签订时的加盟店的地址为_____。

三、加盟店的面积为_____。

第五条　特许经营费

一、加盟费：

乙方应向甲方一次性支付加盟费人民币_____元,该笔款项应在本合同签订后_____日内支付。

除因甲方违反本合同第四十六条约定或双方另有约定外,乙方不得要求返还加盟费。

二、特许权使用费：

在本合同有效期内,乙方可选择按照_____标准在□每月/□每年_____日前向甲方支付特许权使用费。

三、保证金：

1. 乙方应在本合同签订_____后日内支付人民币_____元作为保证金,以确保本合同的完全正当履行。

2. 遇乙方欠款不付或本合同约定的任何违约情形,甲方可要求从保证金中抵充,不足部分,仍有权要求乙方继续偿付。乙方应在收到甲方书面通知后_____日内补足保证金并缴足欠款。

四、其他约定的费用：_____。

五、本条所述之特许经营费采用_____方式支付,甲方收到乙方支付的上述任何款项后,均应开具收款凭证。

第二部分 信息披露及商业秘密保护

第六条 信息披露

一、双方当事人承诺严格按照《商业特许经营条例》及相关法律法规的规定,在签订本合同前30天及时向对方披露有关特许经营的基本信息资料。

二、在本合同有效期内,甲方应及时向乙方披露有关授予乙方使用的注册商标、商号、专利或其他特许经营体系所发生的重大变化、所涉及的诉讼或仲裁及其他对乙方有重大影响的信息。

三、在本合同有效期内,乙方应及时向甲方披露所涉及的诉讼或仲裁及其他对甲方有重大影响的信息。

四、甲方故意提供虚假信息或隐瞒重要信息,或在本合同签订时不符合法律、法规关于特许人资格的强制性规定致使乙方遭受经济损失的,乙方有权解除本合同,要求甲方返还加盟费、保证金及其他约定的费用,并有权要求其赔偿所造成的损失。

五、乙方故意提供虚假信息或隐瞒重要信息,或在本合同签订时不符合法律、法规关于受许人资格的强制性规定致使甲方遭受经济损失的,甲方有权解除本合同,乙方已支付的保证金不予返还,并有权要求其赔偿所造成的损失。

第七条 商业秘密的保护

一、在本合同有效期内及终止后,乙方及其雇员未经甲方书面同意,不得披露、使用或允许他人使用其所掌握的甲方的商业秘密。

二、乙方承诺采取必要的防范措施,保护甲方披露的信息资料。

三、双方如未签订本合同或本合同未生效,不论原因如何,双方承诺对对方披露的所有信息承担保密义务。

第三部分 加盟店的开业

第八条 设立加盟店的形式

一、乙方以自身名义经营加盟店的,加盟店视为乙方本身,享有本合同所载明的权利,承担本合同载明的义务。加盟店作为独立的法律主体进行活动,独立核算、自担风险、自负盈亏。

二、除以乙方名义经营加盟店之外,乙方以任何经济组织形式设立加盟店的,必须在加盟店开业前的_____日内,由乙方向甲方出具经加盖公章并由股东或投资人共同签字的承诺函,承诺乙方及其股东或投资人的行为受本合同约束,并愿意连带承担本合同项下乙方的所有义务并享有相应的权利。乙方如未出具本承诺函,甲方有权不授予乙方特许经营权。

第九条 商号的使用

甲方□允许/□不允许乙方将注册商标用作加盟店商号使用。如允许乙方使用,甲方应提供书面授权文件,以配合乙方进行加盟店名称变更登记手续。

第十条 加盟店的经营资格

乙方须保证加盟店符合法律、法规关于经营资格的强制性或禁止性要求,取得《消防许可证》、《环保许可证》、《食品卫生许可证》等相关许可证,并具有经营特许经营体系项下经营活动的合法资格。

第十一条 加盟店的开业指导

甲方应对乙方目标市场的考察调研、加盟店的选址、营业地的装修布置、人员的聘用等加盟店筹备工作提供必要的协助和指导。

第十二条 加盟店的开业培训在加盟店开业前,甲方应对乙方或其指定的承担加盟店管理职责的人员进行培训,通过考核后上岗,以确保乙方能够独立运营加盟店。

第十三条 特许经营体系的提供甲方应在本合同签订之日起_____日

内,向乙方提供代表特许经营体系营业象征的书面资料,包括经营模式及相关管理制度、门店样式、店堂布局方案、会计系统、产品质量标准、产品质量监测制度以及《经营手册》等,已确保乙方顺利开展加盟店的运营。乙方应予书面签收。

第十四条　加盟店开业时间

乙方应保证在本合同签订之日起_____日内正常开业,经甲方书面同意延期的除外。

第十五条　加盟店开业的条件

加盟店开业须符合以下条件:

一、加盟店已取得《营业执照》或《企业法人营业执照》及相关许可证照;

二、营业地建筑物的装修经特许人验收合格;

三、乙方已按本合同约定履行开业前的所有义务;

四、加盟店符合《经营手册》规定的其他标准。

第四部分　特许产品的提供和配送

第十六条　除特许产品及为保证特许经营品质必须由甲方或者甲方指定的供应商提供的货物外,对于其他货物,甲方可以规定其应当达到的质量标准,提出若干供应商供乙方选择,但甲方不得强行要求乙方接受其货物供应;双方另有约定的除外。

第十七条　加盟店经营所需之特许产品均由甲方或甲方指定供应商供应及配送,若加盟店需增售不属甲方或其指定供应商供应的产品,须事先向甲方提出书面申请,并经甲方书面同意;未经甲方书面同意,不得向其他供应商采购或自行制造。

第十八条　乙方向甲方或其指定供应商采购特许产品,须提前_____天以传真、电话或电子邮件形式通知甲方或其指定供应商所需产品的数量和规格,以便甲方或其指定供应商及时调配物资,满足乙方需求。

第十九条　甲方或其指定供应商应在收到乙方要求维修甲方或其指定供应商供应的设备通知之日起_____日内进行维修。维修累计_____次不能排除设备故障的,甲方或其指定供应商应负责为乙方更换新设备。

第二十条　甲方应对所提供的特许产品质量负责,如因质量问题造成乙方损失的,甲方应承担赔偿责任;乙方因此向第三方赔付的,有权向甲方追偿。甲方对其指定供应商的产品质量承担保证责任。

第二十一条　加盟店销售特许产品应当遵循甲方指定的统一零售价,不得擅自降低或抬高零售价,双方另有约定的除外。

第五部分 监督、培训与指导

第二十二条 为确保特许经营体系的统一性和产品、服务质量的一致性,甲方有权按照合同约定对加盟店的经营活动进行监督。

第二十三条 加盟店应当保持完整、准确的交易记录,在每月_____日前向甲方递交上月的总营业收入的财务报表。

第二十四条 甲方应当在不影响加盟店正常营业的前提下,定期或不定期对加盟店的经营活动进行辅导、检查、监督和考核。乙方应当遵循甲方或其委派的督导员在特许经营过程中的建议和指导。

第二十五条 甲方有权定期或不定期检查和审核加盟店的交易记录等文件。

第二十六条 在本合同有效期内,甲方每年应对乙方或其指定的承担加盟店管理职责的人员提供不少于_____次的统一培训。

第二十七条 在本合同有效期内,甲方应持续地对加盟店提供开展特许经营所必需的营销、服务或技术上的指导,并向加盟店提供必要的协助。

第六部分 知识产权的授予与使用

第二十八条 甲方按照本合同约定,许可乙方使用以下知识产权:

☐ 注册商标。

注册商标名称_____,《商标注册证》编号:_____,核定使用商品或服务项目:_____。

甲方应与乙方另行签订《商标使用许可合同》作为本合同的从合同,并在《商标使用许可合同》签订之日起三个月内,由☐甲方/☐乙方向工商行政管理部门办理备案手续。

☐ 专利。

专利名称:_____,《专利证》编号:_____,专利内容:_____。

甲方应与乙方另行签订《专利实施许可合同》作为本合同的从合同,并在《专利实施许可合同》签订之日起三个月内,由☐甲方/☐乙方向知识产权主管部门办理备案手续。

☐ 其他。

第二十九条 在本合同有效期内,甲方应确保注册商标的有效性,并及时办理注册商标的续展手续。

第三十条　乙方应按照《商标使用许可合同》的约定和《经营手册》的规定规范使用注册商标或特许标识，不得以任何形式和方法扩大注册商标或特许标识的使用范围，未经甲方许可，不得与其他商标、商号或标识组合使用。

第三十一条　乙方不得以任何方式制作、使用或申请在相同类别注册与甲方注册商标或特许标识相同或近似的商标标识。

第三十二条　特许标识或注册商标的所有权和著作权归甲方所有，本合同终止后，甲方有权无条件收回。

第三十三条　乙方除为特许经营目的之外，不得为其他任何目的使用特许标识，也不得在本合同终止后继续使用注册商标或特许标识。

第七部分　加盟店的统一运营

第三十四条　乙方认可并同意遵守甲方特许经营体系有关标准和统一性的规定。

第三十五条　乙方在加盟店的运营过程中，须严格遵守本合同约定和《经营手册》规定的统一运营标准，未经甲方书面许可，不得作任何变更；双方另有约定的除外。

第八部分　消费者投诉的处理

第三十六条　乙方应遵守甲方统一制定的服务和质量保证承诺，自觉维护消费者的合法权益，并在加盟店内设置监督电话。

第三十七条　乙方对消费者的投诉应当及时处理，对造成消费者权益损害的，应及时采取补救措施。

第三十八条　因加盟店原因但消费者直接向甲方投诉的，对确有瑕疵而直接向消费者偿付的，甲方有权向乙方追偿。

第九部分　广告宣传与促销

第三十九条　甲方发布广告宣传、向乙方提供促销支持，必须严格遵守法律、法规的相关规定。

第四十条　甲方在每次推出广告宣传或促销推广活动之前，应将有关活动资料通知乙方，以便乙方能于活动前作适当准备。

第四十一条　乙方可自行策划并实施针对特许区域市场特点的广告宣传或促销推广活动，但必须获得甲方事先书面同意，并在甲方指导下进行。

第四章 特许经营

第十部分 合同的变更和解除

第四十二条 在本合同签订后_____天内,乙方有权单方面解除本合同。甲方与乙方经协商一致,可变更本合同相关条款。

第四十三条 在本合同有效期内,甲方经乙方事先书面同意,可将本合同项下的全部或部分权利、义务转让给第三方,但应书面通知乙方,且应保证第三方无条件接受并承诺继续履行本合同项下的所有条款。

第四十四条 乙方经甲方事先书面同意,可将本合同项下的全部或部分权利、义务转让给第三方,但应保证第三方无条件接受并承诺继续履行本合同项下的条款。

在转让之日起_____年内,甲、乙双方在特许区域内须遵守本合同关于商业秘密保护和竞业限制的约定。

第四十五条 甲方有下列行为之一的,乙方有权书面通知其更正,甲方应在接到通知后的_____日内更正,逾期未更正的,乙方有权书面通知单方解除合同,解除合同的通知在到达甲方时生效:

一、未按本合同约定向乙方提供本合同第十三条所述代表特许经营体系营业象征的书面资料;

二、未按本合同约定履行加盟店开业前及经营过程中的培训、技术指导义务;

三、强行要求乙方接受除专卖商品及为保证特许经营品质的货物以外的其他货物供应;

四、累计_____次延迟配送特许产品或维修设备,或因延迟配送特许产品或维修设备造成乙方重大损失;

五、因生产或销售的特许产品存在缺陷或严重质量问题,被质监部门处罚;

六、_____。

第四十六条 甲方有下列行为之一的,乙方有权书面通知单方解除合同,解除合同的通知在到达甲方时生效:

一、在本合同签订时不符合法律、法规关于特许人资格的强制性规定致使乙方遭受经济损失的;

二、未按本合同约定在签订本合同前和特许经营过程中按法律、法规规定披露相关信息或故意披露虚假信息致使乙方遭受经济损失的;

三、本合同签订时不具备或者本合同有效期内丧失注册商标或其他特许标识的所有权或使用权；

四、因产品质量问题引起大量投诉并被主要媒体曝光,品牌形象和价值及企业商誉受到严重损害的。

第四十七条　乙方有下列行为之一的,甲方有权书面通知其更正,乙方应在接到通知后_____日内更正,逾期未更正的,甲方有权书面通知单方解除合同,解除合同的通知在到达乙方时生效：

一、超过本合同约定的期限未符合开业条件或未开业；

二、未按本合同约定支付相关费用；

三、未经甲方事先书面同意擅自销售或提供非特许产品或服务；

四、未经甲方事先书面同意擅自变更或扩大注册商标或特许标识的使用范围,或擅自变更加盟店特有的外部与内部设计；

五、拒绝参加甲方组织的初始的或后续的培训；

六、因管理和服务问题引起大量投诉或被主要媒体曝光批评,严重损害特许经营体系的商誉；

七、未经甲方事先书面同意擅自全部或部分转让本合同；

八、侵犯(包括但不限于泄露)商业秘密；

九、故意向甲方陈述错误的或误导性的信息；

十、_____。

第十一部分　违约责任

第四十八条　甲方不履行或不完全履行本合同项下的任何义务,乙方有权书面通知其更正,甲方应在接到通知后_____日内更正,逾期未更正的,甲方应向乙方支付违约金。

如逾期未更正超过_____日,则乙方有权以_____方式追究甲方责任。

第四十九条　乙方逾期支付本合同项下的任何款项,应按每天逾期款项的_____‰支付违约金。逾期超过_____天的,甲方有权解除本合同,保证金不予返还。

第五十条　乙方不履行或不完全履行本合同项下的任何义务,甲方有权书面通知其更正,乙方应在接到通知后_____日内更正,逾期未更正的,乙方应向甲方支付违约金。

如逾期未更正超过_____日,则甲方有权以_____方式追究乙方责任。

第五十一条 如由于乙方的过错对第三方造成侵权或其他经济损失,则乙方应当自行承担赔偿责任。如甲方对外偿付的,则可向乙方进行追偿。

第五十二条 乙方未履行或未完全履行合同终止后的义务的,甲方有权要求其履行义务,并有权要求其赔偿因此造成的损失。

第十二部分　合同终止后双方的权利义务

第五十三条 本合同终止后,乙方应立即停止使用注册商标、特许标识及其他与特许经营体系有关的任何标识。

第五十四条 乙方获准使用甲方注册商标作为加盟店商号的,应在本合同终止后_____日内向原登记部门申请名称变更或者注销登记。

第五十五条 乙方应在本合同终止之日起_____日内返还甲方为履行本合同而提供的所有物品,包括文件及其副本或任何复制品。

第五十六条 本合同终止后,除甲方接收外,乙方应按甲方要求撤换营业地所有特许经营体系特有的内外部设计、装修、装饰、颜色配置、布局、家具、设备,或清除注册商标、特许标识及其他与特许经营体系有关的任何标识。

第五十七条 乙方应在本合同终止之日起_____日内向甲方支付本合同约定的所有应付费用。

第五十八条 剩余特许产品的处理

甲乙双方约定,本合同终止之日存在的全部完好无损、尚在保质期内、可以再次使用或销售的剩余特许产品的处理方式为_____。

第五十九条 竞业限制

乙方在本合同有效期内以及合同期满后_____年内,除约定的加盟店外,不得自己经营或与他人合作经营与甲方特许经营体系内容相同或类似的业务。

第十三部分　不可抗力

第六十条 任何一方由于不可抗力且自身无过错造成的部分或不能履行本合同的义务将不视为违约,但应在条件允许下采取必要的补救措施,以减少不可抗力造成的损失。遇有不可抗力的一方,应尽快将事件的情况以书面形式通知对方,并在事件发生的合理时间内,提交不能履行或者部分不能履行本合同以及需要延期履行的理由的证明。

第十四部分 其他约定

第六十一条 本合同部分条款的无效,不影响其他条款及本合同的效力。

第六十二条 联系信息与送达

合同一方按照本合同约定向另一方送达的任何文件、回复及其他任何联系,必须用书面形式,且采用挂号邮寄或直接送达的方式,送达本合同所列另一方的地址或另一方以本条所述方式通知更改后的地址。

第六十三条 本合同适用中华人民共和国法律、法规和规章。

第六十四条 如果产生有关本合同的存在、效力、履行、解释、终止的争议,甲方与乙方应协商解决,协商不成的,采取以下_____方式解决。

第六十五条 本合同的附件_____、从合同_____(如有)、《经营手册》是本合同不可分割的组成部分,与本合同具有同等法律效力。

第六十六条 本合同自双方签字或盖章之日起生效,一式两份,双方各执一份,具同等法律效力。

第六十七条 甲方应将本合同签订情况报甲方所在地商务主管部门和乙方所在地商务主管部门备案。

甲方: 乙方:
授权代表: 授权代表:
日期: 日期:

本章小结

特许经营是21世纪最为流行的商业模式,像美国等发达国家,有近50%的产品或服务通过特许经营的方式来实现销售。

商业特许经营是指通过签订合同,特许人将有权授予他人使用的商标、商号、经营模式等经营资源,授予被特许人使用,被特许人按照合同约定在统一经营体系下从事经营活动,并向特许人支付经营费。

特许经营体系设计和构建是成功实施特许经营的前提。一个企业构建成功的特许经营体系或实现特许经营扩张的程序基本可以分为五个步骤:特许经营准备、特许经营体系基本设计、特许经营管理体系的建立、特许经营加盟推广体系的设计和营建,以及特许经营体系的全面质量管理、维护与更新。这是一个按流程进行的划分,企业在以特许经营方式扩张自己的商业时,必须坚持循序渐进的原则,这个五个步骤都是一个成功的特许经营所必不可少的。

广义的特许经营合同指特许人和受许人之间签订用于规定双方权利义务、确定双方特许经营关系的所有法律契约。特许经营合同是特许经营体系赖以存在和发展的基础和关键,它关系到特许经营双方的切身利益,同时它也是解决特许经营纠纷的根本依据。

复习题

1. 特许经营体系中特许人和受许人之间是什么关系?他们各自的权利和义务是什么?
2. 特许经营对特许人的好处是什么?
3. 特许经营对加盟商的好处是什么?
4. 连锁企业实施特许业务流程是什么?
5. 特许经营合同签订有哪些注意事项?

案例分析

从一则案例看特许经营的必备要件

案例回顾:

张某在互联网上浏览到特许加盟公司 A 公司,与该公司签订了《加盟合同》和《产品购销合同》,在缴纳了 1 万元加盟费和 10 余万元设备费之后,成立了三家在超市内经营的"×××"连锁加盟店。之后不久,张某发现,A 公司没有特许经营业务的资源,"×××"商标没有取得国家注册证书,而且,该公司不能按时与超市结算,致使他有 22 万余元的营业款"呆滞",经营资金得不到保障,长期亏损,最终导致其不得不停业。经进一步调查,A 公司的"×××"商标虽已向国家工商行政管理总局商标局提出申请注册,该局接受申请并受理,但至今尚未取得商标注册证。为了维护自己的正当权益,张某将 A 公司告上法庭,要求依法判令撤销与其签订的《加盟合同》及《产品购销合同》,退还 1 万元加盟费、10 余万元的机器购置款,返还 22 万余元的营业额款,赔偿其他经济损失 1.8 万元。

法院认为,双方系特许经营关系,商业特许经营是指拥有注册商标、企业标志、专利、专有技术等经营资源的企业(以下简称特许人)以合同形式,将其拥有的经营资源许可其他经营者(以下简称被特许人)使用,被特许人按照合同约定在统一的经营模式下开展经营,并向特许人支付特许经营费用的经营活动。特许人与被特许人之间签订合同应符合法律规定。然而,A公司授权张某使用的注册商标,其实仅是一个经申请尚未取得注册商标证的待批准商标,致使张某产生误解,而与其签订了合同,其实际上是一种欺诈行为。因此最终判决:撤销张某与A公司签订的《加盟合同》和《产品购销合同》。A公司于判决生效后10日内,返还张某加盟费1万元、设备费8.6万余元,给付经营款22万余元。

案情分析:

  双方签订合同要符合合同法及相关法律的规定,对于特许经营活动,还应符合商务部《商业特许经营管理办法》的规定,该办法第17、18条规定,特许人和被特许人在签订特许经营合同之前和特许经营过程中应当及时披露相关信息。特许人应当在正式签订特许经营合同之日20日前,以书面形式向申请人提供真实、准确的有关特许经营的基本信息资料,基本信息资料其中就包括商标的注册、特许使用和诉讼情况。

  本案中,双方签订的《加盟合同》就是A公司用其"×××"注册商标作为特许经营资源,授予原告使用,然而,该注册商标却是一个尚未取得注册商标证的待批准商标,被告将其作为注册商标使用,并且没有向对方披露真实信息,其行为实际上是一种欺诈行为。根据《合同法》规定,一方以欺诈使对方在违背真实意思情况下订立的合同,受损害方有权请求人民法院撤销。张某签订的《产品购销合同》,所购机器是为了履行《加盟合同》,该合同是《加盟合同》的附属合同,所以应一并撤销。

  合同撤销后,因该合同取得的财产,应当予以返还;不能返还或者没有必要返还的,应当折价补偿。有过错的一方应当赔偿对方因此所受到的损失,双方都有过错的,应当各自承担相应的责任。A公司作为特许人,理应知道未经注册的商标是不能作为注册商标让被特许人使用的,我国《商标法》第48条有明确禁止冒充注册商标的行为的规定。因此,A公司对于合同撤销应负有责任,其因该合同取得的加盟费1万元及机器设备款应返还给张某。鉴于张某系独立经营且使用机器,被告返还机器款时应酌情扣除相应的折旧费,张某使用机器10个多月,按80%返还较为适宜。

  关于经营款的返还,因A公司与超市结算,出具税票并缴纳税款,张某也同意按合同约定支付10%税款,所以应依合同将销售额90%返还给张某。关于A公司应扣除超市费用的请求,因未提供充分证据,法庭不予支持。另外,对于张某要求被告给付其损失费1.8万元,因证据不足,不予支持。

律师说法:

《商业特许经营管理条例》中将"商业特许经营"定义为:"拥有注册商标、企业标志、专利、专有技术等经营资源的企业,以合同形式将其拥有的经营资源许可其他经营者使用,被特许人按照合同约定在统一的经营模式下开展经营,并向特许人支付特许经营费用的经营活动。"单一的经营资源的许可并不构成特许经营,还必须有统一的经营模式。"品牌、商号、企业形象、商业秘密"等都可视为其他经营资源。但必须能够提供权力机关颁发的有关证明文件,如商标注册证书、专利证书、版权证书等。特许人拥有的境外注册商标、专利及其他经营资源,必须按照我国相关法律规定,通过审查或核准,并取得注册商标证书或专利证书等,才能作为经营资源。

一般来说,商业特许经营通常具备如下特征:(1)特许经营包括权利的授予和经营上的支持。特许经营中特许人所特许经营的不仅仅是指产品或服务而且还包括经营模式等经营资源,其中商品或服务的特许是商业特许经营存在的基础,经营模式等经营资源的特许乃是特许经营的本质所在。(2)特许人与被特许人之间是相互独立的商事主体。这一特征在特许经营企业实际项目操作中会遇到很多的法律风险,比如加盟商对外经营行为中表见代理的构成,代理商招商过程中隐名代理的构成等。(3)特许人与被特许人之间是一种长期持续性合作关系。国外把它称作商业联姻。由于互不隶属、本不熟悉的两个独立主体通过合同建立起来的合作关系,双方之间发生摩擦、纠纷甚至诉讼都是无法绝对避免的。所以,客户纠纷的处理对于每个特许人都是一项十分关键而又重要的工作。(4)特许人与被特许人之间具有共同的外部经营特征。特许人与被特许人在品牌、质量、商标以及经营理念上实现高度统一,在组织制度即经营模式上实现整齐划一。

根据《商业特许经营管理条例》的规定,特许人从事特许经营活动应当拥有成熟的经营模式,并具备为被特许人持续提供经营指导、技术支持和业务培训等服务的能力。特许人从事特许经营活动应当拥有至少2个直营店,并且经营时间超过1年。也就是说,"两店一年"是作为特许人的最基本的硬性要求。

特许人应当自首次订立特许经营合同之日起15日内,依照本条例的规定向商务主管部门备案。在省、自治区、直辖市范围内从事特许经营活动的,应当向所在地省、自治区、直辖市人民政府商务主管部门备案;跨省、自治区、直辖市范围从事特许经营活动的,应当向国务院商务主管部门备案。特许经的产品或者服务,依法应当经批准方可经营的,特许人还应当提交有关批准文件。由此可见,对特许经营合同进行备案,也是法律规定的必备要求。

对于特许经营中的特许人来说,"拥有经营资源"是实体性要求,"两店一年"是强制性要求,"合同备案"是程序性规定。当然,"经营资源"并不限于注册商标、专利、商号等内容,但形式必须要符合中国法的规定;"两店一年"中的"两店"可以在中国境内,也可以是中国境外的店,如果在境外则需办理相关公证认证手续;"合同备案"则是中国特许经营的行政主管部门进行行政监管的程序性要求,虽然不进行备案未必会导致特许经营合同无效,但可能会因为合规问题遭受行政处罚。

(资料来源:http://lawyer.110.com/633350/article/show/type/2/aid/361657/)

思考:

1. 商业特许经营的必备条件有哪些?
2. 这个案例对于我们加盟特许经营项目有何启示?

实训项目

独立调研某特许经营项目

实训目的:通过对某特许经营项目的调查,能分析总结该特许经营项目成功经验或存在的问题。

实训内容:选择某特许经营项目,了解企业基本情况,该特许经营项目的优势,企业对加盟商的支持条件,特许加盟条件及加盟流程等,最后分析总结其成功经验或存在的问题。

实训要求:了解实训目的,6~8人一组,分组对某特许经营项目进行现场走访,结合网上调查,了解其成功经验或存在的问题。根据调查结果,形成调查报告。

第五章　连锁经营企业的组织与主要管理系统

> **学习目的**
>
> 1. 学习完本章后应能够对连锁经营企业的工作任务有较清晰的认识，并能对工作任务进行合理分工。
> 2. 根据连锁企业经营特点设定各职能部门，并建立基本工作流程。
> 3. 了解商品管理、物流管理、财务管理、人力资源管理、信息管理的业务模式，并掌握主要管理内容。

> **引导案例**
>
> ## "海底捞"要出海
>
> 　　谁能想到1994年，四川简阳马路边的一家叫"海底捞"的小店，会以如此快的速度成长发展。19年来，公司已在北京、上海、西安、郑州、天津、南京、杭州、深圳、厦门、广州等全国21个城市拥有82家直营餐厅，每年还以5~7家递增。2012年12月13日新加坡店开业，海底捞海外第一家分店正式开业，进一步推广了海底捞的品牌形象。在将自家的火锅成功打入用户的餐厅后，海底捞又有了新的计划——让海底捞的火锅占领美国人的餐桌。
>
> 　　与小肥羊、呷哺呷哺等火锅企业相比，海底捞一直保持着克制谨慎的扩张速度，并坚持直营。是什么支持了海底捞的发展？
>
> 　　1. 实现集中采购和统一配送管理，既满足了各门店的合理采购需要，又降低了公司整体运营成本。

对于餐饮企业异地开设连锁店,物流是最难解决的问题,如果物流配送跟不上,就不能保证食品的原汁原味。

海底捞在北京、上海、西安和郑州设有 4 个配送中心,一个底料生产基地。分别为各地的门店服务,负责片区门店的"区域要货、区域配送、区域库存"管理,以"采购规模化、生产机械化、仓储标准化、配送现代化"为宗旨,形成了集采购、加工、仓储、配送为一体的大型物流供应体系。位于成都的原料生产基地,其产品已通过 HACCP 认证、QS 认证和 ISO 国际质量管理体系认证。坚持"无公害、一次性"的选料和底料熬制原则,严把原料关、配料关。各门店只需将订单通知配送中心,配送中心便能以最快速度将所需物品送到门店,有效降低了门店的运营成本。

与各个门店分别采购食品相比,集中配送的管理模式,无疑使餐饮成本降得更低。统一配送的运营模式将采购的"入口"大大减少,最大限度保证了食品安全。海底捞的四大配送中心以规模化的生产能力和成本管理提供了获取最高营业额和利润的可能。

2.通过规范和统一物料等基础资料,并引入动态盘点等灵活的管理手段,有效规范了进、销、存等业务流程,实现物流、资金流和信息流一体化管理。

餐饮企业由于菜品品种繁多,规格多样,保存条件特殊,库存管理工作是一件较繁琐的事情。海底捞逐步规范库存管理并采用更为灵活的盘点方式,月底针对仓储部和生产部进行大盘点,月中由仓储部对任意仓库进行动态盘点。海底捞目前能在最短的时间内完成盘点工作,使得盘点对营业的影响降到最低。同时,月末盘点误差由系统上线前的上万元降低到几十元,库存盘点误差控制在可以接受的自然损耗范围之内,确保了库存管理工作的高效规范。

3.实现全公司人力资源统一管理和控制,有效推进公司人员能力快速复制策略的落实,全面提高了企业人力资源管理水平和效率。

海底捞火锅分店遍及全国多个城市,由于知识传递、技术传授等方面的需求,需要经常进行人员调配,支持新店开业等业务活动。而人员轮换涉及复杂的人事事务处理,海底捞拥有员工 20 000 多人,如何高效地完成业务处理,及时掌握人员轮换的状况,是海底捞推进人力资源管理的基础。

海底捞人事事务处理通过采用集中管理、分散操作的方式,很好地解决了各地区之间人员调动的问题,也便于总部对人力资源状况进行统一调配、统一规划。总部管理人员通过 HR 系统人力规划和报表查询,在全国范围内找到合适的人选,由各个分店人事主管发起异动申请,通过总部人事经理,业务主管经理的审批,完成人员轮换工作。通过高效的人事事务处理,海底捞实现了对全公司人力资源状况统一控制的目标,并推进了各门店人员能力的快速复制。

"地球人已经无法阻止海底捞!"这本是一句网络上的玩笑话,但每当海底捞有"重大动作"的时候,无数的网友都会选择这句话,来评价海底捞。当海底捞推出上门送餐服务时,有网友拍下了海底捞服务人员上门服务的全程照片,并发布到了网上。一时间,"地球人已经无法阻止海底捞!"再次铺天盖地地袭来。在将自家的火锅成功打入用户的餐厅后,海底捞又有了新的计划——让海底捞的火锅占领美国人的餐桌。那么,美国人能不能阻止海底捞呢?即使在国内已经获得良好的口碑,拓展海外市场对海底捞而言,仍是一个巨大的挑战。

职业指导

连锁经营是一种商业模式,而这一模式的运作依靠的是连锁企业组织。科学设立连锁企业内部的各管理部门及组织结构,是实施有效的经营管理的起点。连锁经营企业由于其特殊的经营特点,使其组织结构和具体职能与传统商业的组织形式有明显不同,连锁经营企业组织结构和职能的确立是连锁经营企业发展的重要环节,它在经营与管理中发挥着重大的作用,因此本章的内容对于实际工作有着重要的指导意义。

第一节 连锁零售企业的组织架构和主要职能

连锁总部的组织架构设置会受到连锁体系类型的影响,也会受到连锁体系规模大小的影响。当然连锁总部的组织架构还会受到连锁体系的创建人、合伙人的影响。

5.1.1 连锁总部的组织架构设计

(1)连锁企业组织架构设计的基本要求

①精干高效相统一。

②指挥管理要统一。

③管理幅度要适当。

④岗位规范要明确。

(2)影响连锁企业组织架构实际的因素

①经营环境。

②行业的选择。

③连锁经营的形式。

④企业的发展与规模。

⑤企业的经营业态。

⑥科学技术的发展。

⑦企业的任务和目标。

(3)一般情况下连锁总部的设置

①单一形式的连锁企业总部组织架构图

A.连锁总部最高管理层组织架构图,如图5-1所示:

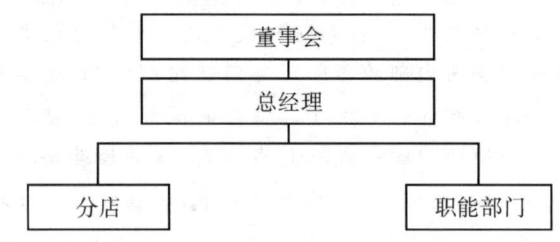

图5-1 最高管理层组织架构图

B.连锁总部职能部门组织架构图,如图5-2所示。不同业态,如便利店、超市、百货店、快餐店由于其具体业务内容的不同,其具体的组织形式也有所不同。

C.区域总部的组织架构图,如图5-3所示。

②多种连锁形式的连锁企业总部组织架构

多种连锁形式的连锁企业总部组织架构更加复杂,如图5-4所示。

第五章 连锁经营企业的组织与主要管理系统

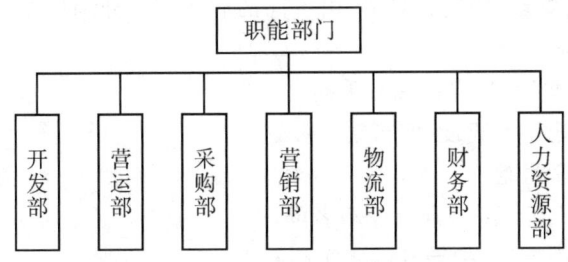

图 5-2 职能部门组织架构图

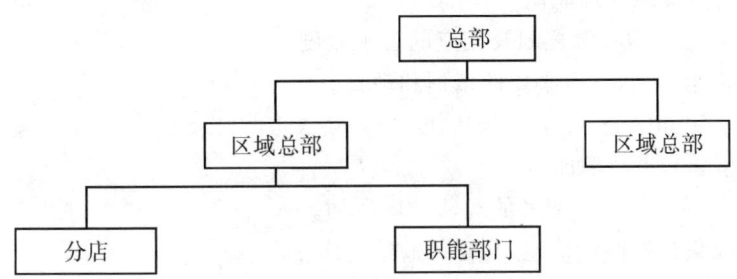

图 5-3 区域总部的组织架构图

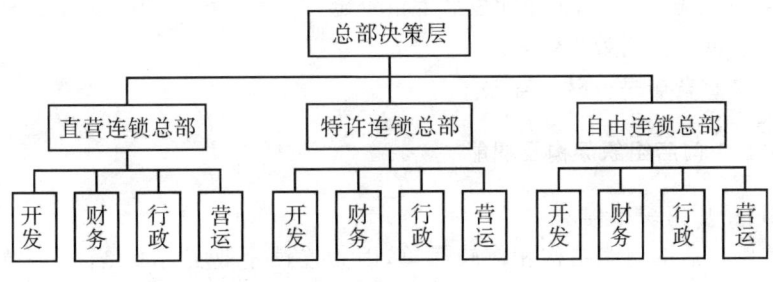

图 5-4 总部组织架构

5.1.2 连锁总部的职能设计

(1)连锁企业总部各职能部门的职责

连锁总部是为门店提供服务的单位,通过总部的标准化、专业化、集中化管理使门店作业单纯化、高效化。连锁经营运作的成功与否,主要取决于总部各功能能否有效地并适当地发挥。因此,分析研究连锁总部的基本职能是保证连锁经营管理有效运行的基础。其基本职能主要有:政策制定、店铺开发、商品管理、促销管理、店铺督导等,由不同的职能部门分别负责。

①采购与配送职能

A.制订采购计划,实行统一采购。

B.规划配送中心建设、实行统一配送。

②营销管理职能

A.统一广告宣传,提升企业知名度。

B.制订促销方案,指导各门店实施。

C.进行市场调研,开发新产品。

③人力资源管理职能

A.制定人力资源规划及相应的管理制度。

B.选聘员工,进行必要的培训和教育。

C.制定和实施合理的薪酬制度。

④指导与考核职能

A.指导门店和加盟者的经营管理活动。

B.收集分析经营信息,及时传输给门店。

C.对门店的经营绩效进行考核评价。

⑤财务管理职能

A.开展融资活动,为企业发展筹集资金。

B.帮助加盟店筹集资金。

C.对直营店进行财务管理。

5.1.3 门店组织架构及职能

(1)门店组织结构

连锁门店的组织结构相对较简单,因为连锁企业实行的是商品采购、配送、财务等作业的总部集中性统一管理,而门店的组织结构主要视门店的性质、业态特征、规模大小以及商品结构等因素的不同而有所差异。如直营店通常由店长直接管理,同时下设副店长、值班长、组长等职务;而如果是特许店,可能由加盟店店主直接管理店内事宜,也可能是由店主另聘店长来管理。通常规模较小的门店不会分组,也不设组长,但规模较大的门店则须进行明确的分工,并分别由组长主管。门店一般的组织结构如图5-5所示。

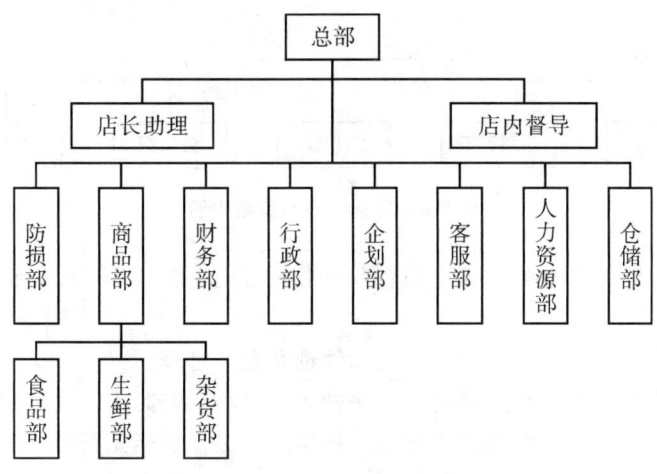

图 5-5　门店组织结构图

(2)门店职能

①环境管理。环境管理主要包括店面的外观管理与卖场内部的环境管理。

②人员管理。人员管理主要包括员工管理、顾客管理以及供应商的管理。

③商品管理。商品管理主要包括商品质量、商品缺货、商品陈列、商品盘点、商品损耗以及商品销售活动的实施等方面的管理。

④现金管理。现金管理主要包括收银管理和进货票据管理等。

⑤信息资料管理。信息资料管理主要包括门店经营信息管理、顾客投诉与建议管理、竞争者信息管理等。

5.1.4 连锁配送中心组织设计

(1)配送中心的组织结构

配送中心的组织结构主要按照其机构的职能来划分,分为检验组、库管组、储运组、信息组和技术组,由配送中心经理直接管理。配送中心一般的组织结构如图 5-6 所示。

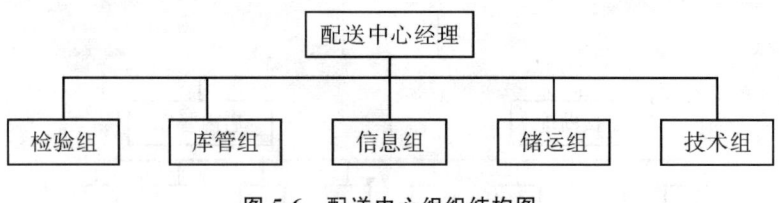

图 5-6 配送中心组织结构图

①检验组负责检验进入连锁企业货物的型号、数量、质量,并记录相关信息。

②库管组负责所有货物的出入库管理及在库管理。

③储运组负责所有货物的出入库搬运、码放及装卸、本市送货、外地发货、打包、货站提货(指退换货和返修货)、核算运费以及货运站管理。

④信息组负责采集、处理、发布库存及货物配送信息。

⑤技术组负责到货的技术鉴定,售前技术安装、调试、验机。

(2) 配送中心的基本职能

配送中心由分货配货(TC)、流通库存(DC)、生鲜加工(PC)三部分构成。配送中心的基本功能可以从经济和服务两个方面来考察。配送中心在物流系统中的价值主要体现在它对整个系统的贡献,即配送中心在成本—效益的基础上产生了经济利益,也说明了配送中心存在的合理性。配送中心对物流总成本的贡献是通过效益互换体现出来的。例如,在物流系统中增加配送中心能使运输总成本下降,且其下降的幅度大于配送中心的固定成本和变动成本,那么物流总成本就会降低。配送中心经济方面的功能主要有四个:集中、整理分类、加工和储存。

第二节 连锁零售企业的开发系统

5.2.1 门店开发

连锁门店开发是连锁经营企业的一项重要业务,它直接影响着连锁经营企业的规模和效益,同时体现着企业的经营宗旨和方针,因此,必须遵循一定原则,符合布点要求,选择合适的业态和店址,才能最终实现目标。

连锁企业开业前的筹划工作一般包括:市场分析、商店定位、效益估算、资金筹措和申请开业等内容。这里重点介绍前四个方面:

第五章 连锁经营企业的组织与主要管理系统

(1) 市场分析

随着我国经济的增长和工商业的日益发达,消费者生活水平的提高和生活习惯的改变,我国零售业的销售方式正日新月异,经营手段也不断地更新。连锁企业的选址调查,必须深入了解该地区的市场现状和未来潜力。如商业办公大楼、图书馆、经济中心、交通大道、大型生活社区等,都是开设连锁企业所必须考虑的。此外,城市规划的区域或人文景观的变迁,也对开店未来的市场潜力有所影响。因此,对于开店地址的选择,务必深入研究未来可能发生的变化,包括行业介入可能性的评估、所属商业圈的变动、交通变动、公共设施以及商业娱乐中心等的发展状况。

(2) 商店定位

所谓商店定位,是指在能有效掌握的商业环境内,针对消费者的需求层次及消费特征,而提供合适的商品类别和属性,以期在消费者心目中留下鲜明的印象。

商店定位判断的正确与否,直接影响该店的业绩,因此在开店前,务必判断该区客户的属性,调整商品结构,以满足消费者的需求。在进行商品定位时,应考虑经营者的理念、经营能力、商店规模、竞争状况和环境特征等因素。例如依照社会结构来分析,一般可将商业环境分为:商业区、住宅区、文教区、观光区和公共设施区等,有些区域则兼备上述两种环境的特征。准确地判断区域类别,来调整商品结构,可以使经营立于不败之地。

(3) 效益估算

开店的目的无非是为了赚取利润,所以在未开店之前,应对店内的硬件设备投资及所需资金量、建设装潢时间、日常流动资金量及筹集方式、各项商品的利润率和经营费用等诸多因素加以深刻地了解和把握。只有在充分的准备下,才能增加连锁企业开设的成功率。

①硬件设备投资

在连锁企业的筹备初期,硬件设备投资需要较大的资金量。店主需要从财务的角度对其进行认真的分析和论证。连锁企业的硬件设备主要包括基础设施和经营设施。

A.基础设施部分包括:装潢、空调、水电、招牌等。

B.经营设施部分如收银机等。

②经营费用部分

由于竞争越来越激烈,使连锁企业的营业额一直无法提升,但经营费用却会逐年增加,在此情况下,店主对店的管理费用必须严格控制,才能不至于因费用的增加而使经营效益下降,造成投资成本回收期延长。一般经营费用可分为固定费用和变动费用。

A. 固定费用

a. 人事费用:如工资、奖金、加班费、福利金等。

b. 设备费用:如装潢、经营设备折旧、租金、保险费等。

c. 维持费用:如水电费、消耗品费、事务费、工杂费等。

B. 变动费用

变动费用主要包括广告宣传费、修理费、盘损、营业税等。

连锁企业的经营费用究竟控制在多少才算合理?一般而言,其经营总费用与销售额相比,要控制在18%以内才算合理。这其中房屋租金、人事费用、水电费和设备折旧占相当大的比例。在控制经营费用时店主一般应注意以下六条原则:

a. 店员薪资总额不要超过总经营费的一半,即薪金总额除以总费用小于50%。

b. 人事费用与销售总额相比应小于7%。

c. 总费用与销售总额之比要控制在18%以内。

d. 总费用与销售毛利之比要维持在80%以内。

e. 固定费用占总费用之比应该在86%以上。

f. 变动费用占总费用的比例应小于15%。

连锁企业必须遵循以上六项原则,才能达到其经济效益目标,使店主获得合理的利润。

(4) 资金筹集

在决定经营连锁企业时,除了对硬件设备、商品毛利、经营费用、损益平衡要充分了解外,对开店的规划及资金使用也要有详细的规划。在资金筹备方面,如果有足够的资金,就可以独自经营;若资金不足,可以运用很多方法解决,例如找合作伙伴合资、向银行贷款或向亲友借款等,都可以充分利用。

资金运用计划大致可以分成收支计划、利益分配计划和资金计划三部分。其中值得注意的是,开店前可能需要大量的资金,而在开店后收支的情况对资金的运用也有很大的影响,所以对于经营环境、行业动向、资金计划和公司的经营能力等,在计算收支、资金分配时均要多方面地、慎重地权衡。此外,开店后5年乃至10年的中长期计划,也有必要列入整体方案的考虑。

①收支计划

营业额估算：对于开店之后第一个年度的营业额，可以依照市场调查、商店位置条件、经营能力、与同业之比较而加以估算。第二年以后则可以根据宏观经济情况和居民的消费收支情况，结合商店的年度增长情况予以估算。若中途有改扩建计划时，在对营业额的估算时要将其考虑在内。

经营支出计算：依据经营的需要，费用支出可分为变动费用和固定费用。变动费用是依照营业额的高低比例来确定的，比如营业税等。固定费用则包括人事费用、水电费和各项管理费等，固定费用内也有部分与营业额高低相关联的费用。对于固定资产折旧的提取和开办费用的摊销，也应计入经营费用。

②利益分配计划

公司的利益分配，除了缴纳各项税收外，可以依照有关财务规定提取公积金，或是作为红利分配给股东。

③资金计划

资金计划可以分为资金使用计划和资金调配计划。

资金使用计划包括开店前和开店后的资金使用计划。开店前资金使用计划包括土地租赁费用、装潢费用、设备投资、商品费用及加盟资金等。开店后的资金使用计划则包括经营运转费用、商品周转费用、维修费用等。在资金的使用计划上，必须针对各项费用使用的时期、金额、内容等作明确的计划。

资金调配计划也包括开店前调配计划和开店后调配计划。开店前调配计划是配合开店前资金的使用需要而准备的。若能调配得当，对于投资成本的降低很有帮助。开店后调配计划是配合营业活动的实际情况，使企业在扣除经营费用、折旧等费用后的剩余资金得到灵活的运用。如何筹备与运用资金，每位经营者都应该深入了解。只要能把握以上所提到的要点，慎重地进行执行，就一定能顺利完成开店的目标。

5.2.2 发展特许加盟

特许连锁是连锁经营的主流和未来市场推广的重点。特许加盟是特许连锁经营体系规模扩张的基本途径。开展加盟拓展，有利于特许连锁经营企业以较低成本占领市场，增加营业收入，从而提高企业的经济效益。

具有一定规模的特许连锁经营企业可以按以下流程开展特许加盟运作，如图 5-7 所示。

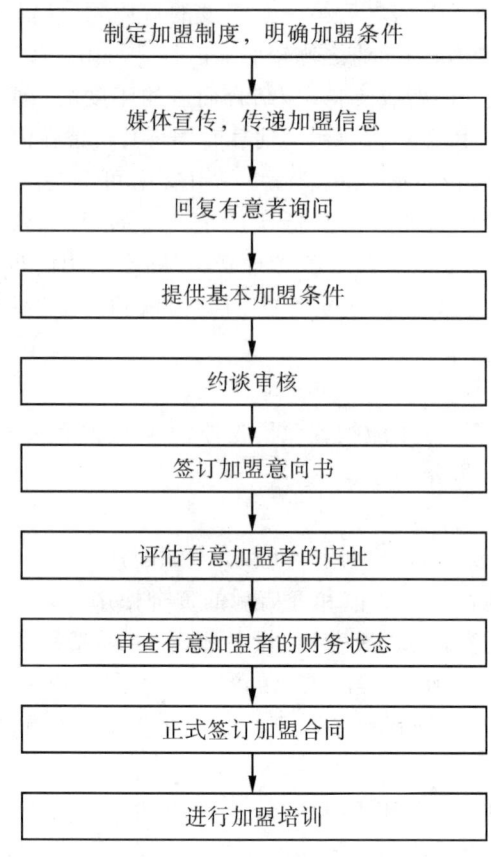

图 5-7 特许加盟流程图

(1) 制定加盟制度，明确加盟条件

特许加盟为广大中小投资者提供了良好的投资和创业机会。但并非所有的投资者都适合加盟。因此，特许连锁经营企业应根据本企业的实际和市场状况确定本企业招募加盟者的基本条件，并严格按一定规则和制度实施加盟计划，否则，不仅不会给企业带来规模效益，而且还可能会造成整个特许连锁经营体系的损失。

(2) 媒体宣传，传递加盟信息

特许连锁经营企业确定加盟制度和条件后，就应着手制定相应的加盟拓展计划，明确加盟拓展的时间、区域、步骤和基本要求，并通过报纸杂志、广播电视和互联网等媒介把这些基本信息传达给社会大众，让有意加盟者了解本

第五章 连锁经营企业的组织与主要管理系统

企业的加盟事宜。

（3）回复有意者的询问

特许连锁经营企业通过媒介发布的加盟广告往往不够全面和详细，加之有意加盟者的理解也会存在偏差，因此，有意加盟者可能会对加盟事宜产生很多疑问，企业应通过电话、传真和网络等途径解答有意加盟者所提的各种问题，说明加盟细节，并对有意加盟者作初步筛选。

（4）提供基本加盟资料

特许连锁经营企业如果认为加盟者符合初步条件，就应为其提供较完整的书面资料以供参考，同时向有意加盟者提出约谈建议，或邀请其出席本企业的特许加盟说明会，使经过初步过滤的有意加盟者能获得完整而详细的书面资料。

（5）约谈审核

由于有意加盟者的素质、能力和特点等很难通过电话、传真和网络等途径加以判断，因此，通过约谈考察有意加盟者，是特许加盟程序中不可或缺的步骤。约谈方式有个别约谈、团体座谈，甚至包括模范门店参观等。在约谈过程中，除了观察、了解有意加盟者的理念、素质和能力等状况外，更重要的是要使有意加盟者认清自己成为加盟者后的权利和义务。

（6）签订加盟意向书

经过约谈审核，如果特许连锁经营企业认为加盟申请者基本符合条件，可在有意加盟者提交加盟申请书后，与其签订加盟意向书，以书面形式明确加盟申请者的加盟意向和特许加盟企业的接纳意向，以确保准加盟者不被同行抢走。

（7）评估有意加盟者的店址

加盟店的成败，会影响整个特许加盟系统的形象。加盟店的营运成功与否，店址是关键。但各有意加盟者所选择的门店地址不一定符合本企业特许加盟的需要。所以在正式签约之前，特许总部应到有意加盟者所在地进行评估。评估的内容主要包括商圈评估、各时段人口流动的差异性、竞争对手状况、消费者及人口分布与结构、交通状况和未来趋势，等等。

（8）审查有意加盟者的财务状况

在进行加盟评估时，除了评估有意加盟店地址及加盟者本人外，还必须审核有意加盟者的财务状况。如能否在加盟时按规定缴纳一定金额的加盟金或权利金、加盟者的资产负债率和财务周转能力等。

（9）正式签订加盟合同

通过上述审查,如果有意加盟者的各项条件均符合本企业特许加盟的基本要求,接下来的工作就是讨论签约事宜,特别是对加盟店与特许加盟企业总部之间的权利和义务等条款,必须经过双方协商一致。

在特许加盟中,特许总部与加盟店的关系,实际上是一种契约关系,而非雇佣关系,维系双方之间关系的核心纽带是加盟合同。特许总部之所以要实施特许经营计划,就是要借加盟者的资金、人力,迅速扩展自己的事业。如果某一家加盟店不按总部要求经营,与总部设计的企业形象相违背,就会破坏整个连锁经营体系的信誉,给其他加盟店的经营带来危害,最终使整个连锁事业发展受挫。因此,如何约束加盟店的经营管理活动,使其与特许总部步调一致,仅仅靠加盟者的口头承诺是远远不够的,必须通过加盟合同以法律的形式加以约束。另一方面,加盟者投资加入某个特许连锁系统的主要目的是为了利用特许总部的品牌、专利、技术以及各种支援,减少创业上的风险和经营上的后顾之忧。那么,特许总部的各种支援能否及时提供,各项服务能否到位,不能仅靠口头承诺,也需要加盟合同的约束来维护加盟者的利益。合同的签订流程及必备要素,第四章已作介绍,此处不再赘述。

(10)进行加盟培训

特许连锁经营企业招募加盟者,通常以具有相同或类似经验背景的投资者为主,但也可招募缺乏经验但具有潜力的加盟者施以培训。加盟培训一般可分为对加盟者所做的店主培训以及对加盟店员所做的员工培训两种。通过培训应使加盟店能在特许总部指导下按本连锁体系的理念和要求开展经营活动,以促进特许连锁经营企业的发展。

案例链接

星巴克与供应商

星巴克遵从着成功企业的模式。当企业把工作重心放在主业的时候,同供应商的关系至关重要,特别是关键商品和附加服务的供应商。成功企业知道商业交易和相互信任之间的根本区别,他们使相互信任在采购过程中"制度化",因此在进行正常业务的时候,成功企业进一步紧密同供应商的关系,最后捆绑和整合成战略伙伴。供应商将承担更多的责任和义务。企业希望同供应商保持长久的合作关系,这不像从一个价格比较低廉的供应商那里买东西那么简单。星巴克的采购经理 Buck Hendry 说:"质量放在第一位,服务放在第二位,价格放在第三位。我们不会因为低价格而在质量和服务方面放宽标准。"

挑选供应商是一个相对漫长和正规的过程，各部门有关员工都将参与进来，由采购部门牵头，履行程序，提供范围。产品开发、品牌管理和业务部门的员工也会参与其中，这使星巴克公司了解整个供应渠道及对今后业务的影响。为达到特殊的质量标准，星巴克从生产能力、包装和运输等多个方面对供应商进行评估，只有具备发展潜力的供应商才能与星巴克荣辱与共。星巴克已经花费了大量人力、物力、财力来开发供应商，所以希望保持长期稳定的关系，积极配合控制价格而不只是简单地监管价格。星巴克副总裁 John Yamin 说：失去一个供应商就像失去我们的员工——我们花了许多时间和资金培训他们。双方合作的合约一旦签订，星巴克公司希望得到特惠待遇——价格、折扣、资源等。作为回报，供应商的营业额将会随着星巴克的壮大而上升。由于星巴克极其严格的质量标准，供应商们也会得益于星巴克良好的品牌。长期的合作提升了供应商的声誉，也会收到更多的订单。一旦采购程序开始履行，星巴克会积极地同供应商建立良好的工作关系。在开始的第一年合作双方的代表会见面 3~4 次，以后每半年或一年做一次战略业务评估。战略性的产品或战略性的地域越多，高层人员介入得也越频繁。评估的内容包括供应商的产量、需要改进的地方等。另外，双方还会就生产效率、提高质量、新品开发进行频繁的接触。星巴克希望供应商了解业务需求，包括产品的趋势发展、成本的理想化、生产效率等诸多因素，以求得牢固的合作关系。特许经营模式在舒尔茨精心呵护下，星巴克凭借日益强大的品牌，通过各种联盟来销售和开发星巴克的产品。

第三节　连锁零售企业的采购系统

采购是最常见的一种经济活动，从人们的日常生活到企业的经营运作、从民间团体到政府组织都离不开它。随着市场经济的发展与完善，采购活动已由一种单纯的商业买卖行为发展成为一种职能、一门专业，一种可为企业节省成本、获取利润的重要手段。连锁企业商品采购中每 1 元钱的节省都会转化成 1 元钱的利润。而在其他条件不变的情况下，假设企业的利润率为 5%，要想靠增加销售来获取 1 元钱利润，则需要多销售 20 元的产品。通常情况下，从采购的角度节省 1 元钱远比从销售上多卖 20 元的产品要容易得多，成本也要低得多。据统计，世界范围内典型企业的采购成本要占企业总成本的 60%，我国的工业企业，各种物料的采购成本要占到企业销售成本的 70% 以上。对于处于流通领域的连锁行业而言,商品采购是其经营活动的起点,连锁行业的特点决定了采购成本必然会成为其所有成本的主体。

不管是商品零售连锁企业还是餐饮连锁企业,其经营的源头均是商品采购,即使是服务连锁企业,有形的辅助设施或产品的采购工作也是保证企业正常经营的基础。企业采购方法及采购管理制度是否完善、科学,直接关系着企业是否拥有可靠稳定的货源,关系着后续经营活动的正常开展,以及企业低成本战略的实施等。

5.3.1 连锁企业采购的含义与类型

(1) 采购的含义

在市场经济和社会化分工飞速发展的社会里,采购已变成一项不可或缺的经济活动。采购的概念一般可以从狭义和广义两方面来理解。狭义的商品采购,指连锁企业根据顾客需求提出采购计划、审核计划,选好供应商,经过采购谈判确定价格、交货及相关条件,最终签订合同并按要求收货付款的这样一个过程;广义的商品采购,还包括通过租赁、借贷和交换等途径来获得商品。一般连锁企业的采购属于狭义的采购,即通过购买的途径取得商品或劳务的使用权或所有权,以满足自身使用要求。连锁企业采购的实质过程可以这样理解:

① 连锁企业采购都是从资源市场获取资源的过程。在连锁企业采购中,这些资源就是能保证企业正常经营活动所需要的各种商品。能够提供这些资源的供应商共同组成了资源市场,从资源市场获取这些资源都是通过采购的方式来进行的。连锁企业采购的基本功能就是连锁企业从资源市场获取他们所需要的各种商品。

② 连锁企业采购既是一个商流过程,也是一个物流过程。连锁企业采购的基本内容,就是将各种需要的商品从资源市场的供应商手中转移到仓库或货架上的过程。在这个过程中,一是要实现将商品的所有权从供应商手中转移到连锁企业,二是要实现将商品的物质实体从供应商手中转移到连锁企业中。前者是个商流过程,主要通过商品交易、等价交换来实现;后者是个物流过程,通过运输、储存、包装、装卸、流通加工等手段来实现。连锁企业采购过程实际上是这两个方面的完整结合,缺一不可。只有这两个方面都完全实现了,连锁企业采购过程才完成了。因此,连锁企业的采购过程实际是商流过程与物流过程的统一。

③ 连锁企业采购是一种经济活动。连锁企业采购是连锁企业经营活动

的主要组成部分,是连锁企业经营活动的起点。既然是经营活动,就要遵循经济规律,追求经济效益。在整个连锁企业采购活动中,一方面,通过采购获取了资源,保证了连锁企业销售活动的顺利进行,这是连锁企业采购的效益;另一方面,在连锁企业采购过程中也会发生各种费用,这就是采购成本。连锁企业采购人员要追求采购经济效益的最大化,就要不断降低采购成本,以最少的成本去获取最大的效益。而要做到这一点,关键是要做到科学采购。科学采购是实现连锁企业经营者经济利益最大化的必由之路,要实现科学采购,就要科学地进行采购管理。

(2)连锁企业商品采购的类型

①集中采购和分散采购

A.集中采购

一般直营连锁企业多采用集中采购方式,而加盟连锁根据总部的集权程度采用集中与分散相结合的方式。集中采购可以集中资金、严格控制、形象一致,能接近供货商的高层管理人员,可以争取大批量购买的高折扣。其缺点是缺乏弹性,时间拖延,地方分店士气低下及过度的一致性。沃尔玛是集中采购的典型,它依靠高效的POS系统、EDI系统将各分店的销售情况反馈到总部,并由总部产生购买的指令,巨大的采购量是其对供应商谈判的筹码,加上合适的结款制度,能获得很低的采购价,用来支持它EDLP(Every Day Low Price)的营销理念。目前被多数连锁企业广泛采用。

B.分散采购

分散采购可以使各个零售店适应地方的市场环境,订购过程迅速,且由于分部拥有自治权,还可以提高士气。其缺点是与总部的计划不连贯,各零售店形象不统一,管理控制有限,各连锁店可能各行其是,对采购人员的支持少以及单店销售数量有限,在采购时没有数量折扣。家乐福是分散采购的典型,它的经营理念是各个分店各自为政,店长具有最高的权力,除了采购权外,装修、投资、中层干部的任免,甚至员工的加班都可以决定,是典型的店长负责制。它的优点是各分店能根据当地市场商品供应、购买力状况,可灵活决定商品的采购和营运,但缺点是各分店之间的装修、营运、商品、价格、员工管理等差异很大。

②直接采购与间接采购

A.直接采购。指直接向制造商进行采购,这是连锁企业最主要的采购方式。这种采购方式可以免去中间商的加价环节,也可以防止中途调包的发生。供应商通常有生产日程,交货日期比较确定;为维护产品信誉,一般都比较重视售后服务。不过,制造商通常只接受数额可观的大额订单,直接采购者如果采购的数量有限则无法进行采购。而且由于直接采购分量值很大,有时制造商会要求预付定金或担保人担保等手续,交易过程复杂。如沃尔玛在中国的经营始终坚持本地采购,目前,沃尔玛中国销售的产品中,本地产品达到95%以上,与近两万家供应商建立了合作关系。沃尔玛每年直接采购中国商品出口金额约为90亿美元,估计间接采购金额也超过90亿美元。

B.间接采购。间接采购指连锁企业通过中间商采购商品,如批发商、代理商以及经纪人等。换句话说,连锁企业并非直接向商品的制造者购买。连锁企业间接采购有时也是必需的,因为许多中小制造商大多会选择一个总代理商销售其产品,而且许多国外产品进入他国市场也大多靠代理商进行推销。间接采购的优缺点基本上与直接采购相反,因此比较适合于与中小制造商的零星交易,而且要以标准化商品为限,因为中间商没有能力接受连锁企业的指令,定制、修改经销商品的外观或功能。

③国内采购与国外采购

A.国内采购是指企业向国内供应商采购所需物资的一种行为,通常使用本币,无须动用外汇。例如,连锁企业向国内有关供应商采购各种商品,用以自身经营。连锁企业国内采购,是说连锁企业的采购市场在国内而不是在国外。也可以向国外企业设在国内的代理商采购所需的外国企业生产的物资。当国内采购与国外采购的品质和价格相同时,应以国内采购优先,因为国内采购所需的安全存量较低、交易过程简单、售后服务较迅速。

B.国外采购。是指企业向国外供应商采购所需物资的一种行为。这种采购方式一般通过直接向国外供应商或通过本地的代理商来进行采购。连锁企业国外采购可以采购到许多新、奇、特物品,同时可以制衡国内采购的价格,且通常采取延期付款的方式,买方将因本币升值而得到外汇兑换利益。另外,国际性的企业规模大,产品的品质也比较精良。不过,国外采购存在文化、语言的隔阂及时空的差距,而且进口手续繁多,交货过程复杂,采购效率很低且所需要的安全存量较高,一旦发生交货纠纷即可能索赔困难,对于紧急交货的要求,供应商通常也无法满足。国外采购一般应用于价格比国内低廉,以及国内无法制造或供应数量不足的物品。世界零售巨头沃尔玛在国外采购的数量巨大,仅在中国的采购,一年就达数十亿美元。

④国家专控商品采购和自购商品采购

A.国家专控商品采购。国家专控商品采购是指国家为确保专控商品采购流程的准确性、规范性而制定专控商品采购的工作规范,采购人员根据分店销售状况、预估销量,确定订货品种、数量,经批准后按计划进行采购。这种方法适用于香烟、食盐、进口酒类等。

B. 自购商品采购。是指为确保生鲜自购商品采购的科学性和合理性,减少折价或报损造成的经济损失而制定相应的规范。这种方法适用于无固定供应商送货的生鲜商品或因特价促销而需低价大量采购的生鲜商品,包括水产、肉类、水果、蔬菜等。例如,生鲜采购小组人员根据市场状况,对无固定供应商送货或需大量采购取得价格优势的商品,在批发市场或产地寻找合适货源,货源找到后编制预算经审核后请款、采购并送至各分店,凭分店确认的送货单到财务部冲账。生鲜自购商品采购工作规范包括计划、寻找货源、审核、审批、采购、冲账、跟踪及评估等工作内容。

5.3.2 连锁企业采购的原则

(1) 经济效益原则

经济核算的目的是要以尽可能少的劳动占用和劳动消耗实现尽可能多的劳动成果,取得较好的经济效益。连锁企业组织商品的进货和销售,涉及资金的合理运用,技术设备的充分利用,合理的商品存储、运输、人员安排等事项,而购销差价则包含着生产经营商品的费用、税金和利润三者之间此消彼长的关系。因此,连锁企业从进货开始就要精打细算,以保证获得最大的经济效益。

(2) 高周转率原则

高周转率是加速资金周转、避免商品积压的前提条件,也可以促进连锁企业不断发展。主要的措施是勤进、快销,勤进可以促快销,快销可以保勤进,这样可以以较少的资金占用经营较多、较全的品种。但"勤"和"快"都是相对的,必须综合考虑连锁企业自身的条件、商品特点、货源状况、进货方式等多种因素。

(3) 需求原则

符合需求原则,就是要根据市场用户的需求情况来决定进货情况,以保证购进的商品适合消费者的需要,能尽快地销售出去。对于不同性质的商品,该原则有不同的含义。

① 对一般性产品,要避免盲目采购。采购人员在购销过程中要研究商品的销售实际和商品各自的特点,分析市场的需求态势,然后采用不同的采购策略,以求得购销活动与市场需求的动态平衡。如对于消费需求比较稳定的日用品,连锁企业经营商品的销售情况往往与消费需求的状况基本一致,在这种状况下,可以以销定购,即销售品种与采购品种、销售量与采购量都是一致的。再如,对于市场需求波动较大的商品,消费需求往往由于消费因素复杂、选择

性较强而呈波动状态,在这种状况下,采购人员必须认真研究市场需求的变化趋势。当市场需求呈上升趋势时,要积极组织采购;当需求呈下降趋势时,要少购,甚至不购。采购人员要随时观察市场并有一定的市场调研能力,而且要能够承担一定的风险。

②对于季节性商品,防止过季积压或脱销现象。如季节生产、常年消费商品,或者常年生产、季节消费的商品,采购人员需要在认真研究市场环境的条件下,分析消费需求的变化趋势,预测商品的销售量,以此决定采购数量和采购时机,以避免过季积压和销售断档。

③对于新、特商品,要决定购销活动。新、特商品投放市场后,采购人员应在研究市场需求的基础上决定购销活动。采用各种促销手段开拓市场,影响和刺激消费,引导消费需求。

(4)符合非营业收益原则

连锁企业由于房租高涨、人事费用逐年递增等经营成本的影响,各连锁体系无不以开发非营业收益为主要开源途径。在采购商品时,也应掌握此原则,与厂商在供货合约中写明销售折扣、商品陈列费等协议事项,以实现更大的采购效益。

(5)符合合同原则

这一原则是指在市场经济条件下,运用经济合同,以法律形式确立商品买卖双方达成的交易,维护双方各自的经济权利和应承担的经济义务,以及各自的经济利益。它可以保证企业各项经营活动的顺利进行,已成为企业经营的基本原则。该原则要求企业在采购活动中要遵守合同,即保证合同的合法性、严肃性、有效性,更好地发挥经济合同在企业经营中的作用,树立良好的企业形象,协调企业与信息服务企业、金融企业间的关系,保证购销活动顺利进行,促进企业的经营发展。

5.3.3 连锁企业采购的组织

采购组织是连锁企业具体负责商品采购决策的部门,这一组织的任务、决策的权威及商品计划与整个连锁企业的关系十分密切,否则连锁企业的运营及销售计划无法正常实施。连锁企业管理上的混乱往往首先表现为采购上的混乱和失控。连锁企业经营品种多,商品流动速度快,为了切实进行好采购管理,一般都需要建立科学的分级管理的组织机构,严格健全互相监督约束的管理制度,以及先进的管理和决策体制。

(1)连锁企业采购组织设计的意义

连锁企业经营的商品种类繁多、数量大,在市场需求不确定的情况下,采购部门的工作非常复杂,需要进行明确的分工,依靠由若干人组成的采购队伍才能完成。要使采购工作高效而顺利地开展,保证商品供应不间断,使连锁企业经营业务正常运转,必须建立一整套强有力的组织结构。组织结构要合理,部门内应设置合理的岗位,责任明确。

(2)连锁企业采购组织结构考虑的原则

①高效原则。要使采购工作高效开展,必须建立一个高效运转的组织机构,这种高效的组织机构内部应确定合理的管理幅度与层次。管理幅度是指横向方面,各部门、各层次、各岗位应加强沟通、各负其责、相互扶持、相互配合;管理层次是指纵向方面,上级的指令下达要迅速及时,同时上级领导不应专断,要善于听取下级的合理化建议,调节下级之间出现的矛盾与不协调。只有这样,才能形成一个团结严谨、战斗力强的采购队伍,才能高效地开展连锁企业的采购工作。

②简化原则。要想高效率地开展采购工作,就要尽量缩短采购组织工作流程和减少经手的人员,这就要求连锁企业在建立采购组织时要遵循简化原则。这其中包括两层含义。一是指机构简化,人员缩减;另一层是指选择精干的人员,否则,过分强调简化机构,而人员素质差,就会使应该开展的工作开展不起来,应该完成的工作完成不了。

③责、权、利相结合的原则。"责"就是责任,起约束的作用;"权"就是权力,是履行职责的保证;"利"就是利益,起激励作用。只有责、权、利相结合,相互制约,才能充分调动采购队伍的积极性,发挥他们的聪明才智。如果有权无责,必然会出现瞎指挥、盲目决策甚至损公肥私的现象;如果有责无权,什么事情都要请示汇报才能决策,人员也难以履行职责,而且还会贻误时机、影响效率。同时,如果没有相应的利益刺激,也难以保证采购工作的高效、准确。只有责、权、利三者有机地结合起来,发挥各自的职能,才能保证采购组织工作的有效性。

5.3.4 连锁经营采购流程

连锁企业采购流程是指连锁企业从建立采购组织开始到商品与设备引入分店正常销售或使用为止的整个过程。该流程的主要环节如下:建立采购组织——制订采购计划——确定供应商和货源——谈判及签约——入场试销与试用——正式销售与使用。连锁企业可以在每个环节设计相应的管理制度来约束采购人员的行为。

(1) 建立采购组织

在建立采购组织这一环节，除了选择高素质的采购人员、明确各环节的职责外，为了防止采购人员个人权力的滥用，一些连锁企业还设立了采购委员会这一非常设机构。该机构由采购部、质量监督部、财务部、顾客投诉部等部门的人员组成。他们定期召开会议，旨在对引进新供应商、新商品做出决策。采购人员只提供相关信息，并根据会议决策进行具体的采购工作。

(2) 制订采购计划

企业在一定时期内采购什么、采购多少等重要计划不是由采购部独立做出的，而是采购部会同有关部门，如营销部、运营部、自有品牌开发部等部门共同制订的，采购计划是建立在详细的市场调查基础上的，并与其他相关计划如销售计划、促销计划衔接起来。

(3) 确定供应商和货源大量

供应商的商品或设备希望进入连锁企业，为了杜绝人情关系和伪劣商品，连锁企业可以预先建立一个供应商准入制度，设立一系列标准，以便对供应商进行选择。而采购人员在此环节的工作是对供应商资格进行审查，根据标准进行初选，但供应商最终是否进入还必须由采购委员会集体决定。

(4) 谈判及签约

这一环节主要由采购人员完成，比较难监督，但一些连锁企业仍然制定了许多制度来约束采购人员的行为。例如，沃尔玛规定，谈判只能在采购大厅进行，禁止采购人员与对方建立私人关系，诸如一起吃饭等行为均被禁止；由一组人而不是一个人负责一项谈判，每次谈判必须做出详细记录，以便可以随时由其他人接替谈判工作；谈判前必须详细询价，了解其他商场的价格情况等。

(5) 商品与设备入场试销与试用

所有商品与设备必须经过试销与试用阶段，在正式进货之前，有些企业还设置专门的检验室对商品与设备质量进行检验，试销过程中销量或试用过程中质量达不到标准的坚决予以淘汰。在试销与试用过程中，分店的店长对商品与设备的去留问题有发言权。

(6) 商品与设备正式销售与使用

如果是购买的设备基本上就可正式使用了，但商品正式销售后并非万事大吉，企业还可以设置专业部门监控商品销售动态，对列入排行榜的滞销商品随时予以淘汰；同时对供应商定期评估，只有评估合格的供应商才能成为企业长久的合作伙伴。有些企业还设立事后追查制度，一旦发现商品质量和价格问题便追查到采购环节。

5.3.5 管理连锁企业的供应商

(1)供应商选择

供应商良莠不齐,如果想有效地执行采购工作,寻求合格的供应商是采购的首要任务。最适当的供应商应具备许多条件,其中,能提供合适的品质、充足的数量、准时交货、合理的价格以及完善的服务,应该是共同的要求。

①过硬的质量。供应商提供的商品质量好与坏、价格高与低是连锁企业选择供应商的第一条件。供应商最好应取得ISO系列认证,并有质量合格证、商检合格证等。在我国,商品的产品执行标准有国家标准、专业(部)标准及企业标准,其中又分为强制性标准和推荐标准。

通常在买卖合同或订单上,供应商的商品质量是以品牌、商业常用标准、市场商品等级、规格、性能、工程图、样品等多种形式中的任意一种或几种的组合方式来表示的。这也是选择供应商的标准之一。

②齐备的企业资料。并不是所有供应商都能成为连锁企业的供应商,对于初次与零售连锁企业接触的供应商,零售连锁企业要求其务必提供以下资料,以便对其资信等各方面进行调查、评估。

A. 营业执照副本。

B. 税务登记证(国税、地税)。

C. 生产许可证(特种商品由制造商提供)。

D. 商检合格证。

E. 进口商品检验合格证(进口商品适用)。

F. 商品检验报告。

G. 商标注册证(由制造商提供)。

H. 卫生许可证(食品制造商适用)。

I. 安全认证。

J. 代理授权书(代理商适用)。

K. 指定/总经销证书。

③低廉的供应价格。价格是选择供应商的关键所在,也是选择供应商的难点所在。单独与一家供应商进行采购谈判时,采购人员应先分析成本或价格;数家供应商进行竞标时,采购人员应选择两三家较低标价的供应商,再分别与他们谈判采购,以便取得公平而合理的价格。

④较长的付款期限。连锁企业应尽量选择最有利的付款天数(账期)。在正常情况下,连锁企业的付款作业是,在交易凭证齐全时,按买卖双方约定的付款天数(账期),由银行直接划款至供应商的账户。对于新的供应商来说,连锁企业必须请供应商详细了解本企业的《供应商手册》中有关付款部分的内容,并对连锁企业的付款流程予以详细说明。

⑤合理的交货期。在连锁企业计算订单数量的公式中,交货期是个重要的参数。一般而言,本地供应商的交货期为2~3天,外地供应商的交货期为7~10天。为了降低存货的投资,连锁企业都会要求供应商以较短的时间交货。但是不切实际地压短交货期,将会降低供应商商品的质量,同时也会增加供应商的成本,最终影响连锁企业的价格优势及服务水平。故连锁企业应随时了解供应商的生产情况,以确立合理及可行的交货期。

⑥强大的促销支持。对于商品零售连锁企业,供应商是否支持促销,以及售价是否能吸引顾客上门,都是连锁企业必须考虑的问题。促销时连锁企业所选择的商品,必须得到供应商的强力支持,尤其是畅销的、高回转的、大品牌的日用消费品。

(2)供应商管理

供应商是企业的资源。良好的供应商和与供应商良好的合作关系是连锁企业提高竞争能力的基础。连锁企业往往拥有几十家甚至几百家供应商,而且由于商品淘汰更新,供应商的变动也比较频繁,这就需要对供应商进行统一的管理。供应商管理应着重做好以下七个方面的工作。

①对供应商进行分类与编号。一般可按商品种类来划分供应商,如果蔬类供应商、主副食品类供应商、日用品类供应商、一般食品类供应商、熟食类供应商、文化用品类供应商、家用电器类供应商、针织纺织品类供应商、成衣类供应商、烟酒类供应商、玩具类供应商、日用百货杂品类供应商等。厂家分类最好能与公司的商品分类或业务部门的组织结构相一致,以便于管理。对供应商分类后,应给每一个供应商一个代码,以利于电脑管理。有些企业还在分类、编码后发给供应商一个代码卡,供应商可以利用该代码卡查询自己产品的销售情况、货款的结算情况等。

②建立供应商档案。将每一个供应商的基本资料归档,包括公司名称、地址、电话、负责人、资本额、营业证件号、营业资料等,供应商的档案要进入企业的电脑系统,有关人员可以方便地根据需要查询某一商品的供应商档案。

③建立供应商商品台账。对每一个供应商所供应的商品都要建立台账,

包括商品的序号、代码、名称、规格、单位、进货量、售价、进价、毛利率、销售额、供应商代码等。

④统计分析销售量。如果是商品零售连锁企业,还应对每一供应商所提供的商品数量、销售金额按一定时期进行统计。并列出供应商销售数量排列表,作为议价谈判的重要依据。

⑤对供应商进行评价。可按一定的标准,将供应商分为 A、B、C、D 四级,并实施分类管理。

⑥对采购合同的管理。连锁企业可事先制定一份规范的合约书,供采购人员使用,同时制定包括合约签订、审核、记载、检查、处理等内容的合约管理细则,并配备专职或兼职管理人员,统一负责采购合约的造册登记和存档,随时掌握采购合约的履行和注销情况。

⑦建立商品及服务检查制度。采购人员应定期抽查,或从门店了解供应商所提供的商品品质、销售量、供应商服务保证等问题,及时向总部汇报,并与供应商及时沟通,有问题应要求供应商限时改进。总之,采购业务管理是连锁企业经营管理的一项重要工作,也是整个业务活动的关键环节。企业必须选配精良的业务人员,制定并严格执行相应的规章制度。

第四节　连锁零售企业的营运系统

5.4.1 连锁零售企业的商品管理

(1)商品管理的概念

连锁企业经营的业务以商品为核心,连锁公司把商品经营业务中的购与销两项活动分离开来,分别由总部与门店来负责。总部商品管理的重点是商品采配与商品管理政策的制定,门店商品管理的重点是执行总部的商品管理政策,并加强现场控制。

商品管理是一个系统的全过程,包括总部对商品的定位、商品结构计划与调整、供应商选择与调整、统一采购、商品配送以及门店的商品销售等,其基本内容是商品采购与商品销售。商品管理的基础是树立正确的商品管理理念。商品管理的基本理念是在满足消费者的需求前提下,对企业的利润负责。商品管理应树立以下八大原则:

①采购系统是商品管理的源头与核心,一旦采购系统出问题,整个连锁

体系就没有优势。

②配送体系是枢纽和利润源,存货、补货、配货、送货的合理化与低成本,直接决定着连锁企业的经营绩效。

③质监部门是产品质量的"守门神",只有严格把关,才能维护连锁公司的品牌形象。

④营销部门是商品销售的"发动机",营销如果没有创新,就不可能有良好的经营业绩。

⑤门店营运系统是商品管理的直接责任者,必须把指标落实到每一位店长。

⑥要利用电脑系统的数据资料,进行商品分析,及时调整商品结构。

⑦商品管理人员必须掌握商品知识。

⑧引进新品、淘汰滞销品是采购系统的关键。

(2)商品经营原则

①商品化原则

所谓商品化是指将供货商所提供的产品转化为经营商品的过程。商品化过程必须满足消费需求和商品销售要求。我们通常可以将初次生产出来的物品统称为产品,如农产品、水产品、畜产品,而将经过加工过程生产出来的产品称为制品。无论是产品还是制品都必须经过商品化过程,才能更有效地被消费者接受,同时,商品化过程也能提高商品的附加价值。根据商品化原则,采购人员应负责从商品导入到商品销售全过程的计划与督导工作,并对销售业绩负责。

②品种齐全原则

由于消费者日益强调时间节约和一次购足的观念,所以在确定商品组合时一定要尽可能地扩大经营品种,使顾客能一次性买齐所有日常必需的物品。同时,应密切关注政策动向及消费潮流,不断调整品种结构,导入新品。产品齐全不仅仅是数量品种问题,还必须考虑各种品牌及知名度,各种规格及各种品质商品的相互配合问题。

③重点商品原则

产品可以不断开发,品种可以无限增加,而门店的营业面积却总是有限的,所以,对经营商品的品种必须优选,把销售额大、顾客必需的商品作为重点商品,进行重点管理。通常把商品分为 ABC 三类,分别采取不同的管理方式。这种方法称为 ABC 分类管理法。其操作步骤是:

A.将各种商品按金额大小顺序排列,计算出各类商品的金额比重和品种比重(单项比重和累计比重)。

B. 划分类别。A类商品金额比重为70%/80%，品种比重为5%～10%；B类商品金额比重和品种比重为10%～20%；C类商品金额比重为5%～10%，品种比重为70%～80%。

C. 分类管理。A类商品是重点商品，应实施重点控制，定时定量采购，经常检查每个品种的储存情况，及时进行调整，减少不必要的库存；C类商品可以采用较简单的办法加以控制，如采用固定采购量及相对灵活的采购次数；B类商品可实行一般控制，按大类进行管理。

这项原则来自20/80原则，即20%的商品往往能给企业带来80%的销售与利润。所以，这类商品就被称为"重点商品"，即A类商品。

D. 商品群原则

商品群是店铺经营商品的战略单位，做好商品群的划分工作能提升商店的形象，稳定客源。商品群可按商品属性来划分，但这种划分很难树立经营特色。所以，商品群主要应根据消费者的需求来进行划分，并要提出一些新的概念。例如，服装可以做整体搭配，结果销售业绩有明显提高。在市场商品日益丰富的现代社会，消费者对产品的选择往往会无所适从，这就需要经营者对消费者进行适当的引导，用新组合来带动商品的销售。

E. 利润导向原则

利润导向是指商品经营应考虑增加利润的途径，如通道费的收取。但强调利润导向并不是不考虑供货商、消费者及员工的利益；相反，应坚持"顾客是上帝、供应商和员工也是上帝"的原则，追求合理利润。

(3) 商品结构的定位

①品类。所谓品类指一组被消费者了解的可以相互关联的、可以管理的、特定的商品的组合。按品类的结构，可分为部类、组类、大分类、中分类、小分类、单品等。通过品类的划分方便对品类进行科学管理。

A. 部组类。部组是最粗线条的分类。部组的主要标准是商品特征，如酒类、饮料、休闲食品、杂货、冷冻冷藏、自制熟食、面包、农产、畜产、水产等一系列产品分类。

B. 大分类。大分类是部组中细分出来的类别。其分类标准主要有：按商品功能与用途划分，如在冷冻冷藏这个部组下，可分出乳制品、奶饮料等大分类；按商品制造方法划分，如在畜产这个部组下，可细分出肉类和配菜等大类；按商品产地划分，如在水果蔬菜这个部组下，可细分出国产水果与进口水果的大分类。

C. 中分类。中分类是从大分类进一步细分出来的类别。比如休闲食品部组下的饼干大类，按照其口味可以划分为咸味饼干、甜味饼干、原味饼干、加味饼干、营养饼干、点心类等；糖果、零食大类也可以分为肉干肉松、糖果巧克力、膨化食品等；按照制作方法的不同，可以将熟食大类分为煎炸、烧烤、卤和蒸。

D. 小分类。小分类是商品分类中最底层的管理单位，在小类下面就是单品管理。沃尔玛冷食大类的小菜中类下又可以分为海产小菜、豆腐小菜、蔬菜小菜、熟肉小菜、其他小菜等；点心大类的饮料中类下又可以分为各个品牌的果汁和汽水等小类；水果大类中的本地水果中类又可以分为坚果类、柑橘类、瓜类、浆果类和热带水果等；在小类下是单品管理。

通过这样的分类，商品的类别管理划分得极其详细，有利于商品陈列和促销，每一次商品促销时都会依据不同部类下的不同商品进行不同方式的促销，为商品销售额的提高奠定了良好的基础。

②品类的角色。各个品类对商店的重要性、对目标购物群的重要性、对品类发展的重要性不同。不同品类在产品组合、货架安排、定价及促销方面应采取不同的策略。品类的角色是一个动态变化过程，强调随着季节、时尚、文化、顾客偏好等因素的变化随时调整。

③商品组合。也称商品的经营结构，简单来说，商品组合就是连锁企业把同类商品或不同类商品，依据某种规格样式采取的销售组合和搭配模式。商品组合由若干商品系列（类型）组成，而商品系列又由若干产品项目组成，这种组成是有一定规律的。商品群是指用一定的方法来集结商品。将这些商品组合成一个战略经营单位，来吸引顾客促进销售。商品群并不代表具体的商品，而是商品经营分类上的一个概念，商品群可以是商品结构中的大分类、中分类、小分类，也可以是一种新的组合。顾客对连锁企业的印象或偏好，不是来自所有商品，而是来自某个商品群，所以应该把商品群提高到经营和战略地位的高度。

商品群给了消费者最原始、最直接的印象，所以连锁企业的经营者必须树立起"商品群是企业商品竞争战略单位"的观念，根据消费者的需求变化，组合成有创意的商品群，这种商品群可以打破商品原来的分类，成为新的商品部门。一般可采用的新商品群组合方法有以下几种：

A. 消费季节组合法。如在夏季可组合灭蚊子的商品群，辟出一个区域设立专柜销售；在冬季可组合滋补品商品群、火锅料理商品群；在旅游季节推出旅游食品和用品的商品群等。

B. 节庆日组合法。如在中秋节组合各式月饼的商品群；在老人节推出老年人补品和用品的商品群；也可以根据每个节庆日的特点，组合适用于送礼的礼品商品群等。

C. 消费的便利性组合法。根据城市居民生活节奏加快、追求便利性的特点，可推出微波炉食品系列、组合菜系列、熟肉制品系列等商品群，并可设立专柜供应。

D. 商品用途组合法。在家庭生活中，许多用品在超级市场中分属于不同的部门和类别，但在使用中往往没有这种区分，如厨房系列用品、卫生间系列用品等，都可以用新的组合方法推出新的商品群。由于现代化社会中消费者需求呈多样性变化，所以必须及时地发现消费者的变化特征，适时地推出新的商品群。

5.4.2 连锁零售企业的物流管理

(1) 物流的概念及发展

无论是传统商务活动，还是网络时代的商务活动，任何一笔交易都包含着四种"流"，即信息流、商流、资金流和物流。物流，是四种流中最为特殊，也是最重要的一种。它是物品流通的简称，是物质资料从供应者向需要者的物理性移动过程中，创造时间价值、场所性价值、加工价值的经济活动。或者说，它是物质实体（包括商品或服务）的流动过程。

物流最早出现于美国，当初被称作 Physical Distribution（简称 PD），译成汉语的意思为"实物分配"或"货物配送"。1963 年引入日本后，物流被理解为"在连接生产和消费间对物质履行保管、运输装载、包装、加工等功能，以及作为控制这类功能后援的信息功能，它在商品销售中起了桥梁作用。"日本提出物流是继劳动力、自然资源之后的"第三利润源泉"。20 世纪 80 年代，我国开始接触物流这一概念，这时的物流已被称为 Logistics，也就是说，这时的物流已不仅是 PD 的概念了，或者说是不单纯考虑从生产者到消费者的"实物配送"，还要考虑供应商及生产者制造过程。

(2) 物流对连锁经营的重要性

连锁物流是指以连锁总部的采购部门或配送中心为主体，承担商品的储存、加工和配送等活动以及伴随产生的信息的收集、处理、传递和利用的过程。其主要由采购、储存、流通加工、配送和信息处理等环节构成，是与商流、信息流和现金流并列的四大连锁经营机能之一。在连锁经营中，物流系统主要起到商品集散及带动商流、信息流、现金流三流运转的作用，它通过商品的集中采购、集中储备和统一配送,实现配送集约化,降低物流成本,成为连锁经营市场供应的保障系统。没有物流配送中心,各供货方分别对各个连锁店供货,次数繁多。有了物流配送中心,各供货商只对物流中心一家供货,而物流中心则分别对各连锁店供货。物流中心可以把不同供货商的商品放在一起,形成商品组合,直接配送给同一个连锁分店,而供货商则做不到这一点。

总之,现代物流能帮助连锁企业及时提供和丰富适应市场的商品、降低运营成本、提高企业存货管理水平,从而最终提高连锁企业竞争力。

(3)连锁经营企业物流形式

连锁经营物流主要指包含供应物流、内部物流、销售物流在内的由总部统一指导下进行的运输、保管、装卸、包装、在库管理、流通加工等的各种物流活动。连锁经营企业物流主要有两种形式:

①连锁企业自己设立配送中心

连锁企业自己的配送中心只服务于自己的连锁分店。一般情况下,实力较强的连锁企业都建有自己的配送中心,它主要是为本企业的连锁分店组织配货,同时可以为其他企业提供货物,能够创造更大的经济效益和社会效益。而且这种作法也符合企业的长远利益和战略发展的需要。

②利用社会性配送中心

一般社会性配送中心同时向一个或多个连锁企业提供物流服务。

连锁企业借助社会性的物流公司,可以有效地节约建设投资,降低物流成本,提高配送经营效益,也能够推动物流企业完善功能,带动物流企业的发展。同时,对于盘活存量资产,实现资产重组,发挥各自优势,实现连锁经营与配送中心的同步发展也是大有好处的。

(4)连锁经营物流系统及运作

①连锁经营的物流系统。物流通常是由包装、装卸、运输、储存、配送、流通加工、物流信息这七种功能构成的。但要使物流系统高效率、低费用地完成上述物流配送中心的各项功能,需要的条件是整个物流系统能够有效地运作。连锁经营的物流系统主要是由以上七种功能共同构成的几个分系统:

A.计算机订货、配货信息系统;B.自动化、机械化仓储系统;C.温度、湿度控制设备和系统;D.运输量、线路、频率规划系统;E.物流配送组织管理系统。这些分系统各自独立,但又彼此交叉。

②连锁经营物流系统的运作,必须以情报信息系统运作为基础。可以说信息系统已成为整个物流系统运作的基础,以信息为基础的订货、发货系统是整个系统的核心。物流信息系统的运作主要包括以下五个环节。

A. 连锁店环节。

a. 通过POS终端来收集销售信息。即何种产品在几时几分向什么样的顾客销售了多少,货架上还剩多少。

b. 预测订货数量。即根据商品销售的情况、动向所作的预测。

c. 通过EOS向连锁总部订货。EOS是利用店内手持订货终端(电脑网络终端),经由电话线(或光缆宽带)传送至总部订货。采用EOS有助于实现多品种、多频率、少批量的商品配送,降低分店库存压力,降低缺货率。

B. 连锁总部环节。连锁总部设有计算机中心(或信息中心),和店铺一起进行POS终端的管理,同时起指挥、协调的作用,从整体上把握连锁店的经营和管理。连锁总部在收到各连锁分店发来的电子订货后,也以EOS的形式通过VAN(Value-Added-Network)系统传至连锁企业的情报信息中心。

C. 连锁企业情报信息中心环节。根据总部发来的电子订单,通过计算机联网批示物流中心出货。同时通过EDI系统与厂商的信息中心随时保持密切联系,有时可直接将信息发给厂商订货。

D. 供应商环节。在规定的时间内,各厂商接受不同客户、不同商品种类的订货指示单,将各处的订货指示单汇总,开始制造订货商品或调度库存,并作好出货准备,然后往配送中心送货。

E. 物流配送中心环节。大部分的物流活动都将在这一环节完成:物流配送中心将各地厂商运来的整货验收入库,并根据各连锁店的订货要求,通过自动化机械进行自动分货、拣货,再将各家店铺的货物都集中起来,安排卡车配送。国外的实践说明,要使连锁经营的物流系统能够真正有效地运作起来,不能再依靠单纯的物流活动(体力的、机械的),而需要用信息系统像一根链条一样将它们串起来,做到准时、高度协调,否则整个物流系统就会瘫痪。

第五节　其他连锁企业的组织架构和主要职能

5.5.1　连锁企业财务管理

(1) 连锁企业财务管理的特点

连锁企业财务管理的特点是同连锁经营的特点分不开的,它包括四个方面:

①统一核算,分级管理

由连锁总部进行统一核算是连锁经营众多统一中的核心内容。区域性的连锁企业,由总部实行统一核算;跨区域且规模较大的连锁企业,可建立区域性的分总部,负责对本区域内的店铺进行核算,再由总部对分总部进行核算。

原则上连锁企业在建立时就应实行统一核算,有特殊情况的企业在实行连锁初期,可以分阶段、分步骤地逐步进行核算上的统一。

②票流、物流分开

由于连锁企业实行总部统一核算,由配送中心统一进货,统一对门店配送,所以从流程上看,票流和物流是分开的,这同单店式经营中资金与商品同步运行有着很大的不同。因此,在连锁企业中财务部门与进货部门保持紧密的联系是非常重要的。财务部门在支付货款以前,要对进货部门转来的税票和签字凭证进行认真核对,同时,在企业财务制度中要规定与付款金额数量相对应的签字生效权限。

③资产统一运作,资金统一使用,发挥规模效益

连锁企业表面上看是多店铺的结合,但由于实行了统一的经营管理,企业的组织化程度大大提高,特别是统一进货、统一配送,使资产的规模优势充分发挥出来。由总部统一核算,实行资金的统一管理,提高企业资金的使用效率和效益,降低成本、减少费用、增加利润;实行资产和资金的统筹调配,统一调剂和融通。总部有权在企业内部对各店铺的商品、资金和固定资产等进行调动,以达到盘活资产、加快商品和资金周转、获取最大的经济效益的目的。

④地位平等,利益均衡

连锁企业利润的取得是各个部门通力协作共同创造的,不存在谁地位比谁低、谁为谁服务的问题,各方都遵循利益均沾、风险共担、地位平等、协商共事的原则,不能靠牺牲对方利益获取自身利益。

(2)财务管理的主要内容

财务管理是组织企业资金运动、协调财务关系的一种管理活动,它围绕企业的资金运动而展开。因此,财务管理的内容应反映企业资金运动的全过程。企业资金运动从内容上来说,包括资金筹集、资金投放和使用、资金耗费、资金收回和分配等四个方面,相应地,财务管理的内容包括筹资管理、投资管理、成本费用管理、营运资金管理、收益和利润分配管理、企业资本运营和终止清算等特殊事项的财务管理等。

①筹资管理

企业从事生产经营，必须有一定数量的资金。因此，为企业的生产经营活动筹措资金是财务管理的主要内容。

在筹资管理中，如何确定权益资本和借入资本的比例（即企业的资本结构）、如何确定长期资金和短期资金的比例，是融资决策的关键。企业应该在比较各种筹资方式的条件和特点的基础上，合理安排企业资金的来源，采取合适的筹资方式，优化企业的资本结构，以降低企业的筹资成本、控制筹资风险。

②投资管理

投资是企业以收回现金并取得收益为目的的现金流出。它是企业资金投放和使用最重要的环节，决定了企业资金运用的方向，直接影响企业目标和财务管理目标的实现程度。因此，投资决策是企业财务管理的所有决策中最重要的决策活动，投资管理也是财务管理的主要内容。

在市场经济中，任何投资事业都不同程度地存在风险，企业应该综合考虑投资的成本、收益和风险等因素，合理选择投资方向、投资时机、投资规模和结构，以取得良好的投资效果。

③营运资金管理

营运资金管理是指企业在应收账款、存货乃至现金余额上的投资管理。企业营运资金管理是在综合考虑成本、收益和风险的前提下，保证企业日常生产经营活动正常进行对资金的需要和债务的如期偿还。它要根据企业面临的实际情况，合理确定现金余额，进行应收账款和存货的管理，确定合理的企业筹资组合策略和资产组合策略，以实现企业日常经营活动中资金运作的高效和安全的统一。

④利润或股利分配管理

利润是企业一定时期内的经营成果。在依法缴纳企业所得税和作必要提留之后，可以向其投资者分配利润，在股份公司中则是向股东分配股利。

5.5.2 连锁企业人力资源管理系统

人力资源是连锁经营企业最重要的资源，它直接决定着企业的核心竞争力。连锁企业的决策和营运，均需通过人才来完成，因此规划连锁企业的人力资源战略，确保连锁企业人才的恰当运用，使人尽其才，发挥所长，并保持企业合适的人力成本，成为连锁店人力资源管理的重点。连锁企业人力资源管理主要包括如下几点内容：制订连锁企业的人力资源开发与管理短、中、长期规划；招聘员工；开发培训员工；企业岗位设立和工作分析；企业薪酬和奖惩制度设定与执行；绩效管理和职务升迁等。

(1)人力资源规划

连锁经营企业的人力资源规划,也称人力资源计划,是指连锁企业根据本企业经营战略规划,对组织未来的人力资源供求状况进行科学的预测和分析并制定出相应的政策与措施,以确保组织在完成战略目标时获得所需人力资源的过程。它同企业制订的长、中、短期发展规划一样,也分为长期、中期、短期三种规划。

①短期规划以维持现有的运营为主,主要解决的是一年内立即性或短期性的人力资源需求及配置问题,做好基本的人事管理,如招聘、任用、考勤、升迁、奖惩等。

②(2)中期规划是为配合连锁企业的中期发展计划,一般1至3年,预测未来三年内人才供需状况而作的人力资源规划。

③企业的长期发展需要培养人才梯队,所以,开发人才、留住人才、培养人才、发展所长是人力资源长期规划的重点。长期规划一般为3~5年。

(2)工作分析与企业岗位设立

工作分析指对一个企业组织在营运过程中所发生的工作进行研究分析的活动,以确定各个环节工作的差异性或相似性,为职位的设定提供资料。职位所担负的任务就是职务,职务就是工作。如某公司电脑操作员5名,可理解为职务:电脑操作员,职位是5个电脑操作职位。有多少员工有多少职位,职务少于职位。这有利于企业组织机构职系、职级及职务、职位的设计。企业职位设定就是企业在工作分析的基础上,将相同或相关的工作内容固定为一个职位的过程。职位设定应注意以下内容:

①编制职位说明书。内容有职位名称、工作经验、专长技能、健康状况、工作职责、从属关系、学历要求、横向联系。

②充分理解职务与职位的关系。

(3)员工招聘与媒介

①连锁企业员工的需求预测

人力需求预测的目的,在于协助人力资源规划执行的正确性。

人力需求预测应以现状盘点为前提。人力现状盘点的内容有:公司内现有各层人数;各部门内职务类别、编制人数、缺额;各部门的人力素质、年龄、年资等;各部门内人员的离职率、新进率、流动率等;各部门现有生产力指数,如每人服务店数、每人负担营业额、每工时创造的营业额等。人力需求预测的内容是:动态的应有人数、留任人数(现有人数扣除人力损耗)、需求人数(应有人数减去留任人数)。

②连锁企业招聘原则

A.量才使用原则。招聘录用时,必须考虑工作岗位的工作要求和有关人员的专长并量才录用,保持人员与岗位相适应。

B. 公开公平原则。公开招聘的岗位、数量、时间、条件及考试办法,给所有应聘者公平竞争的机会,从中选择优秀应聘者。

C. 全面考察原则。对招聘员工应兼顾德、才、体、能等方面。

D.适合录用原则。因岗择人,保证人员与岗位的匹配度。

③招聘媒介和招聘方式

招聘媒介主要有:

A.媒体广告,如报纸、杂志、电视、车厢广告、公司统一发票广告、购物袋广告、网络广告、灯箱广告等;

B.店头 POP,如店内招牌、门市橱窗、DM(直邮)传单;

C.招募传单,采用夹报或卖场柜台置放招募传单方式,适合特定地区人员招聘。

招聘方式主要分为内部招聘和外部招聘。根据来源的不同招聘方法也不同。主要有店内招聘、员工介绍、人才招聘会、校园招聘、求才说明会、离职员工复职、广告刊登、校企合作等形式。

(4)连锁企业人力资源培训

①连锁企业人才培训的特点

A.系统内克隆。在连锁系统内基础培训是相同的,例如:对各分店店长和其他工作人员的工作范围、工作任务、工作技能等要求是一样的。培训人才的捷径就是将新员工送到各家分店顶岗见习或用老店有能力员工到新店中,担任重要角色,指导、培训新员工。

B.周期性活动。因为连锁企业在经营过程中客流量不是平均分配,而是有高峰的。如大型连锁超市的高峰期为中午 11 点左右和下午 5 点左右,这就要求店面工作人员工作安排有一定的周期性。培训工作也必须适合这一特点。

C.层次差异性。连锁企业对不同职位的人才,其工作能力要求是有差异的,所以在员工培训时,不同层次的员工采取不同的培训方式。如理货员培训强调操作,店长培训强调管理,企业高层培训强调决策和行业动向研讨。

D.战略投资。培训工作不是短期的,而是企业长期人才战略的重要内容。为了企业的长远利益,须进行持续培训和再培训工作。企业培训成功与否的标志,不是短期利益,而是最终效益,所以说企业培训是战略性投资。

②培训方法

连锁经营企业人力资源的培训方法是受培训内容决定的,为了确保培训达到良好效果,必须要选择有针对性的培训方法,主要包括:

A. 课堂教授、实地参观、现场实习。此种方法适合新员工岗前培训,能够使新员工在上岗前对企业的现状和发展、规章制度、企业文化等有全面的认识。

B. 专业培训人员的指导性培训和传统一对一培训。此种方法对员工掌握专业技能和新方法、新知识非常有效,因此此种方法比较适合在职培训。

C. 企业外部进修、访问。此种方法适合促进企业中层管理人员提高管理水平。

(5)连锁企业的薪酬制度

①薪资政策

薪酬制度是连锁企业人力资源管理的重要内容。作为一个有一定规模的企业,薪酬制度必须有明确可循的薪资政策,以作为给付依据。薪资政策包括国家的工资政策、企业的薪资制度两个层面。在具体操作上要考虑企业效益、地区水平、行业特点、个人情况等因素决定。且不患寡而患不均,薪资政策要公平地回报员工付出,且具备激励性。

②薪资制度

连锁企业的薪资制度不是统一的,而是根据岗位的不同,大多数采用不同的薪资制度,主要有以下几种类型:

A. 固定薪资制。特点是给薪固定但缺乏激励,适用于后勤正职人员。

B. 薪资加奖金制。其特点是既有保底,还有一定程度的激励,较适用于店铺的营业人员。

C. 奖金制。特点是无保底工资,只需销售提成奖金,不确定性大,适用于敢于冒险、雄心勃勃的销售人员。

D. 钟点计薪制

计算公式为:

$$工资 = 工作时数 \times 每小时薪资$$

每小时薪资可变化也可不变。若变化可根据员工连续工作的时间,满足一定标准进行调整,适用于兼职人员。

E. 计件工资制

计算公式为:

工资＝生产件数×件工资额

适用于物流系统的员工工资。

③福利制度

连锁企业的人力资源管理部门必须明确国家和企业的福利内容，依企业的财务能力决定福利的大小。福利主要包括以下几点：

A. 社会保险。主要包括养老保险、失业保险、医疗保险、工伤保险、住房公积金。这是国家要求企业必须履行的职责。

B. 休息。在我国企业员工有权利享受国家规定的节假日。企业在这一时间要求员工上班，应给予不低于平时工资2倍的报酬。

C. 休闲。国内外旅游、社团活动、休闲俱乐部会员等。

D. 补助。婚丧喜庆补助、子女教育补助、急难补助、节庆福利品等。

E. 进修。在职进修、国内外研究考察、报销学费、内部学历承认等。

F. 奖励。红利、股份、退休金、工龄奖励等。

G. 其他。提供住房、健康体检、法律服务、儿童托管、主管配车、燃油报销、员工餐厅等。

(6) 绩效管理与职务升迁

企业员工根据岗位职责工作，而工作的水平高低、质量好坏、效率效益高低均需做出绩效评价，然后作为员工考核奖惩的依据。在这里绩效管理是基本工作，进行绩效管理必须注意以下方面的内容：

①确定绩效管理的时间范围、项目内容和评价标准。

②确定绩效评价的具体时间和次数。

③实施绩效评价。

A. 把实际绩效与评价标准进行对比以确定是否完成项目内容。

B. 分析被评价对象的工作态度。

C. 分析被评价对象的环境氛围和协作关系。因为后两点不好，会有损于连锁企业的形象，使企业无形资产遭受损失。

④绩效面谈。评价结果得到双方确认，才有助于后面工作。

⑤确定评价项目的权重及所占分数。评价后加以统计，做出排序。然后依据企业的薪酬调整计划和升迁规划做出调薪和升迁决策。

有效公平的职务升迁对连锁企业来说也是至关重要的，尤其是连锁店组织层次越来越多时。事实上，员工未来的发展性预期和升迁的公平性与否，常是造成员工离职的主要原因。因此，明确的升迁路线和公平的晋升原则，是连锁企业留住人才的有效方法之一。

A.公平的选拔方式要标准化。如果用人制度在公开选拔的基础上,操作规范化、标准化,必然有利于人才的选拔和升迁的顺利进行。一般认为,选拔方式应有以下几个方面:笔试、面试、实操演示、主管会议评议、专家评议等。

B.明确的晋升路线要制度化。如晋升的资格限制、晋升时机、晋升人数、晋升方式应有明确规定,且按章执行。

5.5.3 连锁企业管理信息系统

(1)管理信息系统的意义和分类

管理信息系统(Management Information System,简称 MIS)是基于管理学理论,使用计算机、网络通信和信息处理技术的系统。MIS 以解决企业所面临的问题为目的,以数据库和数据处理为基础,能够为企业的各层次、各部门提供信息。管理信息系统可以帮助企业解决结构化、半结构化以及非结构化的决策问题,提高信息效用。

管理信息系统最大的特点是高度集中,能将组织中的数据和信息集中起来,进行快速处理,统一使用。有一个中心数据库和计算机网络系统是 MIS 的重要标志。MIS 的处理方式是在数据库和网络基础上的分布式处理。随着计算机网络和通信技术的发展,不仅能把组织内部的各级管理联结起来,而且能够克服地理界限,把分散在不同地区的计算机网互联,形成跨地区的各种业务信息系统和管理信息系统。管理信息系统的另一特点是利用定量化的科学管理方法,通过预测、计划优化、管理、调节和控制等手段来支持决策。

管理信息系统面向企业经营管理,强化企业的内部功能。管理信息系统按照不同管理层人员的需求,可以设计不同功能。企业管理可分为三个层次:战略规划层、管理控制层和操作控制层,据此,管理信息系统又可分为决策支持、管理信息和数据支持系统三大类。

(2)管理信息系统的应用

管理信息系统最早应用于企业主要是面向事务的单项业务处理,如工资管理、人事管理、出入库管理等。由于各系统之间缺乏整体设计,数据重复存储及数据不一致,彼此之间形成事实上的应用孤岛。20 世纪 70 年代前的计算机管理系统大都可归于该类。

现代企业应用的管理信息系统,主要经历了三个阶段,目前正从深度和广度上进一步发展。

①Material Requirement Planning,译为"物料需求计划",记为 MRP。实践表明,成功实施 MRP 能显著地降低库存量。它是在订货点法基础上发

展形成的一种新的库存计划与控制方法,是建立在计算机基础上的生产计划与库存控制系统。其主要内容包括客户需求管理、产品生产计划、原材料计划与库存记录。MRP 是一种保证既不出现短缺,又不致造成库存积压的计划方法。它从主生产计划出发,根据物料清单逐层分解主生产计划,并结合库存实际情况,得到分时间段的各类计划数据。

②Manufacturing Resource Planning,译为"制造资源计划",记为 MRP Ⅱ。MRP 系统的出现,使生产活动方面的各种子系统得到了统一。但在企业管理中,生产管理只是一个方面,它所涉及的不仅仅是物流,还有与物流密切相关的资金流。但这在许多企业中是由财会人员另行管理的,因而造成了数据的重复录入与存储,甚至造成了数据的不一致性。在这样的背景下 20 世纪 80 年代,人们把生产、财务、销售、工程技术、采购等各个子系统集成为一个一体化的系统,称为 MRPⅡ。同 MRP 的主要区别就是它运用管理会计的概念,用货币形式说明了执行企业"物料计划"带来的效益,实现物料信息同资金信息的集成。

③Enterprise Resources Planning,译为"企业资源计划",记为 ERP。ERP 强调供应链管理,除了传统的 MRPⅡ系统的制造、财务、销售等功能外,还增加了分销管理、人力资源管理、运输管理、仓库管理、质量管理、设备管理、决策支持等功能;支持跨地区、跨国界运行,其主要宗旨就是将企业各方面的资源充分调配和平衡,使企业在激烈的市场竞争中全方位地发挥足够的能力。

20 世纪 90 年代后,企业间的竞争已经不是单一企业与单一企业间的竞争,而是一个企业的供应链与另一个企业的供应链之间的竞争。面向企业内部资源全面计划管理的思想,逐步发展成为有效利用和管理整体资源的管理思想,ERP 随之产生。

ERP 与 MRPⅡ的重要区别是:MRPⅡ主要侧重对企业内部人、财、物等资源的管理,而 ERP 把客户需求和企业内部的制造活动以及供应商的制造资源整合在一起,并对供应链上所有环节进行有效管理,这些环节包括订单、采购、库存、计划、生产制造、质量控制、运输、服务与维护、财务管理、人事管理、实验室管理、项目管理、配方管理等。现在 ERP 的概念外延更加广泛,并在不断地发展。

(3)管理信息系统的发展趋势

①网络化及集成化趋势

WEB 技术的出现及迅速普及,使企业内部各部门之间、企业与合作伙伴之间、企业与最终客户之间进行信息共享与交换的需求越来越迫切,导致基于

Internet 的企业管理信息系统的发展。其特点是面向各业务流程开展运作，支持基于全局供应链和建模及仿真优化基础上的商务协同，以客户持续满意为目标，以敏捷性为特征，最终实现企业间双赢或多赢的协作效果。

集成化表现在从企业内部的信息集成、功能集成发展到过程集成、企业间的集成和网络集成。从管理思想来看，它也是各种管理思想的信息化集成。管理信息系统蕴涵的管理思想可以归纳为三种：面向企业功能（如办公自动化 OA）、面向企业过程（MRP Ⅱ）、面向产品生命周期（SCM）。随着电子商务的发展，管理信息系统会发展成为一种融合了各种管理思想的面向产品生命周期的集成系统。

②智能化趋势

在管理信息系统的应用范围更广泛、呈现行业化的趋势的同时，激烈的市场竞争迫使企业必须快速、准确地作出决策，面对这一情况，管理信息系统在深度上便呈现出智能化的趋势。智能化决策支持系统是将人工智能引入决策支持而形成的一种信息系统，它最初由专家系统和决策支持系统结合而成，在结构上比原来的决策支持系统增加了知识库与推理机。另一种基于知识的智能技术是数据挖掘，它是高层管理决策支持能力的一种重要工具和手段，目的是从大量数据提取事前未知的、对任务有用的信息，从中发现隐含在数据中对决策有帮助的规律和知识。

近年来，决策过程智能化的重要发展是智能体概念的出现。智能体是一种在特定环境下能在感知环境后自治地工作去实现预定目标的程序。在管理中，它能对问题进行查询、决策，与其他智能体协作或控制其他智能体的行为。新一代的生产力是智能生产力，新一代的生产力系统是人机智能系统。管理信息系统和决策支持系统运行的智能化将是未来的发展方向。

③向平台式管理信息系统发展

随着企业建模思想的成熟，在面向企业功能、面向企业过程及面向产品生命周期等方面积累了大量的企业模型，在这些企业模型的基础上，对这些模型按照行业进行分类，然后再按照行业大类、行业小类逐步细化，最后可建立面向行业大类、面向行业小类的企业参考模型。在企业参考模型的基础上，按照软件复用的思想自上而下地对每部分程序化、构件化，并根据通用的目的进行参数化。这样随着各类模型库的丰富和面对特定对象的构件的完善以及管理思想的日益成熟，就可构建出平台式的管理信息系统，它能够针对具体的企业在参考模型的基础上，根据企业实际情况稍作修改，就能在大量的构件库中快速组装出具有个性化的企业管理信息系统。平台将是管理信息系统发展的趋势。

第五章　连锁经营企业的组织与主要管理系统

本章小结

本章主要介绍连锁经营企业的组织结构以及核心经营管理职能——新店开发、采购管理、商品营运、物流管理、财务管理、人力资源管理、信息管理等。并从操作层面就各经营管理子系统的具体运作展开了探讨。

复习题

1. 简述连锁零售企业的新店开发流程。
2. 简述连锁零售企业常见采购流程。
3. 简述连锁零售企业营运系统的组织构成和主要职能。
4. 连锁零售企业的人力资源管理系统主要职能有哪些?

案例分析

国美历程

国美电器有限公司成立于1987年1月1日,是一家以经营各类家用电器为主的全国性家电零售连锁企业,隶属于北京鹏润投资有限公司。多年来,国美电器始终坚持"薄利多销、服务争先"的经营策略,把规模化的经营建立在完善的售后服务体系基础之上,从而得到了广大消费者的青睐。目前,国美电器已发展成为全国最大的家电零售连锁企业,在北京、天津、上海、成都、重庆、郑州、西安、沈阳、济南、青岛、广州、深圳、杭州、昆明、福州、宁波及山西、河北、吉林、江苏等省市拥有150余家大型连锁商城,10 000多名员工,年销售额达200多亿元,跨入中国商业连锁前三,并成为长虹、TCL、康佳、厦华、海信、东芝、索尼、松下、LG、飞利浦、夏普、三洋等众多厂家在中国的最大经销商。在吸取国际上连锁超市成功经验的基础上,国美电器结合中国市场特色,逐步确立了"建立全国零售连锁网络"的经营战略。2003年11月,国美在香港开设了第一家门店,2004年,国美进入国际市场,逐步树立国美的国际商业品牌。该企业在中国企业联合会、中国企业家协会联合发布的2006年度中国企业500强排名中名列第53,2007年度中国企业500强排名中名列第37。2008年,在世界品牌价值实验室编制的"中国购买者满意度第一品牌"中排名第5

位。2011年,开始扩张提速,计划新开400家左右门店。2011年9月,《福布斯》公布2011年亚洲上市企业50强榜单,国美电器位列第14位,成为亚洲唯一入选的家电零售品牌。2013年6月5日,国美在线入驻天猫。

国美的迅速发展得益于三件宝:

1. 连锁化经营。国美电器采用"正规连锁"和"加盟连锁"两种经营形态,但无论何种经营业态,均属同一经营系统。经营业务实行总部统一管理、统一订货、统购分销、统一形象,这种规模化发展策略最大限度地降低了经营成本,使费用分摊变薄,以求得更实效、更迅速地扩展国美电器的连锁之路。

2. 三级管理体系。国美电器连锁系统组织机构分为总部、分部、门店三个层次:总部负责总体发展规划等各项管理职能;分部依照总部制定的各项经营管理制度、政策和指令负责对本地区各职能部门、各门店实行二级业务管理及行政管理;门店是总部政策的执行单位,直接向顾客提供商品及服务。

3. 经营管理手册。总结成功经验,借鉴国际先进管理理念是国美管理上不断跃升的源泉。随着国美的成功,国美人自己在实践中不断总结出的管理模式,即国美经营管理宝典——《国美经营管理手册》,从企业的文化、组织规范、经营模式、各岗位的职能到工作流程、标准以及管理制度,在其中都有严格而切合实际的行为规范。它是国美在走向明天更加辉煌的进程中的坚实基础,是企业持续、稳步发展的有力保障。

思考:

1. 请结合"国美三件宝"分析其成功因素。
2. 如果你是国美老板,请找出进一步放大利润空间的机会点。

实训项目

某麦当劳门店商圈调研

实训目的:通过对某麦当劳门店周围商圈和客流进行调研,了解其选址的依据,加深对连锁企业门店开发流程的理解。

实训内容:选择某一麦当劳门店,对其开展商圈及客流调研,了解其目标顾客的来源、消费能力、消费喜好、消费特点,同时搜集与麦当劳门店开发相关的资料进行学习。

⊙ **第五章　连锁经营企业的组织与主要管理系统**

　　实训要求：按照实训目的，3～4名同学一组，分组对某一麦当劳门店进行现场走访和调查，了解其目标顾客的来源、消费能力、消费喜好、消费特点，同时结合网上调查，了解麦当劳门店开发的相关流程。根据调查结果，撰写麦当劳单店开发情况报告。

第六章 连锁经营的发展趋势

学习目的

1. 能搜集相关材料并进行研究,同时结合现实观察,分析、总结国内连锁零售行业目前存在的主要问题;
2. 能借鉴相关材料,同时结合个人体会,提出一些解决国内连锁零售行业主要问题的对策建议,并归纳出国内连锁零售行业的发展趋势;
3. 能有针对性地搜集一些关于全球连锁经营行业发展动态、趋势的前瞻性报道或理论文章,并能在读懂的基础上进行分析、评论。

引导案例

电商对决传统零售,银泰要WIFI做什么?

临近十一,除了新店开业外,国内零售巨头银泰正在其百货店和购物中心里铺设免费WIFI,按照银泰的计划,到2013年年底,银泰所有实体门店都要架设好WIFI。

银泰要WIFI干什么呢?当然不是为了方便店里的顾客发微博、在微信"打飞机"。想想银泰的总部在哪里,在杭州——那里也是阿里巴巴的大本营。阿里巴巴集团主席马云曾说过,电子商务对于传统零售业的战争,是新势力和旧势力的战争。零售业当然不想坐以待毙。在电子商务不断攻城拔寨,大型百货卖场有沦为"试衣间"的风险后,零售业从业者也认真反思过自己的尴尬处境之根源。有人形象地称之为"两头不靠"。从商品层面说,传统百货业无论是返点还是流水倒扣,本质上都是二房东似的"间接经营",他们并不知道每个品牌下哪一款产品卖得好,为什么卖得好。从顾客层面说,他们并不知道在一个购买行为从发生到完成,顾客都浏览了哪里、在哪里停留、停留了多久,为什么购买,或者说为什么不购买。

对于电商企业,这一切都很容易解决。在网上购物,都需要先注册账号,这就使得电商企业可以通过会员制对消费者进行身份识别和路径跟踪。这正是银泰要解决的问题。首先将门店商品数字化,实现零售的管理和统筹,再逐步抓取用户数据,包括进店用户数据和VIP用户数据,利用银泰网,打通了线下实体店和线上的VIP账号。在百货和购物中心铺设免费WIFI,意义正在于此,有了这个基础,线上线下融合才可以真正实现。

这意味着,当一位已注册账号的客人进入实体店,他的手机连接上WIFI,后台就能认出来,他过往与银泰的所有互动记录、喜好便会——在后台呈现。银泰网甚至可以累积不同用户对品牌和折扣喜爱程度的数据,依托成熟门店的相关数据,再根据新开门店所在城市的用户分析,导出新开门店组货和招商的指导意见。

"顾客在线下体验和在线上的互动交流、信息收集、比价是一个有机的融合。"银泰商业集团CEO陈晓东认为,当把线上线下的数据放到集团内的公共数据库中去匹配,银泰就能通过对实体店顾客的电子小票、行走路线、停留区域的分析,来判别消费者的购物喜好,分析购物行为、购物频率和品类搭配的一些习惯。这样做的最终目的是实现商品和库存的可视化,并达到与用户之间的沟通。在这些购物数据基础上,银泰还在尝试给客户进行商品的个性化推荐。

架设WIFI的背后,是银泰尝试利用大数据来重新打造卖场与客户之间的关系。大数据正逐渐成为左右百货生存发展的无形大手,问题在于大数据对于零售业到底是什么,银泰的答案是,"最重要的是做客人、商品、活动的结合。"银泰希望能充分挖掘会员信息,使会员卡不仅仅有促销积分的功用,也能为商家提供数据。在线下活动中可以贴上二维码,将活动信息与消费者个体的信息联系起来。以此为拓展,根据社交活动的信息及消费倾向,进行更为精准的营销。

另外一个尝试是,银泰希望加强客户之间的社交属性,改变电子商务中缺乏娱乐和社交属性的问题,推出"银泰闺蜜圈",依托原VIP卡,面向女性VIP客户,线上推送闺蜜的定义、范围以及一些有趣的时尚信息,3

人以上的银泰 VIP 客户组群能享受更多积分与活动优惠,可以轻松创立、参与、退出或注销。

所有这些尝试,毋庸置疑带有一定的银泰"特色",未必适合所有百货零售企业,但这些探索毕竟是一种有益的尝试,或许零售业未来的转型方向就蕴含其中。

(来源:中国企业家)

职业指导

近年来,连锁酒店业在华激进扩张,导致人力严重短缺。事实上,无论是万豪、洲际、喜达屋、凯悦等国际巨头,还是本土的万达、绿地等开发商,抑或是如家、7 天、布丁等经济型酒店,都宣布了未来大幅度的扩张计划,不论是基层服务人员还是管理者,都成为这些酒店扩张之后不得不考虑的问题。业界预计,2012 年至 2018 年我国三星级酒店和经济型酒店年均复合增长率有望达到 15.9%,随着劳动力成本逐年增长,人力资源成为酒店行业发展的关键之一。

2012 年开始,万达集团开始逐步涉足购物中心、酒店、文化、旅游等行业,目前对万达来讲,最大的短板就是人才。

苏宁在卖场时代形成的人才培养和管理体系正在成为其互联网化的最大危机,在与国美两大巨头瓜分市场的时代,苏宁的人才体系曾经是其成功的关键因素,但现在却正在成为苏宁互联网化需要解决的最大问题,苏宁现在急需培养或者引进一大批真正懂电商、技术、快速供应链的人。

来自淘宝大学的统计数据显示,目前仅针对在淘宝平台上的电商企业而言,人才缺口就高达百万,而整个电商行业未来三年的人才缺口将达到 445.7 万。

日本企业有两大优点:一个是内部管理,另外一个是服务。日本的精细化管理,包括整个对零售人员管理和培训的完整体系,在商品组合、陈列等经营细节上的讲究以及对购物卡、现金流等产业链价值的挖掘,一直是中国零售企业学习的对象。近年来,国内连锁零售企业纷纷派人去日本企业学习,或者干脆从日本企业"挖角"。

2013 年 8 月,沃尔玛 CEO 麦克·杜克表示,将争抢硅谷人才,投资

> 新技术,从而帮助企业在国际上增长,并与亚马逊等竞争对手抗衡。
>
> 从上述新闻摘编可以看出,受经济全球化、技术进步、竞争日趋激烈、消费者偏好变化等因素的影响,国内外的连锁经营行业正在经历着大转折和革新,由此也引发人才需求领域的巨大变化,各类连锁经营企业需求的人才规格、数量、质量要求都在不断发生着变化,对身处其中的从业人员来说,机遇和挑战并存。连锁经营企业的从业人员必须密切关注连锁经营行业的发展动态,分析行业和企业的发展趋势,根据行业和企业的需求,树立终身学习理念,不断提升自己,方能在职场立于不败之地。

第一节 国内连锁经营目前存在的问题

近年来,国内连锁经营企业在稳定发展的同时,也面临着诸多问题,以连锁零售企业为例,就面临着网络布局和业态结构不合理,企业经营费用增加过快,传统经营模式转型步伐缓慢等问题。2012年,尽管国内零售企业营业利润实现了小幅增长,但企业毛利率和净利润分别比上年下降0.9个百分点和0.19个百分点。

6.1.1 连锁零售企业布局不合理,局部地区竞争已趋于饱和

近年来,我国连锁零售业虽然总体上发展迅速,但依然呈现出明显的不均衡现象,主要表现为东部沿海地区发达而西部内陆省区相对落后,在北京、上海、广州、深圳、浙江、江苏等一些省市,各类连锁零售企业业态丰富,网点布局接近饱和,竞争已非常激烈,而在中西部省区,特别是在中西部省区的农村,各类连锁零售企业发展仍相对滞后,业态单一、零散,商业网点建设不足,经营规范化程度低,消费环境没有明显改善。

从2011年下半年开始,受国内外经济环境变化的影响,国内连锁零售业普遍出现明显的销售增长乏力甚至负增长现象,开店速度明显减缓,消费者的客单价下降。为应对日益微薄的利润空间,以规模求生存,便成了许多连锁零售企业的必然选择。由于一二线市场零售市场趋于饱和,单店销售增长难度加大,房租等经营成本在持续快速上升,新开店的培育期明显拉长,许多连锁零售企业纷纷将扩张的目光投向了三四线城市,加快了在三四线城市,甚至乡镇的网点布局,如苏宁电器仅在2011年就在三四线城市新建了300家门店,国美电器近年来的新增门店有 60% 开在二三线市场。

6.1.2 受多种因素影响,传统连锁零售企业亟待转型

随着国内电子商务的发展,越来越多的消费者,尤其是年轻消费群体已逐渐将网购当作购物的主要消费方式,超市出售的商品,网上也应有尽有;百货店的品牌服饰,网上一搜索,也可以找到一模一样的,而且价格往往还比实体店便宜。那为何不到网上购买商品呢？就这样,到实体店看看实物,试试款式、型号,再到网上下单的购物方式逐渐兴起。实体店在某种程度上正在逐渐变成网购环节中的"试衣间",这一趋势让实体零售处于尴尬境地。

中国连锁经营协会发布的《2013 中国零售业发展报告》显示,2012 年国内网络零售市场交易规模达 1.31 万亿元,同比增长 67.5%,占当年社会消费品零售总额的 6.23%,比 2011 年提高近 2 个百分点。同时,网络购物的交易平台开放化程度进一步提高,网络零售经营的范围进一步扩大。但实体零售店则与之形成鲜明的对比。以经营实体店为主的全国连锁百强企业销售额 2012 年占社会消费品零售总额的 9%,比上年下降 2.2 个百分点,为 2003 年以来首次出现比重下降的情况。

从总体上看,近年来,电子商务通过低廉的价格、便捷的支付、送货上门等周到服务迅速抢占零售市场份额,使传统销售渠道受到冲击。为了应对冲击,许多传统零售商纷纷加大电商投入,开展网络零售业务。但左手与右手的互搏及线上与线下的激烈竞争,加之巨大的前期投入,也给零售商的短期利润增长带来压力。未来零售业将何去何从,谁也无法断言,但可以肯定的是电子商务将彻底改变现有市场渠道的格局,至于勇于尝试网络零售的传统零售商是否能够获得成功,则需要拭目以待。

长期以来,我国连锁零售业的市场定位雷同情况非常严重,经营缺少特色,竞争呈现同质化,缺乏创新精神,缺少新的利润增长点,从而难以形成具有本企业特色的竞争优势。这种大众化的趋同在百货业尤其明显,国内百货业多年来习惯于采取出租柜台的经营方式,当"二房东",这直接导致了百货业的高度同质化,主要表现在经营定位的同质化、商品品类的同质化、商品品牌的同质化、服务的同质化以及营销手段的同质化。在营销方面,商家除了没完没了的价格战之外,似乎没有更好的竞争手段。与此同时,传统百货商场"大而全"、"千店一面"的特征,使得顾客"进一店而知千店",达不到吸引消费者注意力、培养忠诚顾客的目的。这一问题直接导致传统百货企业资源浪费严重,企业之间的价格竞争加剧,效益下降,企业发展后劲受到影响。

随着消费者消费水平的快速提升,简单的价格竞争对很多中高端消费者已经失效,而富有"个性化价值"的商品、营销及服务在百货业竞争日趋激烈的今天,越来越受到消费者的青睐。

由中国连锁经营协会与德勤中国联合发布的研究报告《中国零售力量2013》认为,当前国内零售行业正处于整体低迷的不景气状态。从2012年零售行业上市公司年报数据来看,其营业收入和净利润同比分别增长了12.2%和－7.7%,营业收入增速明显回落,净利润多年来首次出现负增长。从企业运营角度来看,全国百家大型零售企业零售总额同比增长率也降到6年来最低水平,增长仅为10.8%。

6.1.3 企业经营费用增加过快,利润增长乏力

近年来,随着人力、物流等各类成本的提高,传统零售行业已步入"微利时代"。一方面零售企业员工收入增速高于全国平均水平,每年大约增长5%至10%;另一方面商业地产的租金率平均每年大约增长3%至5%左右,核心黄金商圈的租金年均增幅甚至达到10%以上。人均工资和租金率的同时上升,意味着零售企业迫切需要更大的盈利空间来弥补这些成本。

但当前零售行业整体却显示出不景气状态,净利润下滑成为行业内普遍现象。究其原因,一方面是由于经济增速减缓,消费明显不足;另一方面也是由于竞争日趋激烈,局部市场饱和。尽管国家已经出台诸多提振内需、促进消费的举措,但在经济增速下滑并向消费终端传导的背景下,零售业景气下滑的态势短期内难以改善。

除前述的网购冲击外,房租和人工费用等成本的上涨也给连锁零售企业的实体零售店带来很大的经营压力。统计数据显示,2011年连锁零售业人工费用上涨26%,租金成本上升10%。中国连锁经营协会发布的《2013中国零售业发展报告》显示,以大型连锁零售企业为主的连锁百强企业,2012年平均房租上涨21%,人工上涨20.5%,水电费上涨16%。

由中国连锁经营协会与德勤中国联合发布的研究报告《中国零售力量2013》则显示,2012年,被调查的样本百货企业的员工工资、房租和水电费三项费用总体增加16.2%,其中水电增幅最高,为18.6%(图6.1)。百货店的第一费用仍然是员工工资,其次是房租和水电。人工工资连续三年成为百货店第一费用,员工工资的增长速度远快于员工数量的增长。企业面临较大的人工费用和租金成本压力。

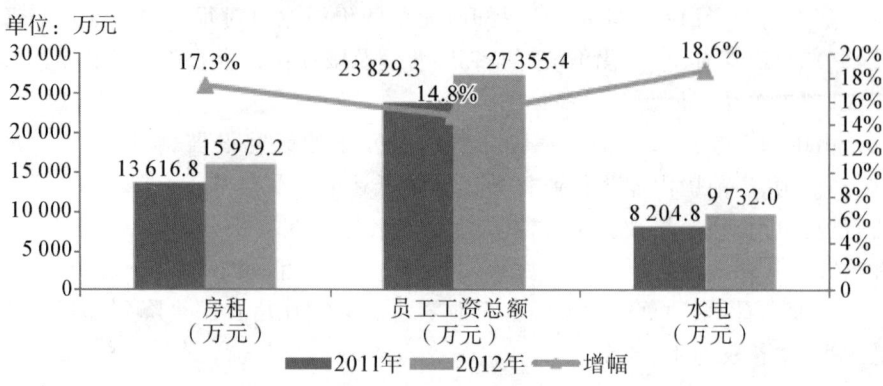

图 6-1　样本百货企业的三项成本费用及增幅

从成本费用结构上看,2012 年,被调查的样本百货企业的员工工资占比有小幅下降,房租、水电费占比略微上升,但整体结构变化不大。单位人工成本的上升是人工成本上升的主要原因,而企业经营规模的不断扩大,房租上涨、续租到期则是房租成本上升的主要因素(图 6-2)。

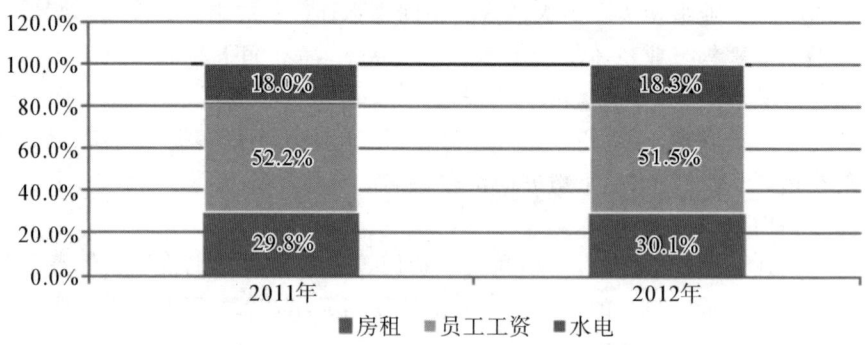

图 6-2　样本百货企业三项成本费用结构

6.1.4　购物中心发展迅速,但分布不均匀,空置率较高

购物中心在我国的发展历史较短,从 2004 年起步,2008 年金融危机后经过短暂调整,现在已经进入快速发展期。相关统计资料显示,截至 2012 年底,北京、上海、广州、深圳、武汉、成都及重庆这七大一、二线城市的购物中心存量已经达到 4 243 万平方米。其中 2010—2012 年,七大城市的购物中心新开业体量分别高达 581、668 和 705 万平方米。2013 年七大城市将继续推出购物

中心2 034万平方米,是2012年开业量的2.9倍,且逼近2012年年底已有购物中心存量的一半,可谓"火箭式"增长。

相关统计资料显示,最近四年,各城市的大型购物中心开发迅速,从增量来看,武汉、重庆及成都增加10个大型购物中心,深圳、广州则相对缓慢。而社区购物中心面积较小,商业面积通常在3万～6万平方米之间,主要服务周边2～3公里范围内的消费者,现阶段也已经成为开发中的重点。社区购物中心在上海、北京、深圳的发展较快,而成都、重庆、武汉等地增加相对缓慢,未来仍有较大的发展空间。

在我国,许多城市的购物中心在空间分布上呈不均匀的特点。以深圳为例,购物中心主要集中在罗湖、福田、南山及宝安的中心区,而具有大量人口的边缘区域购物中心仍然较为缺乏。不过由于城市中心区域的土地供应有限,郊区土地供应较大,且发达城市郊区消费能力也较强,购物中心开发商近几年加快了在郊区拿地和开发购物中心的步伐,在北京、上海、深圳等发达城市比较显著,未来郊区的购物中心开发将进入白热化竞争阶段。

例如,北京市四环以外购物中心面积在2012年年底已经达到293万平方米,成都市2012年底虽然只有5个购物中心在运营,但是未来3～5年郊区将新开29个购物中心,新增体量高达322万平方米,占据成都市未来供应量的82%,且主要集中在城南高新区,以城市综合体中的购物中心为主。

一方面是购物中心的大量推出,另一方面却是购物中心商业空置率居高不下,经营风险激增,未来购物中心竞争还体现在经营能力的竞争,购物中心已经进入经营时代。相关统计资料显示,2012年广州、北京、上海及成都等地购物中心的空置率依然较高,在10%左右,已经超过空置率合理区间(6%左右)。

由于北京、上海是零售市场最活跃的城市,也是国际品牌进驻中国的首站城市,零售物业需求较大,因此租金在2012年持续增长;广州则由于珠江新增近几年集中开业的购物中心较多,租金不断在高位徘徊;而深圳的优质零售物业相对缺乏,其租金在2012年也有所上涨。但是在二三线城市,如成都及重庆,由于经济、消费支出相对落后,过快的购物中心开发速度超过消费者的承载力;另一方面由于国际品牌、国内名品对这些城市的渗透率依然较低,导致其物业租金价格在2012年呈下滑趋势。

第二节 国内连锁经营的发展趋势

6.2.1 城镇化带来新机会,连锁零售企业将加快渠道下移

城镇化对零售业的拉动效应明显。数据统计表明,国内城镇化率每提高1%,会带动GDP增长0.8%,拉动消费增长1.5%。城镇化对零售业的作用主要体现在两个方面,即城镇居民比重上升带来的消费结构改变和消费能力提升。

2012年,城镇居民人均消费支出中,食品、衣着、家庭设备和娱乐教育文化分别占到36%、11%、7%和12%,而农村居民的这几类消费占比分别为38%、7%、6%和8%。显然与农村居民相比,城镇居民对衣着、家庭设备、娱乐教育文化等非食品类商品和服务有更高的消费倾向(图6-3、图6-4)。可见,新型城镇化将影响零售市场的结构和零售业态的变迁。

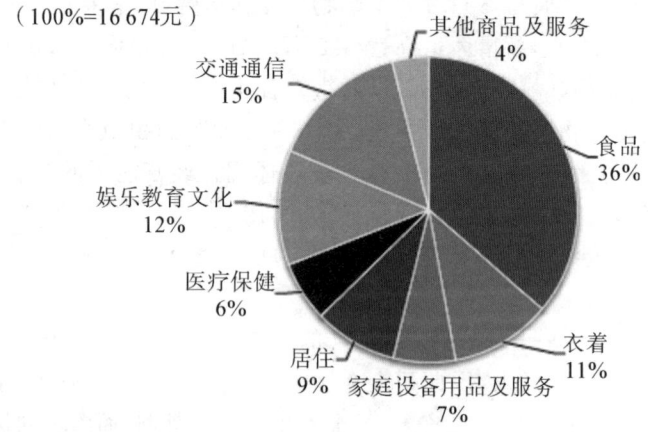

图6-3 2012年城镇居民人均消费

数据来源:国家统计局、德勤分析

中西部区域和三、四线城市将是未来我国城镇化率提升最快速的地区。从2012年中国连锁百强企业的表现亦可窥见一斑。在百强企业中,从一、二线和三、四线企业中各选10家典型企业进行分析后可以发现:一、二线10家企业的平均销售增幅为6%,门店数量平均增幅为2%;三、四线十家企业分别

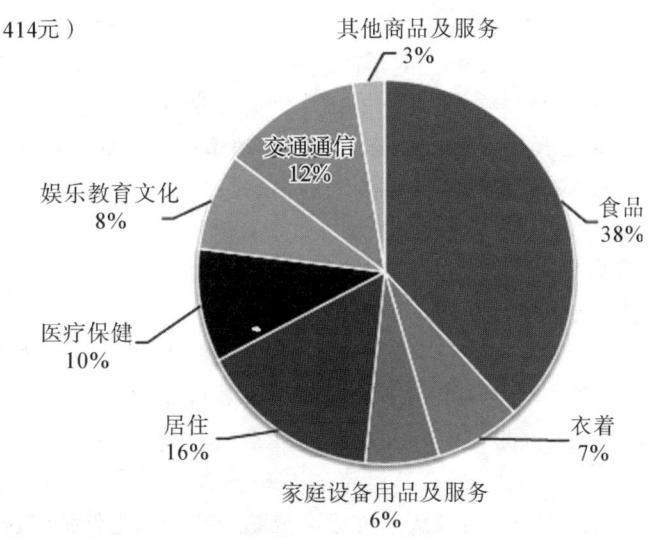

图 6-4 2012 年农村居民人均消费

数据来源:国家统计局、德勤分析

为 18% 和 17%,均明显高于前者。2012 年百强新上榜的 10 家企业,其中近半数为三、四线城市的企业。

未来,预计各类连锁零售企业的销售渠道会进一步下沉,经营网络重点会向三、四线城市延展。三、四线城市需求潜力大,租金和人工成本相对较低,加之国家实施"万村千乡市场工程"以及一些地区相继出台有关优惠政策,零售企业在三、四线市场发展的步伐将进一步加快,一些大型连锁企业纷纷向中小城市甚至农村地区延展渠道,在县、镇及乡村设立的零售网点将会明显增加。

6.2.2 应对激烈竞争,连锁零售企业将转变经营方式

(1) 跨界布局,多元化发展分散风险

近年来,整个零售行业进入慢增长时期,很多连锁零售企业为应对竞争,再次掀起了多业态拓展的热潮。与之前仅仅在原业态细分领域来开拓不同,最近两年很多连锁零售企业"跨界"发展,以连锁超市企业为例,很多连锁超市企业将触角伸向了餐饮、专卖店甚至是购物中心等业态。

2012 年以来,不止一家企业公布了跨业态经营的动向。永旺集团旗下推出"10 元店"业态 Living Plaza,该业态主打日本的创意时尚日常生活用品,包括厨具、文具、家居摆设、美妆用品和清洁用品等 4 000 多种日本原装进口的

特色商品,而且统一售价为人民币10元。湖南步步高商业连锁旗下的餐饮业态"太楚美食汇"也提出了未来两年将开50家美食连锁的计划。步步高一直将多业态作为核心竞争力之一,在开出餐饮业态之前,旗下已有超市、百货、购物中心和家电卖场等多种业态。以便利超市起家的成都红旗连锁自上市后也踏进了深度多业态的行列,继便利连锁店、24小时店及快捷店后,红旗也开始涉足购物中心的经营,2013年开出旗下首家购物中心。

跨界布局主要目的是分散风险提利润。此前,超市行业在第一轮的多业态拓展中,更多地是在超市业态内部进行深耕,根据定位和体量的不同,开出了高端超市、便利店、生活馆等门店。不过,归根结底这些业态还是属于超市行业,利润率也没有高出很多。根据西方零售业的发展特征,当人均GDP达到8 000美元后,购物中心和精品专卖店等业态开始高速发展。2012年,北京、天津和上海的人均GDP已超过1万美元,江苏、浙江等省也接近8 000美元,多业态综合发展的经济条件已经成熟。在利润走低的情况下,连锁超市企业纷纷开始进军专卖店、购物中心等领域进行突围。有数据显示,整个超市行业的利润率在1‰～4‰之间,要低于餐饮、百货及专卖店。超市的跨界经营不仅可以提升整体的利润率,也可以分散企业单一业态经营带来的风险。

另外,消费者的需求日益多元,也进一步驱动了连锁零售企业的业态多样化。最近几年,我国消费领域发生了很大的变化,独生子女、中等收入群体消费能力较强,随着城镇化进程的加速,农村市场潜力开始全面爆发。在满足基本生活需要后,人们开始强调提升生活品质,在关注消费效用的同时,更关注消费的体验性和品质感,追求个性,需求逐渐多元化。在此背景下,多业态经营近年来已逐渐成为零售业的主流趋势。未来,预计越来越多的连锁超市企业会"跨界"多业态经营,在经营中会更加注重生鲜、进口食品和自有品牌的商品开发,同时在采购模式上将会更多采用直采模式,更加重视配送中心的建设,以提高物流供应链的效率。预计越来越多的连锁百货企业会加快业态创新和品牌化建设的步伐。与消费需求的多元化、个性化、情感化特征相适应,连锁百货店将加快精细化、专业化发展,以更具魅力的品牌组合和更好的服务,实现差异化的、有竞争力的经营。

2012年的连锁经营百强企业中,有将近半数企业为多业态经营。零售业增长放缓、成本高企无疑已成为行业常态,在这样的大环境下,很多已经形成一定规模的零售企业扩大经营范围,涉足超市、百货、购物中心、便利店、电子商务等多种业态,以扩大销售规模、提升盈利能力。可以说,众多零售企业选择多业态经营,既是出于尝试多元化的主动战略,也是严酷经营环境下的被动选择。

当然,多业态经营的企业也应注意可能存在的风险。中国连锁经营协会曾从上市连锁零售企业里分别选取五家具有代表性且表现突出的单一业态经营企业和五家多业态经营企业做过对比研究,其中,单一业态经营的五家企业包括:苏宁、国美、高鑫零售、永辉超市及王府井百货;多业态经营的五家企业为:上海友谊股份、大商、重庆百货大楼、中百及武汉武商。对这些企业2012年的经营表现进行分析,从盈利能力来看,多业态经营零售企业的平均盈利能力更为突出,其净资产收益率和销售毛利率都高于单一业态经营企业,从运营能力来看,多业态经营零售企业的流动资产周转率指标均值也强于单一业态经营企业,但多业态经营企业在成长性方面的表现却不如单一业态经营企业,这与其规模较大有一定关系,同时也说明单一领域的精耕细作是企业成长做强的第一步。

(2)全渠道经营,线上线下融合发展

近年来,电子商务在我国高速发展,市场份额不断提升,对传统实体零售业而言,电子商务的高速发展已经对其造成严重的影响。此起彼伏的价格战不但吸引了各大媒体的追踪报道,消费者对电子商务的认识也逐渐清晰和深入。与此同时,在较低的成本优势下,电商依托更加实惠的价格不断地抢占线下实体店的市场份额,产品种类、产品的数量也在不断地拓展、增多。

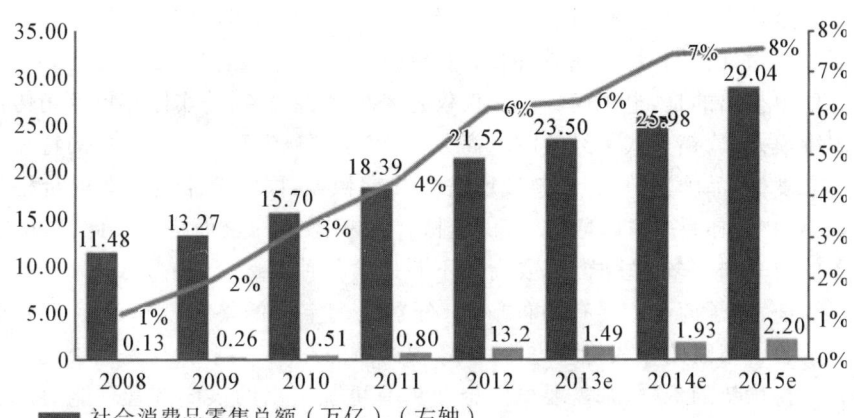

图6-5 我国网络零售市场规模及占比

数据来源:中国电子商务研究中心、德勤分析

对传统的以实体经营为主的零售企业来说，电子商务的威胁已经近在眼前，变革转型迫在眉睫。电子商务以其跨地域、全天候、低价格的优势不断地冲击着传统零售业的价格体系并带来营销渠道的变革。实体零售业"渠道为王"的时代已过，电子商务的时代已经到来。零售商家必须要跟上时代的步伐，顺应市场发展的趋势，向电子商务进军，主动积极的"触电"。"若想不被革命，必先革自己的命"，在主动"触电"方面，苏宁、国美等一些连锁零售企业已经做出了表率。

在网络购物、移动互联网兴起的时代，预计在未来，传统零售企业将会积极转型，加快拓展网络零售业务，通过自建网站，或者以并购方式来进入和占领网络市场，采取线上与线下相结合的方式，获得新的竞争优势。

事实上，这种趋势已经有所显现。目前许多传统零售企业都已经拥有自己的线上平台，也在积极地与其他开放平台合作，满足消费者不同的需求。调查显示，2012年连锁百强中有62家企业开展了网络零售，实现销售额约300亿元，但大部分规模还比较小，还没有探索出真正成功的模式。

当然，正处于高速发展过程中的电子商务也并非阳光满布，一片坦途，对其残酷的市场竞争，实体零售商家必须要有清晰的认识。当前国内电子商务的发展是以规模驱动，而非盈利驱动。这种驱动方式使得各电商企业为了抢占市场份额，价格竞争异常激烈，价格战此起彼伏，"赔本赚吆喝"的现象普遍存在。至今大部分电商企业仍处于烧钱亏本的状态。实体零售商进军电子商务必须要做好长期激烈"战斗"的思想准备。

值得指出的是，电子商务并非仅仅是一种销售渠道，若实体零售商用传统的思维模式、营销方式去经营电子商务，必然会遭遇失败。电子商务的特点是客户黏度低，品牌优势、客户忠诚度需要长期积累，同时要维持长久的价格优势，需要物流体系、IT信息系统、供应链体系等系统的全面构建。此外，电子商务的盈利来源多种多样，需要商家不断探索各种流量变现的方式。

当前，电子商务主要有两种形式，分别是淘宝式的平台型和B2C直营模式。随着价格战的长久持续进行，B2C模式鲜有盈利案例，无论是品类的扩张还是保持优势的价格，都需要电商企业具有更加突出的供应链管理能力以及销售规模。开放平台似乎已经成为电子商务发展的趋势，不管是发展势头良好的京东还是电商新星苏宁，目前都已开始推进平台开放，品类扩张。然而，一个优秀的电商平台需要长期的客户积累，初涉电子商务的实体零售商并不适宜采用。

实体零售商进军电子商务，需要有清晰的认识，并具有一整套的方案，包括市场定位、价格策略、产品策略、区域策略、物流系统、营销手段等等。首先，电子商务的消费群体、消费需求和消费偏好与实体零售不相同；其次，电子商务需要有强大的物流体系、供应链系统和 IT 系统作为支撑；再次，规模驱动的电子商务，需要商家根据自身的优势和特点，在规模和盈利中寻找到平衡；最后，实体零售商必须要有长期根植发展电子商务的决心。

此外，实体零售商"触电"过程中，必须要解决"左右手互搏"的问题。根据各自的实际情况，商家可以在市场定位上、产品种类上、价格体系上对线上和线下进行区别对待，避免资源内耗，不能形成协同效应。与此同时，实体零售商还需要明确线上线下主次地位，到底是以线下实体店为主，电子商务为辅，还是以线下实体店为基础，大力发展电子商务，实体零售商必须要有明确的认识。

随着经济的发展和科技的进步，电子商务也在瞬息万变之中。大数据、云计算、社交网络等预示着电子商务的未来发展方向。实体零售商在"触电"过程中，必须要保持开拓、创新的心态，谨慎而又自信地拥抱变革。

无论如何，业内人士已经形成共识，即转型升级是连锁零售企业必经之路。预计在未来，全渠道经营模式会日益受到重视，企业将不再是追求单一渠道的最优和最强，而是会积极发展全渠道经营，建立多元联动的渠道布局。实现渠道间的高度协同、相互融合，使消费者能够从实体店、网络平台、移动终端获得一致性的品质服务与购物体验。要想实现这一目标，企业将更加注重供应链的管理。包括高效地搜集消费需求信息，迅速向生产环节传递，深入参与到上游生产厂商的运作之中，与生产消费环节实现紧密对接，实现供应链企业的效益最大化。这种转变会使零供双方的利益更趋一致，使零供关系更加和谐。

(3)推行精细化管理，追求内涵发展

连锁零售企业过去关注的重点是扩张，但一味通过外延扩张来支持增长，早晚会难以为继。以连锁超市企业为例，2012 年连锁百强企业中，65 家大型超市和超市企业销售收入同比增长 6%，相比 2011 年显著下降。无独有偶，全球零售行业研究公司 Planet Retail 预测，2013 年中国超市行业（包括大卖场和超市）销售收入增速为 13%，门店数量增速为 10%，二者均会较 2012 年下滑，并在未来几年继续呈现放缓趋势（图 6-6）。

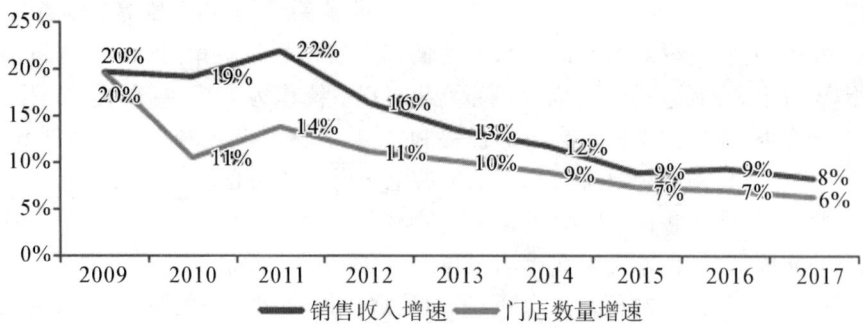

图 6-6　2009—2017 年中国超市行业预计增速

数据来源：Planet Retail、德勤分析

过去 10 年我国连锁超市的快速发展，很大程度上是依赖于门店增加带动的外延扩张。近年来，随着一、二线城市超市日趋饱和，超市扩张速度显著放慢。大型连锁超市企业纷纷采取异地扩张战略，到三、四线城市寻求发展，但是不少企业却深受异地发展困境之苦，甚至出现关店现象。在这种情况下，一些大型零售企业已经开始调整公司战略，不再轻易新开门店，而是将主要精力投入在做精做强现有门店，或者选择合适的中小型零售企业开展兼并收购，通过控股合作的方式进行扩张。

随着外延扩张的放缓，内生增长在拉动超市企业销售增速方面的贡献将增大。虽然经营成本越来越高，但由于终端消费者对价格敏感度较高，超市难以通过提价转嫁成本，要想提升毛利率，企业只能重视精细化管理，挖掘内部潜力。连锁零售企业要应对成本上涨，增加利润，未来的变革方向应该是从规模数量型转向效率效益型，加强精细化管理，采取多种措施增收节支，包括健全预算管理、完善激励机制、优化商品结构、提升单店效益等等，从而提高整体经营绩效。

精细化管理是一种先进的管理理念与管理技术，最初源于日本丰田汽车公司的精细生产。精细生产的基本原理是：不断改进，消除对资源的浪费，协力工作，沟通。然而近几年来，随着市场竞争的加剧，精细化管理的思想越来越多地渗透到各个服务行业，受到越来越多的企业的重视，成为很多企业发挥其竞争优势的关键所在。精细化管理的三大原则是"注重细节"、"立足专业"、"科学量化"；三大理念是"零缺陷"、"零库存"和"零浪费"。而零售管理的内涵正是关注细节、减少缺陷、控制库存、避免浪费，这与精细化管理的原则和理念是一致的。

连锁零售企业要实施精细化管理,必须加强企业内外供应链管理,严格控制库存水平,提高商品周转率。要及时收集顾客数据,进行分析,了解顾客的消费需求与偏好,掌握商品的畅销程度,从而合理确定商品的订购频率与订购数量,加快商品周转,建立与供应商的战略合作伙伴关系。同时,在促销方面,要整合销售渠道,加大促销力度,防止商品滞销。必须加强现场管理。要以顾客需求为核心,有效开展商品品类管理,准确掌握顾客的真实需求以及消费偏好,合理进行货架布局与商品陈列,科学制定商品价格。

实施精细化管理,还必须严格控制和管理各项成本与费用,尤其是房租成本和人工成本。连锁零售企业之间对优质网点资源的竞争,以及近年来商业地产价格的飙升,导致企业租金成本快速上涨,有限的利润被租金严重蚕食。连锁零售业门店租赁期一般在10~15年,2011—2015年将是国内门店租赁到期的高峰时期,很多企业将不得不面临旗下门店续租租金上涨甚至续租失败的风险,对此连锁零售企业必须积极应对,科学选址,稳妥开店。而人工成本的快速上升,则主要归因于员工工资和福利的增长,以及人员高流失造成招聘、培训等方面投入的大幅增加,连锁零售企业应在优化绩效考核机制、薪酬激励机制和招聘培训机制等各方面进行精细化管理。例如,有些企业在精细化测算的基础上推行"减人提效",推行"三个人干五个人的活,给四个人的工资"的做法,这样既增强了薪酬的激励作用,也提高了工作效率。

精细化管理的重点是企业如何将规模优势和市场优势转化为盈利能力,包括对超市购物环境、品类管理、营销策略的提升。除此之外,企业还需要在信息化、供应链方面进一步改善。通过减少采购环节、有效利用资金、建立高效节能的物流配送网络、搭建先进的信息系统、鼓励员工和管理层的有效沟通,达到提高其人流、物流、资金流效率的目的。目前以国美、苏宁、家乐福、百盛等为首的大部分连锁企业都引入了ERP和CRM管理系统。未来连锁零售企业将普遍重视技术对业务流程和运营管理的优化,通过采用RFID技术,实施ERP、CRM等系统来不断提升企业内部的运行效率。

预计在未来,真正做到精细化管理的企业与依旧处于粗放型经营的企业之间的差距将会越来越大,当前者在市场中游刃有余之时,后者将在竞争中转变或消亡。

6.2.3 连锁百货业将变革商业模式,增加自营比重

2012年以来,国内百货业集体进入业绩下滑的态势。传统的百货业与品牌商所采用的是联营模式,品牌商在百货公司的商场里设立专柜,产生销

售额之后,双方按照合同的约定,按比例分成。然而,长期的联营模式导致百货企业的商品同质化非常严重,加上商业地产成本、经营管理成本的大幅提升,以及电商的低价冲击,传统百货业的经营与利润空间正在不断受到挤压。

随着百货企业日趋严重的同质化和利润下降,转变百货企业盈利模式、增加自营商品比例成为业界的共识。目前,国内百货企业的自营比例大约为5%～8%,而欧美和日韩的百货企业自营商品比例均超过30%。如美国的梅西百货,其自营品牌的数量占40%～50%,玛莎百货、连卡佛等多数商场都采取自营模式,综合毛利率超过40%。法国巴黎春天百货70%的商品采用"买手制"(即自营)。而德国卡迪威百货自营比例甚至高达90%以上,每年自购商品需要投入的资金在数十亿欧元以上,通过先进的信息系统和顶层的"厨房处理系统",可以有效分析消费者喜好,每天自购最新鲜的优质原材料,通过内部的加工处理后上架,在保证质量的同时也缩短了流通环节。

为寻求突破,国内不少百货企业已经在开始尝试自营之路。百联集团计划成立境外采购集团,把国外有特色的精品带进自己的百货公司,从而形成其"环球百货"的特色。2012年,银泰百货注册公司成立自营部,并尝试"买手模式"运营自营品牌;广百股份与香港六福集团签订战略合作协议,绕过中间商首次试水珠宝直接代理业务。法国老佛爷百货宣布将以买手模式重返中国市场。也有很多百货企业联合厂家开始生产自有品牌,其商品价格往往比同类商品更具优势。

由联营转向自营对企业的经营能力提出更高的要求。在联营模式下,百货企业的管理重点是商场运营,而在自营模式下,百货企业要对消费者需求有精准的定位,并担负起采购、商品管理、市场推广、品牌建设的重任,因此,加大自有品牌投入意味着资金压力增大及经营风险的增加,短期内百货企业将持续面临较大经营压力,但从长远来看,会给百货企业带来丰厚的利润和增长潜力,自营模式预计将是国内连锁百货企业未来发展的一个明显趋势。

与此同时,连锁百货业兼并重组将更加频繁(见表 6-1)。近年来,国内百货行业区域发展格局仍然明显,形成了诸如以中西部为主要战场的王府井、占领上海周边的百联、盘踞东北的大商股份以及以东部为大本营的浙江银泰、江苏金鹰等区域龙头。虽然百货区域龙头企业不少,但真正做到全国性布局的百货企业屈指可数。

表6-1 2012—2013年上半年部分百货企业兼并收购交易一览表

标的企业	买方企业	交易宣布时间	交易金额（百万美元）
银座股份	山东省商业集团有限公司	2013-03-30	40
春天百货	北京王府井国际商业发展有限公司	2013-01-24	257
天龙集团	锦阳耀达投资有限公司	2013-01-06	32
百大集团	西子联合控股有限公司	2012-08-30	6
西安王府井	塔伯曼—华夏柏欣西安（香港）有限公司	2012-08-29	51
世纪阳光商厦	宝鸡商场有限公司	2012-08-28	21
第一百盛	百盛商业集团有限公司	2012-08-27	54
信达免税商场	厦门国贸控股有限公司	2012-07-10	9
大商股份	茂业国际控股有限公司	2012-06-05	76
连云港中央百货	南京中央商场（集团）股份有限公司	2012-05-15	1
大西洋百货	石家庄联邦伟业房地产开发集团有限公司	2012-04-09	61
友好集团	乌鲁木齐国有资产经营有限公司	2013-03-02	30

预计在未来，兼并重组将成为百货行业不可阻挡的主流趋势。一方面，企业意识到区域的局限和全国性市场的重要性，正从循序渐进的扩张过渡到大规模兼并整合以快速发挥规模效应、提高运营效率；另一方面，电子商务对百货业造成较大冲击，在兼并重组的过程中并购电子商务板块，也是其突破发展瓶颈的手段之一。

知识链接

沃尔玛与RFID技术

2003年6月19日，沃尔玛率先宣布要在供应链的某些环节采用RFID技术，取代当时广泛使用的条形码。其后，德国连锁零售业巨头麦德龙、美国的Target、Albertsons和英国最大的连锁超市集团Tesco都相继推出了RFID应用计划。

沃尔玛利用RFID技术实现供应链可视化的流程可简述如下：供应商按

照配送中心发来的订单分拣好产品,在产品或产品包装箱上贴上 RFID 标签,随即交付运送。在配送中心的接货口,商品通过门口时即由 RFID 阅读器自动完成盘点并输入沃尔玛的数据库。商品被直接送上传送带后,配送中心按照各个门店所需要的商品种类与数量进行配货,无需人工调整商品摆放朝向。商品装车发往各门店的途中,借助 GPS 定位系统或者沿途设置的 RFID 监测点,就可以准确地了解商品的位置与完备性,从而准确预知运抵时间。运抵门店后,卡车直接开过接货口安装的 RFID 阅读器,商品即清点完毕,直接上架出售或暂时保存在门店仓库中,门店数据库中的库存信息也随之更新。随着商品减少,装有 RFID 阅读器的货架即自动提醒店员进行补货。由于顾客改变了购买决策而随意放置的商品,亦可以通过覆盖了整个门店的 RFID 阅读器非常容易地找到,并由店员归位。顾客选购结束后,只需要推车从安装有 RFID 阅读器的过道中通过,商品的统计即自动完成。顾客可以选择现金、信用卡等传统结算方式,也可以使用带有 RFID 标签的结算卡结账,即由系统自动扣除款项,排队付款的烦恼就会大幅减少甚至全部消除。而商品一旦进入到 RFID 阅读器覆盖的各个场所,RFID 系统就自动承担起 EAS(电子商品监控)功能,从而有效地防止商品失窃现象。

这样一来,从商品的生产完成到零售商再到最终用户,即商品在整个供应链上的分布情况以及商品本身的信息,都完全可以实时、准确地反映在零售商的信息系统中,从此整个供应链和物流管理过程都将变成一个完全可视化的体系。通过采用 RFID,不仅为沃尔玛节省了大笔费用,还给沃尔玛带来了更多其他的优势:

(1)减少统计差错,及时获得准确的信息流,降低在供应链各环节上的安全存货量和运营资本。

(2)提高物流和配送的自动化程度与处理效率,减少雇佣员工,降低劳动力成本。

(3)实现供应商到门店的直接补货方式——门店发出补货订单,供应商(尤其是像宝洁、卡夫等大供应商)参照商品在门店中的陈列,将位置相邻的各种商品打入同一个包装,然后直接发送到门店上架出售,而不是在配送环节过度依赖第三方物流公司。

(4)加大财产与商品监控与管理力度,有效防止盗窃现象和因遗忘等原因造成的商品损耗;强化设备管理,优化设备配置与提高设备的使用率。

(5)更加透明和快速地了解各种商品在门店的销售情况,减少因为货架缺货而造成的营业额损失,从而对顾客的需求变化做出更快捷的反应。

(6)加速购物的统计与结算过程,减少排队付款的时间,改善顾客的购物体验,进而获得更高的顾客满意度和忠诚度。

(7)提供一个向产业链上游进行整合的强大工具。

6.2.4 购物中心在快速发展的同时将步入调整高峰

未来随着城市化进程稳步推进,越来越多的农村人口涌向城市,对商业配套设施面积需求也随之大增,使得城市商业面积需求量大增,城市化进程是导致购物中心数量大幅增加的主要原因。目前,国内已开业购物中心总量保守估计超过3 000家,并在未来三年内还将以每年300家的速度增长。购物中心不仅改善了城市功能,更显著改变了人们的生活方式。然而,当下零售业整体景气相对低迷,购物中心也主动或被动地面对行业调整期的到来。

作为国内主要商业业态的购物中心,预计将蕴藏着巨大的投资潜力。但随着未来大量商业物业的推出,只有经营水平不断提高才能保证购物中心商业的持续升值,这也意味着我国购物中心必然会进入经营时代,购物中心物业经营管理水平的提升将有助于购物中心在竞争激烈的市场中脱颖而出,实现差异化竞争。

首先在未来,区域型购物中心开发数量将逐渐减少,社区购物中心的开发将渐成为主流。社区型购物中心是面向广大以家庭为单位的消费者,并且与日常生活密切相关的一种亲民亲社区的业态,目前,国内区域性、都市型的购物中心已接近市场饱和,自2012年开始,单从市场机会来分析,未来更多的机会将来自社区型的购物中心。从国内城市发展的新动态来观察,基于土地资源有限,许多城市开始转向老城区的旧改项目,旧改项目均需要配套商业,预计每年需约230万㎡的商业面积,按照3万~5万㎡的社区型购物中心面积规模计算,我国每年应新增的社区型购物中心是40~50家。因此,预计社区型购物中心必将成为未来发展主流。

其次,购物中心应及时适应消费者的需求,调整经营业态和经营品项。毫无疑问,消费者将更多地影响零售行业的发展,并引领其未来的发展方向。消费者的价值观、需求和行为不断演变,对于商品个性化和服务体验的要求日益提高。人们热衷于在购物中心渡过闲暇时光,而不仅仅是购物。只有拥有合理功能搭配、舒适的公共空间、丰富的休闲娱乐场所,才能吸引更多的消费者。观影、吃饭、KTV等已成为消费者光顾购物中心的日常消费项目,而且人们越来越重视购物中心的服务功能和消费体验。预计在未来,餐饮、娱乐比重将大幅上调。餐饮娱乐业态是购物中心区别于传统百货店最重要的标志,也是购物中心最吸引人气的业态。

与此同时,服饰零售业态占比将会下调。传统的服饰零售业态在购物中心占比较大,近年来,随着电商的市场份额分流,购物中心的服饰类销售开始受到影响,从2012年开始,全国许多的购物中心抑或百货大商场开始进行品牌调整,服装首当其冲,比重将会下降,而儿童相关业态将成新宠。目前,全国各地的新兴购物中心,包括传统百货店在内,都无一例外地大量引入儿童相关业态,均重点规划大面积或整层楼作为儿童业态,有关儿童消费的各种娱乐、休闲、餐饮、零售、教育和服务等业态正在占据着购物中心中越来越大的比重。

购物中心是否能找到长期优质的合作伙伴,也是其能否取得成功的关键所在。稳定而优质的商户资源,可以保证商业项目在立项之初就提前完成部分招商,有利于业务的连锁复制和扩张。为了解购物中心与品牌商家的合作情况和未来方向,中国连锁经营协会曾联合德勤对购物中心连锁品牌商户进行问卷调查,并收回156份有效反馈。调查结果显示,购物中心的三项能力最为品牌商户关注:第一,集客能力,购物中心是否可以通过业态规划和调整不断优化商品构成,形成吸引力和竞争力;第二,商户服务和管理能力,通过包括商户包装、培训商户以及购物中心的管理,提高实际销售水平;第三,市场营销能力,促销活动是购物中心对抗竞争及提高购物中心营收水平的重要手段。

总而言之,未来,我国零售业态将日益丰富,零售业各类业态多元化、组合化和融合化发展步伐会加快,在传统百货店加速重组创新的同时,综合性一体化的大型购物中心不断涌现,专业店、专卖店迅猛发展,连锁超市快速扩张,网络销售显示蓬勃生机,便利店、仓储式商场潜力初显,城市中心商业区、商业街和社区商业网点建设协调并进,逐渐形成了传统与现代相结合、线上和线下相补充、各类业态互补共兴的良好发展格局,较好地满足了消费者的多层次、多元化消费需要。

现代化水平也显著提高。随着信息技术、现代计算机技术在商业领域的加快应用,有效提高了商品销售自动化、信息管理标准化、物流储运自动化程度,有力推动了零售业现代化水平的提升。

连锁经营的快速发展会带动组织化程度提升。据统计,我国限额以上连锁零售企业销售额占社会消费品零售总额的比例已经由2008年的17.8%提高到2012年的19%。未来,随着各类连锁零售企业的兼并重组、内涵发展和连锁扩张,预计这一比率还将会继续上升。从总体上看,在未来,各类连锁零售企业将会继续发展,以连锁零售企业为代表的各类连锁企业"大有可为"。

第六章 连锁经营的发展趋势

第三节 连锁经营的国际发展趋势

6.3.1 移动应用将引领零售企业变革

提到移动应用,许多零售商会认为那只是电子商务的销售渠道。但实际上,移动应用对实体店面销售额的影响要远远大于其对电子商务的影响。据估算,在 2012 年,移动应用大概影响了美国实体店面零售额的 5.1%,即约 1 590亿美元,这一数字要远远大于 2012 年美国电子商务 120 亿美元的销售额。预计到 2016 年,移动应用会对美国 17%～21% 的实体店面零售额产生影响,涉及金额大约 6 280 亿～7 520 亿美元。

目前,美国有将近一半的消费者拥有智能手机,而且这个数字还在快速增长;而这部分已经拥有智能手机的消费者中大约 58% 的人曾经借助手机协助购物。中国 2012 年智能手机用户数占移动用户数的 24%,而二维码、社交媒体这些应用已被消费者广泛使用在购物过程中(图 6-7)。

- 51%的受访者会每天使用社交媒体
- 30%的受访者会通过社交媒体购物
- 54%的受访者会因为社交媒体上的零售商和品牌推荐影响而购买产品
- 70%的受访者会受到用户评价影响
- 80%的受访者拥有智能手机

- 72%年龄在18-24岁之间的受访者会每天使用社交媒体
- 51%的受访者曾被社交媒体上的零售商和品牌吸引
- 41%的受访者喜欢通过了解产品信息
- 25-34岁之间的受访者最可能受社交媒体影响而购买产品

- 33%的受访者会每天使用社交媒体
- 13%的受访者曾被社交媒体(Facebook)上的零售商和品牌吸引
- 55%的受访者阅读用户评价,20%的受访者会发表用户评价
- 41%的女性用户会受到用户评价影响

- 53%的受访者会每天使用社交媒体
- 26%年龄在25-34岁之间的受访者会因社交媒体的推荐而购买产品
- 44%的女性受访者喜欢通过社交媒体了解产品信息
- 18-34岁之间的受访者最可能受社交媒体影响而购买产品

图 6-7 不同国家社交媒体对消费者购买行为的影响
数据来源:Planet Retail、德勤分析

一旦开始使用手机协助购物,消费者就会产生一定的依赖性。德勤的一份调研显示,在拥有智能手机 6 个月后,消费者在卖场购物时使用移动应用的概率会增加 40%。这种购物行为的改变极大地影响了店面销售的转化率和平均订单大小。通过对比传统商家和那些为自己的实体店专门定制移动应用

的商家,后者的客户转化率会比前者高出21％,可见移动应用对消费者和实体店的巨大影响。随着各种智能移动电子产品普及率的上升、使用障碍的降低和应用程序功能的改进,消费者利用手机协助购物会渐渐成为一种消费习惯,未来移动应用对店面销售的影响还会成倍增长。

除了智能手机之外,未来,随着人力成本越来越高,越来越多的先进的IT技术设备和物联网技术设备将被应用于连锁经营企业,消费者将享受到更加智能、便捷的消费服务。例如,随着三网合一,更多的智能型超市将出现。连锁洗衣店可以依靠高科技的技术装备,使洗涤物从进店到洗涤再到出店,完全在高科技自动化高品质的运作中完成。未来,连锁餐饮企业将会使用会烹饪的机器人,应用智能点餐系统则可以彻底"解放"餐厅服务员,消费者触摸屏幕便可完成点餐,刷卡付账后就可以吃到机器"端"来的食品。在智能型的连锁酒店,无须任何的人工服务,消费者就能自由出入客房,完成入住、退房、结账等流程,房费按照实际的入住时间计算,这些"聪明"的酒店体验目前在一些地方已经成为现实。

6.3.2 全渠道无缝购物将日益受到消费者欢迎

2013年网络零售在全球继续持续快速发展,但网络零售无法完全替代传统零售渠道,网络购物虽然部分满足了消费者节省成本或时间的需要,却无法提供实体店带给顾客的购物体验,也无法满足消费者随时随地购物以及互相交流商品信息及体验的需求;与此同时,实体零售可以积极地利用新兴技术,通过提升购物体验来增加销售额。网络零售和实体零售正在开始呈现互补与融合的趋势。全渠道零售作为一种新兴模式已经初现端倪。全渠道零售(omni-channel retailing),指在互联网和电商发展的今天,零售商通过各种渠道与顾客互动,包括实体店、互联网、移动终端、社交媒体、电视、网络家电、上门服务、直邮和目录等,将消费者在各种不同渠道的购物体验无缝链接,同时使消费过程的愉悦性最大化。

面对来势汹汹的数字化浪潮,传统零售商正在考虑将各种迥然不同的渠道整合成"全渠道"的一体化无缝式体验。网购的优点在于:选择范围广,易于搜索,价格实惠,便于比较,购物地点非常方便。实体店的好处在于可以提供面对面的个人服务,顾客能够触摸商品,进行全方位的感知,而且把购物当成一种活动和体验。未来的顾客希望两方面的好处兼得,传统零售商就必须从头设计购物体验,把网购和实体店购物两方面的体验完美地融合起来。零售商可以在顾客购物路径的每一个环节上利用各种先进的数字化工具,设计富有吸引力的互动方式,比如向顾客的移动设备发送优惠代码和优惠信息,优化搜索关键词,开展基于地理位置的优惠信息推送,以及向通过外部信息平台进店的顾客提供有针对性的购物建议等。

同时,传统零售商还必须把"实体店"这一网络零售商所不具备的特色做好,从累赘变成优势,把逛商店变成一种令人兴奋、既娱乐又享受的体验,用实体店来推动相关的网上销售。在提升实体店的购物体验方面,数字技术同样可以发挥作用,比如公司可以用充满活力的互动屏幕取代死板的橱窗,屏幕可显示天气或时间,还能为顾客推荐产品,并在闭店时段接受订货。

消费者无疑希望看到各渠道一致的货品、价格和促销活动。因此,全渠道零售并非各种渠道的简单捆绑组合,背后需要强大的数据分析处理能力和灵活的供应链执行,其核心是对商品信息全面覆盖和对销售情况随时掌控,按需进行商品调配并提高效率。如何让消费者在不同渠道获得更便捷的购物体验的同时,又能集成和整合后台的供应链,是所有零售商要思考的新课题。

为了打造一个全渠道零售的组织,零售商可以分别在线上、线下创建独立的正式组织机构,但在关键决策上协调一致。它们还需要抛弃像单店销售额之类的传统衡量指标,转而关注投资回报率等指标。成功的全渠道战略未来有望在顾客期望和购物体验方面带来一场革命。

本章小结

近年来,国内连锁经营企业在总体发展的同时,增速不断减缓,问题不断显现,以连锁零售企业为例,就面临着网点布局不合理,局部地区竞争已趋于饱和,一些传统连锁零售企业受电商冲击、同质化竞争等因素影响,亟待转型;企业经营费用增加过快,利润增长乏力;购物中心发展迅速,但空置率较高等诸多问题。本章结合各项宏观和微观因素,提出在未来,国内连锁零售企业将加快渠道下移,转变经营方式,包括多元化发展、全渠道经营、推行精细化管理等,本章预计连锁百货业将不断增加自营比重,而购物中心在快速发展的同时将在各方面进行重大调整。最后,还尝试性探讨了移动应用和全渠道无缝购物的兴起对全球传统零售企业发展的影响。

复习题

1. 您认为近年来国内连锁零售企业面临的主要问题有哪些?试举例说明。

2. 什么是全渠道经营？您认为在我国，全渠道经营的未来发展前景如何？

3. 您认为我国连锁超市企业未来发展前景如何？试说出理由。

4. 您认为我国连锁百货企业应如何克服目前面临的各种问题？其未来发展前景如何？

5. 您认为我国购物中心未来将会如何发展？试说出理由。

案例分析

娃哈哈宗庆后：不怕电商冲击 中国零售业大有可为

2013年7月17日上午，娃哈哈商业股份有限公司在北京召开新闻发布会，娃哈哈集团董事长兼总经理宗庆后介绍了娃哈哈商业零售业务的进展情况。宗庆后表示，中国零售业还有很大空间，虽然目前零售业受到电商的冲击比较大，但是绝对不会被取代，娃哈哈将信心百倍、坚定不移地进军零售业。

不怕电商冲击 中国零售业大有可为

2012年11月娃哈哈第一家商场开设，娃哈哈进军零售业的大幕正式拉开，而与此同时，对娃哈哈第一家商场的质疑声也随之而来。对此，宗庆后表示，娃哈哈对第一个商场的现状早已有心理准备，"第一块试验田"有益于进一步深入了解零售业的经营方式与创新模式，通过这段时间的实践，我们对进军零售业的信心倍增。

宗庆后认为，目前进军零售业尚为时不晚，还有很大的空间，目前美国的一、二、三产的比例为1.2∶21.4∶77.4，而中国为10∶46.6∶43.4，因此中国的第三产业尚有很大的发展潜力。

对于如何面对不同的市场群体这一问题，宗庆后也给出了自己的答案。他认为，尽管大城市商业已经过剩了，但大量的县级市、地级市尚没有像样的商业设施，这些地方还是大有可为的，而且大城市尽管商业网点过剩，但由于同质化经营造成竞争激烈而不断萎缩，而如果采取差异化竞争亦可以杀出一条血路来，仍能获得一部分市场份额。

而谈到目前电商对零售业的冲击，宗庆后表现得很是轻松。他认为，电商固然给零售业带来冲击，但是其自身也有一些难以克服的缺陷。只要零售业改变自己的经营方式，还是能逐步夺回市场的。"不管怎样，我认为网商是绝对替代不了零售业的，因为人不可能除了上班就留在家里上网，那还有什么生活乐趣呢？"

⊙ 第六章 连锁经营的发展趋势

各级城市齐头并进 哪里需要什么就做什么

谈起娃哈哈零售业未来的经营模式,宗庆后表示,在未来三五年内,我们将采取哪里有机会就到哪里干,哪里需要什么我们就去干什么,一、二、三、四级城市齐头并进与多方合作,尽快形成规模,将采取自建、租用商场及与商场和商业地产主联合招商的方式,以国外精品商场、儿童专用商品商场、吃、喝、娱乐、健身、文化、购物为一体的城市综合体的形式,快速推进娃哈哈零售业的发展。

宗庆后表示,娃哈哈将引进国外的精品进入中国市场,直接给国外厂家做中国市场的代理,缩短通路,降低采购成本,以合适的价格满足消费者需要。引进的国外精品将集中在娃哈哈的商场中售卖,给消费者有更多的选择,使商场变得有特色而进行差异化竞争。与此同时,这些商品将不允许网上销售以免乱价,确保加盟商利益。

宗庆后同时表示,娃哈哈自建的商场综合体,将直接招工厂来开店,致力于改变目前零售大商场乱收费、乱扣费、不及时结账的不良风气。而且通过不断扩大规模,逐步做到包销工厂的产品使厂家降低销售费用,降低成本,使其商品竞争力更强,为消费者创造实惠。

据介绍,娃哈哈已初步确定在天津、贵阳、宜昌、南阳、新乡自建城市综合体,并且正准备与台湾远东百货、新加坡来福士、英国阿兰泽(Allanzia)投资公司等业界同行洽谈合作。娃哈哈同时购买了长沙泊富国际广场的商场,租用了株洲神农太阳城及联合了贵阳、太原、南昌、呼和浩特、杭州、余杭、富阳、湖州、衢州、锦州、南阳、南通、宜昌、马鞍山及天津等地19家商场进行联合招商,商场提供店面,娃哈哈提供商品,广招加盟商。

已引进100多个品牌 目标是至少300家合作品牌商

据了解,娃哈哈已经引进个法国、意大利、西班牙、英国、德国等国家的100余个品牌,包含了男女服饰、鞋帽箱包、珠宝首饰、家具家居、进口食品等。也已取得了西班牙对外贸易发展局、西班牙农业食品环保部、英国贸易投资总署、英中贸易协会、意大利贸促会等政府和民间机构的支持,有的还与他们签订了战略合作协议。"后续我们还将落实与这些品牌的合作,包括食品、日用品等其他类别的优质品牌的合作,我们的目标是最起码有300家的合作品牌商。"宗庆后表示。

据悉,娃哈哈将于7月25日到28日在杭州娃哈哈国际精品商场召开看样订货会,招引加盟商看样订货。为了使加盟商避免后顾之忧,娃哈哈提出,统一采购、统一清关、统一商检、统一配送、统一定价、统一形象、统一宣传、统一促销的"八大统一化管理思路",为国际精选品牌和国内广大投资者搭建良好合作平台。

谈及娃哈哈进军零售业的优势,宗庆后表示,要改变传统的商业模式,需要为加盟商代垫大量的资金,娃哈哈有这个资金的优势,同时,娃哈哈在全国各地有70多个生产基地,可以为商业配送提供服务。娃哈哈在全国还有近万家经销商,有1万多名销售员活动在全国各地,信息比较畅通,同时亦方便监管维护好市场秩序。他还表示娃哈哈在国际上享有比较高的知名度,国外厂家愿意与我们合作,并有信任感与安全感。

(文章来源:2013年07月17日人民网)

思考:

1.分析现有资料,您认为娃哈哈商场未来的经营思路和经营模式与现有百货企业的经营思路和经营模式有什么不同?

2.研究相关资料,结合自己对连锁零售行业的现实观察,请您谈谈国内传统零售企业在未来应该如何处理好与商业地产商、品牌供应商以及电商类企业的关系。

参考文献

[1]洛斯特.全面质量管理[M].北京:中国人民大学出版社,1999.
[2]巴里·伯曼,乔尔·R.埃文斯.零售管理[M].北京:中国人民大学出版社,2001.
[3]杨谊青.连锁经营原理与管理技术[M].北京:高等教育出版社,2001.
[4]曹静.连锁店开发与设计[M].上海:立信会计出版社,2002.
[5]赵涛.超市经营管理[M].北京:北京工业大学出版社,2002.
[6]肖怡,刘宁.现代商店经营管理实务[M].广州:广东经济出版社,2003.
[7]黄福华,田野,周文.连锁超市经营管理实务[M].长沙:湖南科学技术出版社,2003.
[8]张晔清.连锁企业门店营运与管理[M].上海:立信会计出版社,2003.
[9]金永生,王正选.零售企业经营与管理[M].北京:北京工业大学出版社,2004.
[10]文大强.零售经营实务[M].上海:复旦大学出版社,2005.
[11]范征,石兆.连锁企业门店营运管理[M].北京:电子工业出版社,2007.
[12]郑光财.连锁经营管理[M].杭州:浙江大学出版社,2007.
[13]郑昕,盛梅.连锁门店运营管理[M].北京:机械工业出版社,2008.
[14]胡学庆.连锁企业营运管理[M].北京:高等教育出版社,2008.
[15]蔡中焕,鲁杰.连锁企业商品采购管理[M].北京:科学出版社,2008.
[16]张明明.连锁企业门店营运与管理[M].北京:电子工业出版社,2009.
[17]王忆南.资源资本化:连锁超市盈利新模式[J].安徽工业大学学报(社科版),2008(4):22－23.
[18]王忆南.连锁门店营运管理[M].北京:中国人民大学出版社,2010.

[19]王忆南,杨高英.连锁企业门店运营管理[M].大连:大连理工大学出版社,2011.

[20]http://www.linkshop.com.cn/index.htm

[21]http://www.ccfa.org.cn/index.jsp

[22]http://wzdq.i18.cn/

[23]http://www.scea.org.cn/

[24]http://www.retailing.com.cn/

[25]http://www.lingshou.com/

[26]http://www.cnls.com.cn/